Ramona und Rainer haben eine Beziehung. Und eine Beziehungskiste, in die ihre Erinnerungsstücke wandern: die Eierschalen vom ersten gemeinsamen Frühstück, genauso wie die Geschirrscherben vom ersten gemeinsamen Streit. Jetzt ist die Kiste voll, und die beiden erinnern sich – an die guten und die sehr guten Zeiten: »Ja, Frauen geben Männern am Anfang einen Vertrauensvorschuss. Sie sind gutgläubig wie die Indianer, die auf die ersten weißen Siedler trafen …«

Sie erinnern sich aber auch daran, wie sie sich mehrfach auseinander- und wieder zusammengerauft haben: »Das Geheimnis einer guten Beziehung ist nicht, dass man die gleichen Sachen mag, sondern dass man die gleichen Sachen scheiße findet …«

Die erfolgreichen Stromberg-Autoren Sonja Schönemann und Ralf Husmann zeigen: Beziehungen sind immer noch der beste Grund, über Frauen und Männer zu lachen.

»Ein spitzen Buch für alle Geschlechter!«
Christoph und Maria Herbst

Ralf Husmann ist Autor von ›Stromberg‹, ›Dr. Psycho‹ und ›Der kleine Mann‹ sowie Kolumnist für ›KulturSPIEGEL‹ und ›Playboy‹. Er wurde mehrfach mit dem Deutschen Comedy-Preis, dem Deutschen Fernsehpreis sowie dem Grimme-Preis ausgezeichnet. 2008 erschien Ralf Husmanns erfolgreiches Romandebüt ›Nicht mein Tag‹, 2010 sein zweiter Roman ›Vorsicht vor Leuten‹.

Sonja Schönemann (*1978) schrieb seit 1995 für ›RTL Samstag Nacht‹ und ›Die Harald Schmidt Show‹, gehörte später zum Autorenteam der ›Wochenshow‹ und verfasst seit 2002 Drehbücher, unter anderem für ›Der kleine Mann‹, ›Stromberg‹ und ›Sekretärinnen‹. Unter dem Pseudonym Bernd Stromberg veröffentlichte sie den Ratgeber ›Chef – Deutsch, Deutsch – Chef‹.

Weitere Informationen, auch zu E-Book-Ausgaben, finden Sie bei www.fischerverlage.de

RALF HUSMANN & SONJA SCHÖNEMANN

Die Kiste der Beziehung

WENN PAARE AUSPACKEN

FISCHER TASCHENBUCH

Erschienen bei FISCHER Taschenbuch
Frankfurt am Main, Januar 2014

© S. Fischer Verlag GmbH, Frankfurt am Main 2014

Satz: Dörlemann Satz, Lemförde
Druck und Bindung: CPI books GmbH, Leck
Printed in Germany
ISBN 978-3-596-19431-5

Inhalt

Das Vorwort mit Essig und Öl   15

Die Sache mit dem ersten Treffen   19

Männer sind wie Traumschiff-Folgen:
Wirklich überrascht wird man nie.

Bei Frauen geht es ab Ende zwanzig immer um die Frage:
Mit wem kann man gut Vater, Mutter, Kind spielen?

Die Sache mit dem Ex   29

Frauen denken, Männer wären innerlich so verödet
wie die Innenstadt von Osnabrück. Das stimmt nicht.

Männer denken, dass Frauen Krieg, Gewalt und
Schlägertypen verabscheuen. So sehe ich das auch,
außer es geht um mich.

Die Sache mit den Konzerten   37

Männer denken nie darüber nach, dass sie eines Tages
aufhören, jung zu sein. Zumindest körperlich.
Das ist der Mick Jagger in uns.

Eine ganze Menge schlechter Musiker wären arbeitslos,
wenn es keine Frauen gäbe.

Die Sache mit dem Schwiegereltern-Kennenlernen   47

Eine Familie ist ein extrem wackliges Gebilde,
das von dünnen Fäden aus alten Illusionen und
noch älteren Vorwürfen zusammengehalten wird.

Väter ticken bei ihren Söhnen ganz einfach: Hauptsache,
der Junge hat eine Frau gefunden, die bereit ist,
sich mit seinem Sohn abzugeben. Fertig.

Die Sache mit der Putzfrau   59

Männer, die gern putzen, sind ähnlich schwer zu finden wie
heterosexuelle Balletttänzer.

Vielleicht wirken Frauen, die staubsaugen,
auf Männer ähnlich erotisch wie Männer,
die mit bloßen Händen Tiere töten, auf Frauen.

Die Sache mit dem Lügen   69

Die Wahrheit ist für den Mann wie ein Fondue-Set:
Man macht nur ein oder zwei Mal im Jahr
Gebrauch davon.

Frauen lügen natürlich auch.
Aber anders als Männer. Besser.

Die Sache mit dem Heiraten   79

Auf einer Hochzeit kann man leichter für Tierversuche
sein als gegen die Ehe.

Zu Hochzeiten, Kindern und Arztbesuchen müssen die
meisten Männer gedrängt werden.

Die Sache mit den Komplimenten   87

Männer können nicht mit Kritik umgehen,
Frauen nicht mit Komplimenten.

*Bei Komplimenten an den Mann kommt die Frau
nie in die Lage, aus Versehen zu übertreiben.
Er glaubt alles. Immer.*

Die Sache mit dem Renovieren   95

Ob eine Beziehung stabil ist, entscheidet sich nicht
im Bett, sondern im Baumarkt.

*Ich finde, ein Mann muss mit seinen Händen
irgendwas können. Entweder an meinem Körper
oder in der Wohnung.*

Die Sache mit der kurzfristigen Freiheit   105

*Mit Freiheit kann der Mann meist
schlechter umgehen als mit einer Nagelfeile.*

Gut laufende Beziehungen sind wie Formel-1-Rennen
ohne Unfälle: wünschenswert, aber langweilig.

Die Sache mit dem Patenkind   115

*Das soziale Netz von frischgebackenen Müttern
besteht nur noch aus einem seidenen Faden,
ähnlich wie ihre Nerven.*

Deswegen sind Kinder für die meisten Männer
wie Salat beim Essen oder Vorspiel beim Sex.
Die Grundhaltung ist: Kann, muss nicht.

Die Sache mit dem Pärchenurlaub   125

Pärchenurlaub ist wie Armdrücken.
Es fängt als Spaß unter Freunden an, kostet dann
viel Kraft, und immer ist einer der Verlierer.

Urlaub mit einem anderen Pärchen ist manchmal schlimmer
als Urlaub mit den eigenen Eltern.

Die Sache mit der Männlichkeit   135

Bildung? Charakter? Innere Werte? In heiklen Situationen
wollen Frauen, dass Männer so reagieren
wie jeder x-beliebige volltätowierte Kirmesheini.

Es ist erstaunlich, wie viel männliche Ehre
der moderne Durchschnittsmann immer noch
zu besitzen glaubt.

Die Sache mit dem Fernseher im Schlafzimmer   145

Ein Pärchen, das nach fünf Jahren noch jeden Abend
im Schlafzimmer übereinander herfällt wie die Japaner
über Pearl Harbor, gibt's nicht mal in Pornos.

Ein Fernseher ist ein elektronisches
Multifunktionsverhütungsmittel. Es verhütet alles.
Auch Gespräche.

Die Sache mit dem perfekten Urlaub   153

Das Wort »Ferienparadies« muss einen doch stutzig
machen, denn das Paradies ist ja der Ort, an dem für
Adam und Eva der ganze Ärger anfing.

Die Sache mit den Freunden   159

In Deutschland wird jede zweite Ehe geschieden,
warum sollten da normale Freundschaften
ein Leben lang halten?

Man kommt leichter aus Scientology raus
als aus einer Pärchenfreundschaft.

Die Sache mit dem Fußballgucken   165

Fußball zu gucken, weil die Spieler gut aussehen,
ist wie Pornos zu gucken, weil die Frauen so schlau sind.

*Männer mögen Fußball, weil er ihnen das Gefühl gibt, sich
endlich mal irgendwo auszukennen.*

Die Sache mit Papas Sechzigstem   173

Mit Papas Sechzigstem ist es so wie früher
mit der Bundeswehr: Man braucht schon eine verdammt
gute Begründung, um nicht hinzumüssen.

*Familie ist wie Fitnessstudio. Man ist Mitglied,
will aber eigentlich nie hingehen.*

Die Sache mit den sozialen Kontakten   180

Freunde auf facebook sind die Nachfolger
der Tamagotchis: Man kümmert sich ohne Sinn und
Verstand um rein virtuelle Lebewesen.

*Jede Erfindung von Männern wurde nur gemacht, weil
deren Frauen andere Frauen übertrumpfen wollten.*

Die Sache mit dem Streiten   189

Ein Streit mit einer Frau ist meist lang, zäh und
unverständlich wie ein polnischer Problemfilm.

*Ich verachte Frauen, die ihre Wünsche durch
gezieltes Weinen durchsetzen. Meistens.*

Die Sache mit den Gefühlen   197

*Es gibt Momente in einer Beziehung, in denen
eine winzige Bemerkung den Unterschied ausmacht
zwischen »Ich bin die Eine!« und »Ich bin irgendeine!«*

Gefühle sind wie Gespenster. Wenn man dran glaubt, gibt
es sie, wenn nicht, lässt sich ihre Existenz nicht beweisen.

Die Sache mit dem Badezimmer   207

Die Kosmetikindustrie kann Frauen offenbar glaubwürdig
vermitteln, dass sich die Haut unter den Augen
fulminant von der Haut an den Wangen unterscheidet.

*Wenn man ohne Hemmungen voreinander pinkeln kann,
während der andere sich die Zähne putzt, heißt das,
dass die Beziehung gefestigt ist.*

Die Sache mit der Zwischenbilanz   215

*So reagieren Männer bei Unbehagen: Sie holen sich
ein Bier und tun so, als sei nichts gewesen.*

Frauen sind esoterisch veranlagt. Sie glauben
Frauenzeitschriften oder Spielkarten mehr
als so unzuverlässigen Quellen wie der Vernunft.

Die Sache mit den Listen   225

Die Sache mit seiner Familie   235

Zwischen Müttern und Söhnen ist es wie zwischen Israel und den Palästinensern. Man kann einem Außenstehenden nicht vermitteln, warum es immer wieder zu Spannungen kommt.

Die Sache mit ihrem Hintern   245

Ab einem bestimmten Alter beschließen Frauen,
ihren Hintern so zu behandeln wie den Tod:
Sie ignorieren, dass es ihn überhaupt gibt.

Die Sache mit der Landlust   251

Für manche Frau scheinen zwei Wochen Bali ein schlechteres Abenteuer zu sein als ein Wochenende in Bad Bumsdorf.

Das Leben auf dem Land ist wie ein Placebo.
Man muss dran glauben, dass es einem hilft.

Die Sache mit dem Dirty Talk   259

Es ist nicht leicht, erst »Komm, du geiles Stück!« zu schreien, um kurz drauf miteinander den Elternabend zu planen. Eins von beidem wird schnell albern.

Was Männer nicht verstehen: Sex kann man auch
alleine haben, Talk nicht.

Die Sache mit der Trennung   267

Im direkten Vergleich mit Männern kommt »das Ding aus dem Sumpf« besser weg. Vor allem wenn es ums Reden geht. Oder ums Benehmen.

Das Zusammenleben von Männern und Frauen auf engstem Raum ist nicht einfach. Man setzt eben nicht so ohne weiteres eine Seehündin in einen Affenkäfig.

Die Sache mit dem Design-Toaster   277

Anfangs macht man Komplimente, nach einer gewissen Zeit lässt man die Verpackung weg und sagt: »Ey, noch zehn Minuten, bis Fußball kommt, lass uns vögeln!«

Der Unterschied zwischen einem Mann und einer Bürste ist, dass einem die Bürste auch nach Jahren noch übers Haar streicht.

Die Sache mit dem Schenken   285

Männer können nichts schenken. Das ist ein Naturgesetz. Deswegen wurden ja Gutscheine erfunden.

In einer langjährigen Beziehung ist es mit Geschenken wie bei einer Armenspeisung. Man muss nehmen, was man kriegt. Und ›danke‹ sagen.

Die Sache mit dem Frauenabend   293

Eine Frau mit ihren Freundinnen zu erleben ist, wie
frühe Fotos von den eigenen Eltern zu finden.
Man erkennt sie wieder und denkt gleichzeitig:
»Ach du Scheiße!«

*Solange Männer glauben, ihre Freundin ist auch
nur eine von viel zu vielen, fühlen sie sich sicher
in ihrer Welt.*

Die Sache mit den Fragen, die Frauen nicht stellen   303

Bei einer Ehe hat man eine 40:60-Chance gegen sich,
was beim Russisch Roulette eine Quote ist, wo nur noch
komplett lebensmüde Kandidaten abdrücken.

*Heiraten ist was für hässliche Männer und Frauen
ohne Berufsausbildung. Bis man dreißig wird.*

Die Sache mit dem vorletzten Akt   311

Die Jungs sind kein Zuhause für jeden Tag, sondern ein
Partykeller für höchstens ein Mal die Woche.

*Eine Frau erwartet von ihrem Kerl nicht, dass er zwischen
den Zeilen hört. Sie erwartet von ihrer Katze ja auch nicht,
dass die selbst ihr Klo sauber macht.*

Die Sache mit dem letzten Akt   321

Ein Heiratsantrag muss emotional sein, aber nicht kitschig.
Wie eine Elton-John-Ballade, nur in hetero.

*Manchmal muss man sich trennen, auch wenn der Mann das
nicht will. Sonst kann die Frau ihrem Reststolz
gleich hinterherwinken.*

Die Sache mit dem allerletzten Akt   329

*Bei Männern funktioniert »Was ich nicht anspreche, existiert
nicht!« viel besser als bei Frauen.*

Es hat schon einen Grund, dass »Ich liebe dich«
mit »Ich« anfängt.

Das Vorwort

Männer und Frauen sind wie Essig und Öl: Bringt man sie zusammen, dann hat man den Salat. Beziehungsweise die Beziehung. So wie Rainer und Ramona. Sie sind seit ein paar Jahren zusammen und haben schon mehr Höhen und Tiefen erlebt als der DAX. Andenken an ihre gemeinsame Zeit legen die beiden in eine Kiste. Ihre Beziehungskiste. Darin landen Souvenirs von guten und schlechten Tagen und Nächten. Ein Sex-Bingo, an das er sich nicht erinnern kann, ein Foto von ihrem Hintern, an das sie sich nicht erinnern will, Scherben der Schale, die sie ihm an den Kopf geworfen hat, beim ersten Streit, an den sich beide nur zu gut erinnern, aber das natürlich höchst unterschiedlich. Was auch immer passiert ist – wenn Paare auspacken, kommt die Wahrheit auf den Tisch. Beziehungsweise beide Wahrheiten …

Unsere Beziehungskiste ist aus Pappe. Mit Lederimitat überzogen. Keine Ahnung, wo die herkommt …

Ich weiß genau, wo die herkommt!

Klar. Meine Freundin weiß nämlich alles und alles besser. Sie kann sich auch an alles erinnern …

Im Gegensatz zu dir. Deswegen haben wir ja die Kiste.

Das ist doch jetzt Quatsch, natürlich erinnere ich mich auch an Sachen …

Wo haben wir uns zum ersten Mal geküsst?

Ich wusste nicht, dass das hier ein Quiz wird.

Wo haben wir uns zum ersten Mal geküsst?

Ramona, das ist jetzt wirklich albern!

Ich warte …

Herrgott, zum ersten Mal geküsst haben wir uns, nachdem wir Bowling spielen waren, mit Jana und –

Falsch!

Ich meine geküsst im Sinne von gefumm-

Deiner Meinung nach hatten wir nach dem Bowlingabend mit Jana und Sven zum ersten Mal Sex??

Nicht?

Du bist ja noch schlechter, als ich dachte …

Ich weiß, wann wir das *letzte* Mal Sex hatten …

Lenk jetzt nicht ab! Aber du weißt noch, wo wir uns das erste Mal gesehen haben?

Hallo?! Ich bin ja nicht doof … Zum ersten Mal gesehen haben wir uns wegen Willi.

Wem?

Äh, Walter …

Das ist hoffentlich 'n Witz!

Irgendwas mit »W« auf jeden Fall …

Mann, Mann, Mann! Komm, mach mal die Kiste auf.

17

Die Sache mit dem ersten Treffen

Es heißt, das Schicksal schickt einem in den dunkelsten Stunden einen Engel, damit man nicht so allein ist mit dem Schmerz.

An diesem speziellen Tag war aber wohl gerade kein Engel frei, oder das Schicksal fand, dass in meinem Fall auch ein Rainer reicht.

Der Tag, an dem Rainer auf der Bildfläche erschien, war jedenfalls derselbe Tag, an dem Werner starb. Werner war sanft und sensibel, und ich liebte ihn.

Eigentlich war ich mit Werner nur zum Arzt gegangen, weil seine Augen in der letzten Zeit eine leicht gelbliche Farbe angenommen hatten. Ich hatte ihn zu mir geholt, weil Janosch mich *nicht* mehr liebte. Janosch war ein Mann und also ein doofer Klotz, der mich verlassen hatte.

Frauen bewältigen Trennungen mit neuen Frisuren, Outfits und/oder Alkohol. Wenn das alles nichts bringt, muss ein Haustier her. Darum holte ich mir Werner von der Tierhilfe. Werner war still, anschmiegsam und wartete auf mich, wenn ich nach Hause kam. Er war also ganz anders als Janosch. Die einzige Gemeinsamkeit war, dass sich beide selbst nichts zu essen machen konnten. Ich war mir sicher, dass es mit Werner besser laufen würde als mit Janosch. Werner wird bei mir bleiben, bis dass der Tod uns scheidet, dachte ich.

»Ja, wie ich vermutet habe, die Nieren sind völlig im Eimer, da kann man nichts mehr machen. Trinkt er in letzter Zeit mehr als sonst?«, fragte der Tierarzt.

Ich kam inhaltlich nicht weiter als bis »... kann man nichts mehr machen«.

»Soll ich ihn danach hierbehalten, oder wollen Sie ihn mitnehmen?«

Wie »danach«? Wie »hierbehalten«?! Der doofe Klotz im Kittel war Arzt *und* Mann, also doppelt unsensibel. Deswegen sprach er auch noch von den 23,95 Euro, die mich das Einschläfern kosten würde.

Vollkommen unter Schock saß ich mit meinem gelbäugigen Kater im Wartezimmer und überlegte, wie ich mich angemessen von ihm verabschieden konnte. Ein letztes Mal sein Leibgericht? Aber Werner mochte am liebsten Innereien, und Nieren mit Nieren zu trösten brachte ich nicht fertig, schließlich bin ich eine Frau und somit sensibel. Während ich mich innerlich beglückwünschte, dass ich eine Frau und sensibel bin, aber stark genug, trotzdem nicht einfach hilflos in Tränen auszubrechen, sprach mich ein Typ mit einem riesigen weißen Hundekragen an, und es gab kein Halten mehr.

Ich weiß nicht mehr, was er sagte, aber allein *dass* er mich ansprach, öffnete sämtliche Schleusen. Beim Heulen haben Frauen ein genauso beschissenes Timing wie Männer beim Schlussmachen. Während ich Werner mit meinen Tränen bekleckerte, ahnte der nicht mal, dass der Katzenhimmel für ihn nur 23,95 Euro entfernt war. Kater sind eben auch nur Männer, und Männer sind wie Traumschiff-Folgen: alle gleich. Man wird nie überrascht. Aber beim Traumschiff gibt's wenigstens immer ein Happy End, und sei es noch so blöd. Männer sind zwar auch oft blöd, aber manchmal überraschen sie am Ende und verlassen einen, wenn man nicht damit rechnet. Sei es wegen Nieren, wie Werner, oder wegen Yvonne, wie Janosch. Unfair, denn alleine war am Ende so oder so *ich*.

Der nächste Heulanfall galt mir selbst, was dazu führte, dass ich ein schlechtes Gewissen bekam, weil ich mir mehr leidtat als mein zukünftiger Ex-Werner. Deswegen musste ich noch mehr heulen. Wie viele Tränen hat eine Frau eigentlich? Ich würde bald mal nachtrinken müssen, dachte ich. Der Typ mit der Halskrause, der inzwischen neben mir saß, war sensibel genug, mich nicht beim Heulen zu unterbrechen. Er schwieg einfach, was ich ihm hoch anrechnete. Ein Mann, der an der richtigen Stelle schweigt, ist in freier Wildbahn so selten wie ein singendes Einhorn.

Kurz bevor ich komplett dehydrierte, fragte er mich auch noch: »Soll ich mit dir reingehen?« Unter meinem Tränenschleier konnte ich nicht erkennen, ob der Mann ganz gut oder ganz scheiße aussah, ich sah nur seine Augen, die mich aus dem großen, weißen Trichter voller Mitleid anschauten.

Er ging tatsächlich mit, als Werner eingeschläfert wurde. Die ganze Zeit stand er neben mir und war da. Auch danach, als ich einen hysterischen Anfall bekam, weil ich nicht wusste, wohin mit Werner. Rainer zahlte den Tierarzt, fuhr mit mir in den Stadtwald, wo er mit bloßen Händen und einer CD-Hülle von Santana ein Loch grub und Werner bestattete. Zwischen Männern und Frauen ist der Anfang und das Ende meist banal.

Rainer kaufte mir ein Eis, und wir gingen spazieren, bis ich wieder halbwegs geradeaus gucken konnte. Rainer war da, auch wenn ich ihn ständig Werner nannte. Vielleicht, weil er auch braune Augen hatte, mit winzigen gold-gelben Punkten drin. Irgendwie hatte ich das Gefühl, dass Werner mir damit vom Katzenhimmel aus sagen wollte: »Der ist okay, den habe ich persönlich für dich abgenickt.« Und Rainer lachte nicht. Kein einziges Mal. Obwohl ich ihm zusammenhangslose Geschichten über meine tote Katze erzählte und danach einfach nur zusammenhangslose Geschichten. Er versuchte nicht, mir an die Wäsche zu gehen oder mir von seinem Job oder seinem Auto zu erzählen, er war, Wunder über Wunder, sanft und geduldig und hörte einfach nur zu. Wie ein Engel.

Manche Männer sehen aus. Das reicht. Die steigen aus einem Auto, gehen in eine Kneipe oder lehnen irgendwo rum, und jede Menge Frauenaugen fangen an zu sabbern. So ein Mann bin ich nicht. Noch nie bin ich irgendwo reingekommen und eine Frau hat sich nach mir umgedreht, ein Gespräch unterbrochen oder nervös an ihrem Outfit gezuppelt. Selbst meine Mutter hat in Ruhe weitergegessen, wenn ich in die Küche kam. Deswegen hab ich bislang weder in Discos oder Clubs noch auf lauten Partys und Konzerten eine Frau kennengelernt.

Ein Löwe, der feststellt, dass er in seinem Revier ums Verrecken keine Antilope erlegt, sagt aber nicht »Scheiß drauf, werd' ich halt Vegetarier«. Er wartet auch nicht, bis ihm die dämlichste Antilope zufällig vor die Zähne fällt. Nein, er wechselt sein Jagdrevier. In meinem Fall hieß das: weg von Clubs und Kneipen, hin zu Sprach-, Aerobic- und sonstigen Kursen und, später dann, vor allem, hin zu Parks.

Denn die beste Methode, um Frauen kennenzulernen, ist ein Hund. Ein Hund ist ein viel besserer bester Freund als ein bester Freund. Für einen Mann ist ein Hund ein optimaler Knackarschersatz. Und das Beste ist: Nicht mal der Hund muss gut aussehen! Er muss einfach nur Hund sein. Schon wird man angesprochen. »Wie alt isser denn?«, »Darf ich den mal streicheln?« und so weiter. Lauter Fragen, die Frauen nicht mal einem Knackarsch stellen, jedenfalls nicht gleich nach dem Kennenlernen.

Deswegen lieh ich mir Moses aus. Moses war der Hund meiner Nachbarn und ein sehr dummer und deswegen zu-

traulicher schwarzer Retriever. Ein Mann mit Hund sugge-
riert der Frau, dass der in der Lage ist, sich um ein Lebewesen zu kümmern, und das ist schon mal nicht schlecht.
Frauen sind emotional viel einfacher gestrickt, als sie denken. Ab Mitte zwanzig geht es immer um die Frage: »Mit
wem kann man gut Vater, Mutter, Kind spielen?«

In der Erfolgsrate schlug Moses jedenfalls sämtliche Aero-
bic-Kurse und Internet-Kontaktbörsen um Längen, außerdem wollte er keinen Mitgliedsbeitrag, nur Trockenfutter.
Vor allem hatte Moses nicht diese leicht verzweifelte Aura,
die Kontaktbörsen ausstrahlen. Ich lernte durch Moses etliche Frauen kennen, blieb aber dennoch Single. Die guten
Frauen haben Katzen, tröstete mich mein Freund Möhre.

»Frauen, die auf Hunde stehen, sind nicht die Frauen, auf
die du stehst!« Das ist so wie mit Schalke und Dortmund.
Passt einfach nicht zusammen.

Ich versuchte es trotzdem weiter mit Moses. Der war,
wie gesagt, nicht der hellste, selbst für einen Hund, und so
schlief er eines Mittags in der Sonne ein und holte sich einen
satten Hundesonnenbrand an seinen empfindlichsten Teilen. Als er wieder aufwachte, war das Theater groß und
wurde wohl auch abends nicht kleiner. Deswegen baten
mich seine Besitzer am nächsten Tag, ob ich nicht Zeit hätte,
zum Tierarzt zu gehen und erstens eine Salbe zu holen und
zweitens einen Trichter, der verhindern sollte, dass Moses
sich ständig die verbrannten Eier leckte.

Es gibt zwei Orte, an denen Frauen generell schutz- und
hilflos sind: die Umkleidekabine einer Boutique und das
Wartezimmer einer Tierarztpraxis. Da kann der Mann un-
geheuer punkten, wenn er Sensibilität zeigt oder vortäuscht.
Darauf reagiert die Frau so wie der Mann, wenn die Frau Interesse für Fußball zeigt oder vortäuscht. Nämlich mit Hor-
monausschüttung.

Sensibilität ist aber bei einem heterosexuellen Mann vergleichbar mit Zinsen für eine Geldanlage. Jeder weiß, was eine ungefähr realistische Größe ist. Fünf oder sechs Prozent, wenn es sehr gut läuft, auch mal sieben oder acht. Wer zwanzig oder mehr Prozent haben will, soll sich am Ende nicht wundern, dass er über den Tisch gezogen wurde. Beziehungsweise eben sie. Und schon gar nicht soll sie sich beim Schicksal darüber beschweren, dass alle Männer doofe Klötze sind.

Jedenfalls, die Frau, die da mit ihrer Katze auf dem Schoß im Wartezimmer saß, sah nicht so aus, als würde sie mich unter normalen Umständen ansprechen, weder in der Kneipe noch im Park. Sie sah nämlich sehr gut aus, und ich hatte Moses nicht dabei, nur seinen Trichterkragen, deswegen musste ich hier praktisch doppelt auffahren. Also legte ich mir den Kragen um. Humor kommt bei Frauen ja angeblich immer gut an. Humor bei Frauen ist wie Salz bei Suppen. Eine Prise zu viel, und schon verziehen sie das Gesicht. Kaum hatte ich einen Satz gesagt, fing sie auch schon an zu heulen. Es gab eine komplette Katzenwäsche für das Tier auf ihrem Schoß, so wurde losgeheult.

Ich war so konsterniert, dass ich eine Weile gar nichts mehr sagte. Und dann fiel mir nichts Besseres ein als: »Soll ich mit dir reingehen?« Ich stand daneben, als die komische Katze mit den komischen Augen eingeschläfert wurde, weswegen der Tierarzt mir das tote Vieh in die Hände drückte. Die Frau bekam einen hysterischen Anfall und sah erstaunlicherweise trotzdem noch gut aus, weswegen ich anbot, sie und die tote Mieze zu fahren. Vielleicht hatte Möhre ja recht.

Ich glaube, ich hab das Tier anschließend irgendwo verscharrt, und zwar mit einer CD-Hülle von Santana, einem der wenigen Überbleibsel meiner Ex-Freundin. Ich hab die

26

CD gleich mitbegraben. Ich hatte keine Ahnung, was ich mit der Katzenfrau reden sollte, so ganz ohne Moses. Ich überlegte kurz, die Klassiker wie Job oder Auto anzusprechen, aber ich kam nicht dazu, denn sie erzählte mir das Leben ihrer toten Katze nach. Wenn man eine Frau kennenlernt, gilt für sie dasselbe wie für Priester bei der Predigt: Reden lassen. Nicht unterbrechen. Schon gar nicht mit einer eigenen Meinung. Als sie sich beruhigt hatte, fragte sie völlig überraschend nach meiner Telefonnummer. Ich hatte eigentlich nichts gemacht, aber solche Geschenke muss man annehmen. Die werden höchst selten verteilt, von Engeln …

Die Sache
mit dem Ex

Die Welt ist ein Dorf, und ich bin darin der gleichnamige Trottel. Ich hätte es wissen können. Ein Mann wechselt seine Freundinnen, aber nicht seine Stammkneipe beziehungsweise sein Revier. Weil der Mann nämlich vom Wolf abstammt, und der säuft auch immer mit demselben Rudel an derselben Tränke.

Als Ramona vorschlug, mal in die *Notaufnahme* zu gehen, hätte ich also eigentlich wissen müssen, was mich erwartet. Die *Notaufnahme* hieß früher *Bar Celona* und ist der Laden, in dem Ramona und ihr Ex sich kennengelernt hatten. Das sagt eigentlich alles. Wer in Läden mit lustigen Namen geht, gehört in jeder Hinsicht zum Bodenpersonal. Vor allem wenn er selbst einen lustigen Namen hat. Wie Janosch. Und entsprechend sah der Typ auch aus. Ein Mann der Marke »Hauptsache gesund und die Haare liegen«, hässlich wie Dosenobst, wenn man mich fragt. Objektiv gesehen wie Hitler, wo sich nachher auch alle gefragt haben, wie sie je auf so einen reinfallen konnten. Optisch jedenfalls hatte der gar nichts. Ein Gesicht wie ein Treteimer.

Dazu muss man wissen, dass ich nicht eifersüchtig bin. Das lohnt sich nicht. Eifersucht ist für Leute mit Selbstbewusstseinsdefizit. Insofern bin ich in der Beurteilung von anderen Männern neutral wie die Schweiz. Ganz unabhängig davon, ob sie vor viereinhalb Jahren mal ihre Zunge und andere Körperteile in meine Freundin gesteckt haben oder nicht. Das kann ich abstrahieren. Aber ich merke natürlich an der Art, wie einer »Hallo« sagt, woran ich bin. Und so wie Ramonas Ex-Janosch »Hallo« sagte, war klar, dass dieser Gehirnclown eine schwere Unwucht in der Hirse hatte. Ganz vorurteilslos ausgedrückt. Denn auch der döfste Hilfswolf packt der Frau vom aktuellen Leitwolf nicht dauernd auf die Tatze und grinst dabei wie ein Tänzer im MDR-Fernsehballett.

Und wieso hat einer, der so heißt wie ein Kinderbuch, auch noch eine »Agentur für Kommunikation«? Was ist das überhaupt? Hat's zu 'ner richtigen Werbeagentur nicht gereicht oder wie? Jedenfalls ist das kein Thema, über das man stundenlang reden kann. Zumindest nicht mit mir. Aber auf eigene Faust eine Schlägerei anzuzetteln ist auch nicht so mein Ding. Ich bin nicht so primitiv, dass ich denke, auf diese Art ließe sich was ausdrücken. Ich war also den ganzen Abend über einsilbiger als Marcel Marceau. Ich hab gesessen, getrunken und mir das Geschwätz angehört. Es war wie Weihnachten zu Hause. Auf keinen Fall wollte ich diesem geistigen Geisterfahrer die Genugtuung geben, mich provoziert zu haben.

Kaum waren Ramona und ich wieder zu Hause, hieß es, ich sei innerlich aus Holz. Emotional vor Jahren ausgestorben, seelisch verödet wie die Innenstadt von Osnabrück. Jede Frau dieser Welt wolle zumindest ein klitzekleines Anzeichen von Eifersucht bei ihrem Typen sehen, schrie Ramona, wohingegen ich ihrem Ex sogar noch einen »Orgasmus« ausgegeben hätte. Sie sei drauf und dran, dasselbe zu tun, schrie sie, aber ohne Getränke. Es hatte keinen Sinn, ihr zu erklären, was ich von Männern halte, die in Bars mit lustigen Namen Getränke mit lustigen Namen bestellen. Es hatte keinen Sinn, ihr zu sagen, dass ich mir kurz vorgestellt hatte, ihm eine Handvoll Popel in seinen bunten Drink zu bröseln. Ramona knallte mit Türen, und ich guckte Boxen.

Ich musste mal wieder feststellen: Frauen haben überhaupt keine Vorstellung vom männlichen Innenleben. Nur weil ich nicht eifersüchtig bin, bin ich noch lange kein Gefühlslegastheniker. Ganz im Gegenteil. Aber ein Wolf ist nun mal keine Ente, die dauernd schnattert. Ein Wolf ist einsam. Und heult. Wenn keiner guckt …

Männer denken, dass Frauen Krieg, Gewalt und Schlägertypen verabscheuen. So sehe ich das auch, außer es geht um mich.

Wenn *ich* für einen Kerl der Grund wäre, warum er sich prügelt, dann würd ich den anfeuern! Nur innerlich natürlich, nach außen wär's mir vermutlich peinlich, aber wer weiß? Bislang macht's ja keiner.

In jedem Fall bin ich nicht völlig gegen eine Kneipenschlägerei, und das müsste mein feiner Herr Freund eigentlich auch wissen, schließlich nicke ich seit Jahren zustimmend bei jedem Film, in dem Männer sich wegen einer Frau prügeln und metzeln. Ich hab sogar schon mehrfach erwähnt, dass auch der Trojanische Krieg wegen einer Frau geführt wurde. Aber Film ist Fiktion und Troja Mythos.

In echt saß Rainer in der *Notaufnahme* und sah seelenruhig zu, wie mein Ex sich in Eigenwerbung erging, mir literweise Getränke ausgab und mich sogar vor Rainers Augen anfasste. Aber im Nachhinein wunderte der sich, dass ich enttäuscht von ihm war. Von ihm »als Mann«. Genauso hatte ich das in meiner Wut formuliert, weil ich dachte, das sei die Höchststrafe.

Entweder lag ich mit dieser Einschätzung komplett daneben, oder mein Kerl hatte sich seinen Penis nur angeklebt, denn dazu kam von ihm gar nichts. »Wenn du meinst …«, war alles, was ich aus seinem Gesicht zu dem Thema hörte. Ich glaub, so sauer war ich nicht mehr seit der Absetzung von *Melrose Place*. Was glaubt der eigentlich, dachte ich, wie sicher er mich in der Tasche hat?!

»Wenn ein Mann nicht eifersüchtig ist, macht er sich nichts aus der Frau.« So lautet eine alte Wahrheit über Männer. Eine noch ältere Wahrheit über Frauen hingegen geht so: »Wenn die Frau nichts davon hat, glaubt sie nicht an alte Wahrheiten.«

»Janosch ist mein EX-FREUND!«, versuchte ich die Sachlage deshalb für Rainer noch mal klarzustellen. »Janosch hatte SEX mit mir, jahrelang, und gar nicht mal schlechten, und ICH hab IHN verlassen«, log ich, »und sehr offensichtlich findet ER auch nach über vier Jahren noch, dass man sich für mich mal 'n bisschen anstrengen kann, während DU da gesessen hast, als wäre ER schwul und ICH deine Schwester!«

Wenn man als Frau beim Thema »Sex mit dem Ex« nicht wahnsinnig übertreibt, sieht der aktuelle Freund sich völlig unbegründet schon auf dem Siegertreppchen.

Doch auch auf diese dezente Aufforderung, sich zu erklären oder zumindest zu verteidigen, kam nichts. Nicht mal ein Witz über Janoschs Namen oder Rainers üblicher Hinweis auf seine Kriegsdienstverweigerung vor tausend Jahren oder darauf, dass er bei einem Schulhofgerangel in der Grundschule mal irgendeinem Tonti die Zahnspange verbogen hatte.

Wahrscheinlich hatte gerade in irgendeinem Männermagazin gestanden, dass Schweigen maskulin ist, und er setzte das jetzt an der unpassendsten Stelle aller Zeiten ein. Rainers Reaktion war jedenfalls: Bier aufmachen, Fernseher an, Boxen gucken.

Ich war kurz vor Schnappatmung. Also: Bier wegnehmen und selber trinken, Fernbedienung wegnehmen und Boxen ausmachen. »Du redest jetzt mit mir, Freundchen.« Aber er wollte tatsächlich den Kampf sehen. Und ich doch bestimmt auch, sagte Rainer, ich könne mir ja vorstellen, dass die bei-

34

den sich um *mich* prügeln, das wär dann doch genau mein Ding.

Ich stampfte meinen Protest so fest wie möglich mit meinen hohen Absätzen ins neue, teure Echtholzparkett in Richtung Schlafzimmer. Weil Rainer Macken im Parkett aufregen. Mir doch egal, dass auch ich das zur Hälfte bezahlt (und verlegt) hatte.

Ich rief die erstbeste Freundin an und ließ mich lang und breit über meinen eifersuchtslosen Freund aus, dem ich offenbar völlig am Arsch vorbei ging. Zwei Sätze später waren wir beim Thema Janosch und der Frage, ob der immer noch so lustig wär wie früher. »Sogar noch lustiger als Rainer«, bestätigte ich, »außerdem hat er jetzt eine eigene Kommunikationsagentur.« Wir wussten beide nicht, was das genau ist, waren aber beeindruckt. Anschließend fand ich viele neue Worte für den Vorwurf, dass Rainer nicht eifersüchtig war …

Als er eine Stunde später ins Bett kam, war ich kurz davor, wieder an Wunder zu glauben. Nicht nur, dass mein Kerl sich bei mir für sein Verhalten in der Kneipe entschuldigte. Er gab sogar zu, dass ich es wert bin, jeden Typen ungespitzt in den Boden zu wemmsen, der mir seine Hand auf die Hand legt und so »Hallo« zu mir sagt wie Janosch. Ich verstand die Welt nicht mehr. Irgendwas musste ich gesagt haben, das ihn umgestimmt hatte. Ich hatte die Zauberformel gefunden, die Männer verändert und nicht Viagra heißt. Sollte ich drauf kommen, was es war, würde ich viel Geld und Ruhm ernten … leider kam ich nicht drauf, und nach so einem eindeutigen Sieg fragt man ja den Verlierer nicht, was genau ihn erledigt hat.

Kurz vorm Einschlafen, locker zehn Minuten nach dem Versöhnungssex, kam dann doch noch was von ihm. Geflüstert, leise, fast unhörbar. »Du findest aber jetzt nicht ernsthaft, dass der Janosch lustiger ist als ich, oder …?«

Ach, deswegen steht auf diesem ollen Bierdeckel hier »6 x Orgasmus« ...

Was hast du denn gedacht? Dass das ein Gutschein ist?

Nee, wobei das wär natürlich nicht schlecht, dann hätten wir schon ein Programm für heute Abend ...

Süß, aber sechs Mal für einen Mann deines Alters heißt, du müsstest mindestens fünf Mal vortäuschen.

Hallo?! Ich bin in den besten Jahren!

Das denken Männer in jedem Alter. Aber apropos »Jugend vortäuschen«, schau mal, was ich hier habe: Konzertkarten!

Oh, ich erinnere mich ...

Die Sache mit den Konzerten

Indianer kennen keinen Schmerz. Männer schon. Der Schmerz *ist* ein Indianer, der sich unauffällig anschleicht, einen umzingelt und am Marterpfahl langsam mürbemacht. Es kommt ganz automatisch, wenn man die Mitte Dreißig überschritten hat.

Ich jedenfalls brauche so langsam Ganzkörper-Viagra. Ich kann nicht mehr stehen. Ramona und ich waren neulich auf einem Rock-Konzert, und ich hatte schon nach der Vorgruppe Rückenschmerzen. Beim Hauptact drängte Ramona nach vorn zur Bühne und ich nach hinten zur Theke, weil die Band aus tätowierten jungen Kerlen bestand und die Thekenbesatzung aus tätowierten jungen Frauen.

Das ist die offizielle Wahrheit. Die wirkliche Wahrheit ist, dass ich inständig hoffte, an der Theke gäbe es Barhocker oder irgendwas anderes zum Sitzen. Gab es nicht. Dafür allerdings schenkte mir eine der strubbeligen Thekenfrauen eine als Lächeln verkleidete Versautheit. Eine Art Gesichtsdessous. Sie zog sich mit Blicken aus. Ich lächelte sparsam zurück, so wie ich es bei Steve McQueen gelernt habe. Die kunstvoll verstrubbelte Frau beugte sich vor und sprach mich an. Und zwar mit dem Satz: »Kann ich Ihnen helfen?«

Ein Satz wie eine Faust. Mit diesem Satz haben sich Simone Rethel und Jopie Heesters kennengelernt. »Kann ich Ihnen helfen?« Als stünde ich hilflos an der Straßenkreuzung. »Ich werd' *dir* helfen, Struwwelpetra!«, dachte ich fluchend duzend zurück und sagte zu ihr: »Machste mir 'n Bier?« Lässig, locker, jugendlich.

Sie konterte ungerührt mit: »Wollen Sie 'n alkoholfreies?«

Weniger eine Frage als eine Empfehlung. So wie die erfahrene Nutte den Opa fragt, ob er sich den ganzen Stress mit dem Sex wirklich noch mal zumuten will, weil sie keinen Bock hat, dass ihr der Alte im Bett abkratzt. In der Frage der Thekenschlampe schwang auch die leichte Sorge mit, dass mich ein echtes Bier in Kombination mit der lauten Musik womöglich aus den Schuhen haut. Mein zynisches »Haben Sie auch Milch?« wurde einfach ignoriert. Ich bekam ein warmes Bier ohne Schaum und ohne Lächeln. Und gab kein Trinkgeld.

Zwischen Theke, Tür und Toilette standen andere Männer an den Wänden und sahen mir ähnlich. Alle wippten ein bisschen. Es war schwer zu sagen, ob es ein Frühstadium von Hospitalismus war oder ein Spätstadium von Tanzen. Mitteleuropäische Männer sollen nicht tanzen. Da dürfen Südeuropäer sogar noch eher Staatshaushalte verwalten, Amerikaner Kochbücher schreiben und Japaner jodeln. Wenn der Deutsche tanzt, sieht es immer so aus, als würde er einfach nur falsch marschieren. Ich hoffte jedenfalls inständig, einer von den wippenden Wandhaltern würde umfallen und ein Stück Wand freimachen. Mein Rücken war schwer anlehnungsbedürftig. Die Plakate an den Wänden bewarben künftige Konzerte, und ich kannte keine der Bands. Nicht eine. Nie gehört. Ein junger Bursche kam vorbei, trug zottelige Haare und einen Parka. Einen Parka! Wie die Mods in *Quadrophenia,* nur in Braun, gefüttert und uncool, und ich dachte, wo hat der Typ denn seine Zeitmaschine geparkt, bis wenige Minuten später ein zweiter Zottel mit Parka vorbeikam, und dann noch einer. Parkazottel schienen jetzt hip zu sein. Ich kam mir vor wie Benjamin Button, nur umgekehrt: Ich alterte!!

Die Musik war jetzt tatsächlich laut. Nebel waberte. Der gesamte Laden wurde in rotes Licht getaucht. Ich versuchte mich mit meinem Nebenmann über die Parkazottel lustig zu machen, aber er kannte *Quadrophenia* nur von seinem Vater. Es war gruselig, es war der Horror. Vermutlich spielten da vorn die *Stephen Kings of Leon*. Ich war mir sicher, nach dem Konzert würde ich den Gürtel über dem Bauchnabel tragen, gesunde Schuhe aus Wildleder und eine beige Übergangsjacke. Ich würde den ZDF-Fernsehgarten gucken, wandern wollen und von früher schwärmen.

Jungs können sich ihre Väter nie als Jugendliche vorstellen. Und Männer denken nie darüber nach, dass sie eines Tages selbst aufhören, jung zu sein. Zumindest körperlich. Das ist der Mick Jagger in uns. Ich wusste, während ich noch auf einem Rockkonzert stehe, baut man mir zu Hause bereits einen Treppenlift in die Bude.

Dann kam Ramona verschwitzt auf mich zu und schrie mir ins Ohr, warum ich denn so verdattert aussähe. »Der kleine Rainer möchte bitte aus dem Rentnerparadies abgeholt werden!«, schrie ich zurück. Ramona lachte, wofür ich ihr sehr dankbar war. Sie habe genug gehört, schrie sie, und meinte Gott sei Dank die Band. Etwas später saßen wir. Im Auto. Der Spuk war vorbei. Ich konnte schon fast über mich selbst lachen. Wie ich es denn gefunden hätte, fragte Ramona. Ich sagte irgendwas und hörte mich erst im Nachhinein. Wir könnten ja demnächst auch mal in die Philharmonie gehen, sagte ich offenbar, die sei nämlich bestuhlt.

Ich kann mit Musik nichts anfangen. Musik und Hunde unterteile ich in zwei Kategorien: »stört« und »stört nicht«. Freiwillig kommt mir beides nur selten ins Haus.

Als Teenager habe ich natürlich auch auf Partys zu Musik getanzt, aber damals habe ich auch hinterm Schulhof geraucht und mit Edding Anarchie-Zeichen auf meinen Rucksack gemalt. Das gehörte einfach dazu, alle haben das gemacht, und als ich erwachsen wurde, beschloss ich, das mit dem Rauchen, der Anarchie und dem Tanzen lieber zu lassen.

Mir ist bewusst, dass das eine ziemlich unpopuläre Aussage für eine Frau ist. Frauen sind ja für bestimmte Musik die Hauptzielgruppe. Eine ganze Menge sogenannter schlechter Musiker wären arbeitslos, wenn es keine Frauen gäbe. Kuschelrock zum Beispiel ist so was wie Eierlikör für die Ohren, also ein reines Frauenthema. Aber ich brauche keine Musik. Weder im Supermarkt noch in Fahrstühlen oder beim Joggen. Das ist meine extrem unpopuläre Wahrheit. Und unpopuläre Wahrheiten sind nichts für Männer. Die kommen damit nicht klar. Deswegen hatte ich Rainer ganz am Anfang unserer Beziehung nur mitgeteilt, dass Musik »nicht so meins« ist. Er hatte das für sich so abgespeichert, dass ich keinen Musikgeschmack habe, aber mir war es recht, solange er mich nur nicht auf Konzerte schleppte. Konzerte sind für mich der absolute Horror. Es ist voll, es ist laut, und nach einer Stunde stinken alle, weil irgendwann auch der größte Grobmotoriker meint, er könne tanzen.

In diesem Fall hatte ich allerdings keine Wahl, weil meine

älteste Freundin Birgit und ein paar Leute aus meiner Heimatstadt schon vor Monaten angekündigt hatten, dass an diesem Abend The Cambricks spielen würden. »Unsere Band, Ramona, da müssen wir hin! Die haben wir schon gesehen, als die noch gar nicht bekannt waren!« Für mich war die Band auch jetzt noch völlig unbekannt. Leider konnte ich mich aus der Nummer nicht so einfach rausreden, denn ich hatte keinem je erzählt, dass ich Musik doof finde. Ich war früher mit auf Konzerte gegangen, wenn es sich nicht vermeiden ließ, und hatte bald eine sehr innige Beziehung zu Ohrstöpseln. Ich erfand sogar die Ausrede von einem »Loch im Trommelfell«, um mein Verhalten so cool wie möglich zu erklären.

Als Birgit vor Monaten begeistert von »unserer Band« berichtete, war es also für mich einfacher, große Freude zu heucheln und Tickets für Rainer und mich zu bestellen, als zwanzig Jahre zu spät die Wahrheit zu beichten.

Rainer dagegen hatte wirklich gute Laune, im Gegensatz zu mir kannte er die Band sogar. Ich hatte ein bisschen ein schlechtes Gewissen. Vielleicht hatte ich ihm durch meine Konzertverweigerungshaltung einen Teil seines Freizeitvergnügens genommen. Ich nahm mir vor, überzeugend so zu tun, als wären The Cambricks meine Helden und Konzerte das beste Entertainment seit den Gladiatorenkämpfen. Ich hatte vorher sogar im Internet *Best Of The Cambricks* runtergeladen, damit ich wenigstens ein paar Refrains mitsingen konnte. Grundsatzregel für Aktivitäten mit Männern: Gute Vorbereitung ersetzt echtes Interesse. Immer.

Als wir ankamen, war der Saal noch ziemlich leer. Offenbar waren The Cambricks einen noch weniger erfolgreichen Karriereweg gegangen als all die anderen Bands, denen ich früher nicht zugehört hatte. Die Musik ging los, und ich war wieder verlogene 16 und jubelte in Richtung Bühne.

Sekunden später fiel mir auf, dass mich alle, inklusive Rainer, merkwürdig anguckten und etwas von »selten dämlicher Vorband« brummten. Nun, ich hatte über ein Vierteljahrhundert in Bezug auf Musik gelogen, da konnte ich jetzt nicht damit aufhören, schon aus Prinzip nicht. Also verteidigte ich die Vorgruppe aufs Heftigste und stürmte mit einem »Ihr habt ja alle keine Ahnung von Musik!« nach vorne, wo ich die nächste halbe Stunde so tat, als wäre ich Fan. Der einzige Fan, wohlgemerkt. Der Sänger war sich nicht ganz sicher, ob er von mir verarscht oder angehimmelt wurde, aber wir machten beide weiter mit unserer jeweiligen Show: Er tat so, als wäre er Musiker, und ich tat so, als wäre mir das nicht egal. Ich hatte schon etlichen Männern vorgemacht, dass sie spitze im Bett sind, dagegen war das hier Pillepalle.

Es wurde voller, die unbekannte Vorgruppe ging, die unbekannte Hauptgruppe kam. Es wurde laut, alles »rockte«, und ich tat weiter so, als würde ich dazugehören. Ich fand mich zwischen Rainer und meinen Leuten von früher wieder, die wippten, rauchten, abwechselnd Bier holten und zwischendurch riefen: »Hammer, oder? Wie früher, voll geil!« Birgit fand sogar, der Sänger sei »eine noch coolere Sau« als damals. Ich tat so, als fände ich das auch, und sang die zwei Sätze Liedtext mit, die ich auswendig gelernt hatte. Birgit hielt anerkennend beide Daumen hoch, und ich wollte schrecklich gern nach Hause. Die Bässe taten mir in den Ohren weh, der Sänger hatte eine Wampe, und alles grölte, tanzte und stank vor sich hin. Es war wirklich genau wie früher. Nur dieses Mal ohne Ohrenstöpsel.

»Ich guck mal, wo mein Macker mit dem Bier bleibt!«, brüllte ich Birgit ins Ohr und kämpfte mich zurück durch die kleine Menge. Hoffentlich war er noch da und stand nicht mit einer der Thekenschlampen im Kloflur! Ich hatte wirklich nicht die Kraft, mir jetzt auch noch eine Eifer-suchtsszene für sein Ego aus den Rippen zu lügen. Stattdes-sen lehnte Rainer an der Wand und sah cool aus. Ich war unglaublich stolz auf ihn. MEIN Kerl! Steht nicht mitten im Mob und tut so, als ob er gleichzeitig stinken und tanzen kann. Mein Kerl steht einfach nur da und ist cool. Rainer grinste mich an, und ich schrie ihm entgegen, dass wir von mir aus auch nach Hause fahren könnten.

Auf der Rückfahrt nahm ich mir vor, Rainer zuliebe in Zukunft wenigstens zweimal im Jahr mit ihm auf ein Konzert zu gehen. Die Dankbarkeit in seinen Augen nach dem Konzert hatte mir zu verstehen gegeben, wie viel ihm Musik bedeutete: So etwas gehört einfach zu einer guten Beziehung: die Interessen des Partners auch mal hemmungslos über die eigenen stellen.

Okay, das mag jetzt eine seltsame Frage sein, auf die es aber hoffentlich eine ganz logische Antwort gibt: Wieso ist mein Impfpass hier in der Kiste? Ramona?

Ou. Ach, guck. Da ist der …

Ja, hier ist der … ich hatte den schon gesucht. Was macht der in unserer Kiste? Ist da zufällig auch mein Sozialversicherungsausweis drin? Den such ich nämlich auch schon seit Jahren …

Nein, dein Sozialversicherungsausweis ist nicht da drin. Dafür bin ich ja auch nicht verantwortlich.

Ah. Aber für meinen Impfpass bist du –

Oh ja!

Darf ich fragen, wieso?

Weil ich »Mama, Teil 2« bin.

Die Sache mit dem Schwiegereltern-Kennenlernen

Mit den Eltern meiner jeweiligen Freunde bin ich immer gut klargekommen. Die Väter mögen mich, weil ich unkompliziert bin, grillen kann und kein Glas zum Flaschenbier brauche, und die Mütter sind beim ersten Treffen im Normalfall einfach nur froh, dass ich weder schwanger noch drogenabhängig bin und trotzdem freiwillig mit ihrem Sohn zusammenlebe.

Zugegeben, diese Erfahrungen fallen alle eher in die Zeit, als ich zwischen 16 und 25 Jahre alt war, aber wieso sollte sich das ändern? Ich war also ziemlich gelassen, als Rainer mir mitteilte, dass seine Mutter uns beide zum Abendessen eingeladen hatte. Auf meine Frage, wie seine Eltern denn so sind, hatte Rainer mir bisher immer versichert: »Ganz normal.« Und da ich Rainer zu dem Zeitpunkt noch nicht so gut kannte, glaubte ich ihm. Ich erwartete einen Braten, vorsichtige Neugierde und eventuell noch eine abschließende Runde Trivial Pursuit oder alte Dias gucken, je nachdem, ob es Rainers Eltern wichtiger war, dass ich was im Kopf oder Geduld hatte.

Rainers Eltern haben eine Reihenhaushälfte und einen Gartenzwerg mit Schubkarre im Vorgarten, außerdem war das Türschild über der Klingel selbstgebastelt. Ich sagte nichts dazu, schließlich war ich nicht hier, um zu richten, sondern um zu gefallen. Das schien mir auch zu gelingen, denn das Erste, was Rainers Vater sagte, nachdem er mich gefühlte zehn Minuten von oben bis unten gemustert hatte, war ein durchaus wohlwollendes »Ja guck. Geht doch.«

Dabei nickte er Rainer zu.

»Geht doch«, hat *mein* Vater immer gesagt, wenn ich statt der üblichen Vier Minus aus Versehen mal eine Zwei in Mathe nach Hause gebracht hatte. Ich verbuchte seine Aussage für mich also so, dass ich besser war als meine Vorgängerinnen, und mehr kann man vom ersten Treffen nicht verlangen. Wenn man als neue Freundin zum ersten Mal die Schwiegereltern kennenlernt, ist sowieso nur die Mutter wichtig.

Und Rainers Mutter verhielt sich so, wie ich es erwartet und Rainer es angekündigt hatte: ganz normal.

Sie begrüßte mich freundlich, sah so aus, wie Mütter eben aussehen, und war danach sofort wieder in der Küche verschwunden, um »schnell nach dem Braten« zu sehen. Das würde ein glatter Durchmarsch für mich werden.

Im Wohnzimmer stand eine Armee von gerahmten Fotos der Familie im Wandel der Zeiten, was für mich vor allem deshalb interessant war, weil ich hier auch zum ersten Mal Rainers Exfreundin sah. Arm in Arm mit Rainer lächelte sie mich zufrieden vom Kaminsims an. Als Rainers Mutter mit den Klößen aus der Küche kam, sagte sie sofort: »Hans, ich hab dir doch gesagt, du sollst das für heute weglegen!« Vorwurfsvoll.

»Hast du gar nicht«, brummte Hans darauf zurück und sah mich dann grinsend an.

»Hat sie gar nicht«, flüsterte er mir zu, und in dem Moment sah er so dermaßen aus wie Rainer, dass mich das von der Frage wegbrachte, wieso Rainers Mutter das Foto nur »für heute« weglegen wollte. Rainer sagte zu all dem gar nichts, fummelte aber das Foto aus dem Rahmen und steckte es in sein Portemonnaie. Bis er meinen Blick sah. Da nahm er das Foto wieder raus, knüllte es zusammen und warf es in der Küche weg.

Rainers Vater wollte von mir beim Essen zunächst das

Übliche wissen: Wie alt ich bin, ob ich schon mal verheiratet war oder noch bin, ob ich Abitur habe und welches Auto ich fahre. Dann erklärte er mir, wie toll er es fand, dass ich einen Beruf habe, und riet mir, den auf gar keinen Fall und unter keinen Umständen jemals aufzugeben. Dabei sah er Rainers Mutter an, die Hausfrau, die keine Miene verzog.

»Frauen müssen was Eigenes haben, sonst verlieren sie ihre Persönlichkeit«, sagte er. »Stellen Sie sich mal vor, Ramona, Sie kriegen Kinder, hören auf zu arbeiten, und dann sind die Kinder eines Tages aus dem Haus. Dann haben Sie gar nichts mehr, sehen aus wie 'ne vertrocknete Rosine und geben Rainer die Schuld dafür. Das ist doch nicht schön, oder?«

Da Rainers Mutter inzwischen so aussah, als würde sie in naher Zukunft entweder die Bratenschüssel nach ihrem Mann werfen oder aber in sie hineinweinen, wollte ich diplomatisch sein und versprach, Rainer im beschriebenen Fall keinen Vorwurf zu machen, und fragte, ob ich noch etwas von dem superleckeren Braten haben könnte.

Rainers Mutter gab mir Braten und murmelte dabei, dass es auch Männer gebe, die nicht der Ansicht seien, dass sie aussähe wie eine Rosine. Als ich von der Toilette kam und Rainer im Flur traf, fragte ich ihn, ob er mich nicht wenigstens hätte vorwarnen können.

»Wovor?«, wollte Rainer wissen.

»Wovor?!« Ich konnte es nicht fassen. »Dein Vater kann deine Mutter nicht leiden, und deine Mutter hat eine Affäre!«

»Ach, Quatsch«, Rainer fand das offenbar eher lustig. »Die sind seit 35 Jahren verheiratet, das ist ganz normal. Willst du noch Nachtisch? Gibt Melba-Pfirsich.«

Irgendetwas in mir drin riet dringend, Rainer nicht zu widersprechen.

Eine Familie ist ein extrem wackliges Gebilde, das von dünnen Fäden aus alten Illusionen und noch älteren Vorwürfen zusammengehalten wird. Das weiß ich von meiner eigenen Familie. Wenn ein Außenstehender dazukommt und nach zwei Scheiben Braten meint, sich ein Urteil erlauben zu können, kommt das nie gut an. Deshalb und weil Rainer und ich den ersten Besuch bei meinen Eltern noch vor uns hatten, schwieg ich im Folgenden und stimmte im Wechsel Rainers Vater zu, dass Frauen gar nicht selbständig genug sein konnten, und gab Rainers Mutter recht, dass ein guter Braten mindestens sechs Stunden auf kleiner Flamme vor sich hinköcheln muss. Anschließend wollte ich ihr beim Spülen helfen, weil die zukünftigen Schwiegertöchter das in amerikanischen Filmen auch immer so machen und weil ich auf dem Foto an Rainers Exfreundin extrem lange, manikürte Fingernägel entdeckt hatte, woraus ich schloss, dass Spülen nicht so ihr Ding gewesen sein konnte. Vielleicht würde ich bei Rainers Mutter damit sogar erreichen, dass sie uns um ein Foto für den Kaminsims bat.

In der Küche stellte ich fest, dass es eine Spülmaschine gab und Rainers Mutter es nicht gern hatte, wenn man ihr half. Verständlich, laut Aussage ihres Mannes war »Spülmaschine einräumen« ein Hauptlebensinhalt dieser Frau, direkt nach »Spülmaschine ausräumen«. Trotzdem wusste ich, wie wichtig es für mich war, dass Rainers Mutter mich mochte.

Um das Verhältnis zwischen uns zu optimieren, wollte ich den bewährten Weg gehen: In das Herz einer Mutter kommt man am schnellsten wenn man Herz für ihren Sohn zeigt. Ich versicherte ihr also, während sie Spezialsalz und Klarspüler nachfüllte, dass ich Rainer wirklich sehr liebte, weil mit ihm sogar das Zusammenleben im Alltag prima funktioniert, und dass er ganz nach ihr käme.

Das kam überraschenderweise noch besser an, als ich vermutet hatte, denn Rainers Mutter sah plötzlich mit Tränen in den Augen vom Geschirrspüler hoch und nahm mich spontan in die Arme. Sie roch nach Braten.

Dann wischte sie sich übers Gesicht und sagte, sie habe von Anfang an das Gefühl gehabt, ich sei die Richtige für Rainer. Darum finde sie, dass es an der Zeit sei, mir etwas zu geben, was sie noch nie einer von Rainers Frauen gegeben hatte. Sie entschuldigte sich kurz, und ich ging davon aus, gleich mit einem Haufen Familienschmuck behängt zu werden. Vorsichtshalber nahm ich meine Ohrringe schon mal raus und zog zwei meiner drei Ringe ab. Ich wollte nicht so wirken, als hätte ich es nicht nötig.

Als Rainers Mutter wiederkam, hatte sie ein gelbes Heftchen in der Hand. »Rainers Impfpass«, sagte sie und überreichte ihn mir, als wäre es der Schlüssel zum Bernsteinzimmer. Ich dachte, vielleicht hat sie ja Geldscheine hineingelegt, wurde aber enttäuscht. Ich sah Rainers Mutter an. »Ja, also ... ich weiß gar nicht, was ich sagen soll ...«, stotterte ich, und das war das Ehrlichste, was ich an diesem Tag von mir gegeben hatte. Rainers Mutter klopfte mir auf die Schulter und nickte, als verstünde sie genau, was ich meinte.

»Packen Sie es weg, Rainer braucht das nicht zu wissen. Es ist gut, dass er jetzt jemanden hat, der sich richtig um ihn kümmert. Im Mai muss er zur Tetanus.«

Als Rainer und ich wieder im Auto saßen, fand er, dass es doch ganz nett gewesen wäre, und wollte wissen, wie denn jetzt *meine* Eltern eigentlich so sind.

»Ganz normal«, sagte ich. Und habe es nie ernster gemeint.

Die Fähigkeit, Schwiegermütter zu beglücken, wird in Kai Pflaume gemessen. Der ist nämlich ein Schwiegermuttertyp. So heißt es jedenfalls oft in der Presse, und es ist immer abwertend gemeint. Ich bin nicht mal ein Viertel Kai Pflaume. Kein Mann ist freiwillig Kai Pflaume, vermutlich nicht mal Kai Pflaume. Kein Mann will ein Schwiegermuttertyp sein – außer wenn der erste Besuch bei der potentiellen Schwiegermutter ansteht.

Wir waren schon über ein halbes Jahr zusammen, als Ramona meinte, es sei Zeit, mich ihren Eltern vorzustellen. Nach allem, was sie über ihre Eltern erzählt hatte, waren die für mich wie *Sissi*-Filme: Es reicht mir zu wissen, dass es sie gibt, ich muss sie aber nicht zwingend sehen, oder wenn, dann höchstens zu Weihnachten.

Ramona ließ das nicht gelten, schließlich waren wir auch schon bei meinen Eltern gewesen. Aber Frauen haben es viel leichter. Es gibt aus gutem Grund keine weibliche Entsprechung zu Kai Pflaume. Niemand spricht von Schwiegervatertypen. Väter ticken bei ihren Söhnen nämlich ganz einfach: Hauptsache, der Junge hat eine Frau gefunden, die bereit ist, sich mit seinem Sohn abzugeben. Fertig.

Wenn es um Töchter geht, reagieren Väter natürlich ganz anders. Das Arschloch, das es gewagt hat, ihnen den Premiumplatz in der Wertschätzung ihres Augensterns wegzunehmen, hat auf jeden Fall verschissen. Es geht nur noch darum, wie sehr. Deswegen ist die Kai-Pflaume-Fähigkeit so wichtig: Man muss wenigstens bei der Mutter einen guten Eindruck machen.

Moderne Ratgeber raten, sich bei Vorstellungsgesprächen im Job nicht zu sehr zu verstellen und halbwegs »authentisch« zu bleiben. Ramona riet mir vor dem Vorstellungsgespräch bei ihren Eltern von »authentisch« ab. Erstens weil sie mich authentisch kennt, und zweitens ihre Mutter ebenfalls. Kai Pflaume ist auch nicht authentisch. Ich würde also auf Teufel komm raus Mutters Kuchen loben, ihren Garten schön finden und möglichst nicht »ficken« sagen. Ihre Mutter, schien mir, hatte einen längeren Beipackzettel als handelsübliche Anabolika.

Ich zog meinen guten Anzug an und wieder aus (es bestand die Gefahr, völlig overdressed zu sein, denn »Papa« könnte im Trainingsanzug erscheinen, aus Trotz oder Ruhrgebietstradition), ich packte Pralinen ein und wieder aus (»Mama macht seit zwanzig Jahren Diät«), ich erwog, Blumen zu kaufen, Ramona riet ab (»Mama hat doch den Garten!«), am Ende war ich so nervös wie zuletzt vor dreißig Jahren, als ich bei der Schulaufführung vom *Besuch der alten Dame* sechs Sätze als Pfarrer hatte.

Die Begrüßung durch Ramonas Mutter war ausgesprochen herzlich und klang so echt, als sei sie von Siri in meinem iPhone gesprochen. Wir standen noch im Flur, als ich schon den Garten lobte; Ramonas Vater trug Hemd, Hose und Krawatte und nannte mich Janosch, weil er mich offenbar noch für Ramonas letzten Freund hielt.

Die Veranstaltung war so verkrampft wie die Waden eines Joggers beim ersten Marathon.

»Hmm, der schmeckt aber schön selbstgemacht!«, lobte ich aufs Dämlichste die Käse-Sahne, die Ramonas Mutter beim Bäcker geholt hatte, wie sich zu spät herausstellte. »Das schmeckt man gleich«, erwiderte ich jetzt völlig sinnentleert und schob nach, wie seltsam es doch sei, dass sich ja offenbar die Haarfarbe vererbe, nicht aber die Fähigkeiten in der Küche. Es folgte eine Litanei von Ramona über meine fehlende Mitarbeit im Haushalt, assistiert von ihrer Mutter, die erklärte, es gebe Wichtigeres für eine Frau, als gut in der Küche zu sein.

»Mir ist auch lieber, sie ist gut im Schlafzimmer«, lachte Ramonas Vater. Ramona an dieser Stelle zu loben war aber auch falsch, wie ich schnell an seinem noch schneller ersterbenden Lachen feststellte. Mein Respekt vor Kai Pflaume wuchs sekündlich. Frauenschwarm und Weiberheld sind leichte Aushilfsjobs. Schwiegermuttertyp ist dagegen ist harte Arbeit

Ich hielt mich also an Ramonas Vater. Und lernte im Laufe des Nachmittags, dass sich folgende Themen nicht für ein »Gespräch« mit ihm eignen:

– Politik (weder Innen- noch Außen- und schon gar nicht Finanz-),
– Bayern München (es sei denn, man wäre der einzige andere Bayern-Fan im Ruhrgebiet),
– Kunst (gemeint ist die Kunst zu grillen, die weltweit nur von einem einzigen Menschen beherrscht wird: ihm),
– Musik (gemeint ist Musik aus den Jahren zwischen 1960, wo sie erfunden wurde, und 1975, wo sie starb; seither gibt es nur noch unterschiedlich lauten Krach)

Ein sehr schönes Gesprächsthema hingegen ist Bier. Wo es herkommt (»aus dem Schuppen hinter dem Komposthaufen«), wo es hingeht (»Das Klo ist gleich links«), wie man es aufmacht (»Solange ich noch gesunde Zähne habe, kommt mir kein Öffner ins Haus!«) und wie man es genießt (»Nich lang schnacken, Kopp in' Nacken!«). Endlich konnte ich mitreden. Nach dem vierten Bier duzten wir uns. Schwiegerväter sind im Grunde nicht kompliziert: Wenn das Warsteiner fließt, bricht das Eis. Mein neuer Kumpel holte anschließend das Familienalbum und zeigte mir Nacktfotos, Ramona auf dem Küchentisch. Sie war elf Monate.

Einer plötzlichen Eingebung folgend, machte ich bei meinem nächsten Besuch auf dem Klo einen Zwischenstopp an der Geschirrspülmaschine und half, sie einzuräumen. Ramonas Mutter war begeistert und duzte mich auch.

Dann waren es nur noch wenige Minuten bis zum *Tatort*, und wir nutzten die Gelegenheit, um aufzubrechen. Kurz vor dem Auto stellte ich fest, dass wir die Tupperdose mit dem Rest der Käse-Sahne vergessen hatten, und mein innerer Kai Pflaume ließ mich zurückgehen. Durch das offene Küchenfenster hörte ich Ramonas Mutter: »Siehste, Günter, war doch gar nicht so schlimm! Wir machen uns immer so verrückt. Ich glaube, wir sind ganz gut bei ihm angekommen!«

Was ist das denn hier …? Du hast eine Einkaufsliste von Anita in unsere Kiste getan?!

Oooh ja. Das ist wirklich mal eine Erinnerung wert.

Eine Einkaufsliste von Anita ist eine Erinnerung wert? Was hat die mit unserer Beziehung zu tun?

Willst du mich verarschen? Die Einkaufsliste von Anita hat fast dafür gesorgt, dass ich dich verlassen hätte!

Hä?

Beziehungsweise hat sie fast dafür gesorgt, dass ich dich verlassen hätte, weil ich dachte, dass du mich verlassen hast.

Ich wiederhole: Hä?

… und noch nicht mal den Anstand hattest, mir das persönlich zu sagen, du Pannekopp!

Ich geb auf. Ich hab keine »Hä's« mehr vorrätig …

Die Sache mit der Putzfrau

Früher oder später wird alles zu Staub, so heißt es ja sinngemäß in der Bibel, und das stimmt. Man sieht das zum Beispiel bei uns unterm Bett.

Ich hab's nicht so mit Lappen und Schrubber. Männer, die gern putzen, sind ähnlich schwer zu finden wie heterosexuelle Balletttänzer. Auch Ramona ist eine kleine Schlampe, und zwar nicht in diesem wünschenswerten Simone-Thomalla-Sinn, also dass sie zum Bier holen am Kiosk gern mal die Unterwäsche weglässt, sondern eher in dem Sinn, dass sie nicht gern putzt. Deswegen kriegen wir jetzt Anita.

Anita kriegen wir von Sven und Maike, die sie ihrerseits von Björn und Silke haben, wo sie schon länger putzt. Sie ist eine Art putzender Kettenbrief. Das ist ein riesen Vorteil, sagt Sven, denn für den Fall, dass sie irgendwo klaut, verliert sie nicht bloß eine Stelle, sondern mehrere, und das weiß sie. Sven hat Erfahrung mit Putzfrauen. Die besten sind die Polinnen, sagt er, aber die guten Polinnen sind schon alle weg, und Deutsche sind immer noch besser als Rumäninnen, laut Sven. Vorurteile sind wie Formulare: Sie vereinfachen das Leben wahnsinnig. Und Männer mögen's einfach. Du bist entweder Cowboy oder Indianer. Kein Wunder, dass Männer den Computer entwickelt haben. Der arbeitet nur mit eins und null. Sven macht was mit Computern. Ich vertraue ihm. Ich glaube, Anita ist eine gute Wahl.

Anita ist meine erste Putzfrau, und ich will Ramona mit Anita überraschen, wenn sie von ihrer Tagung wiederkommt. Ich bin nervös.

Ich erwische mich dabei, wie ich die Wohnung in Ordnung bringe, bevor Anita kommt. Man will ja keinen schlechten Eindruck machen. Zum Beispiel steht »Ficken Bumsen Blasen« auf dem T-Shirt, das ich im Bett anhabe. Das ist auf einer Meta-Ebene witzig, weil es von Möhres Junggesellenabschied stammt, was Ramona weiß, Anita aber nicht, und ich hab keine Ahnung, ob Anita Humor mitbringt, und wenn ja, welchen. Frauen und Humor sind oft wie zwei fremde Welten, die aufeinanderprallen. Ich feudel mit dem Bumsen-T-Shirt den Staub unterm Bett weg und werfe es dann in die Wäsche. Sicher ist sicher.

Ich sehe unsere Wohnung mit anderen Augen. Zum Beispiel den Kühlschrank.

Wann haben wir denn Mango-Chutney eingekauft? Offensichtlich vor 2009, da ist es nämlich abgelaufen. Obwohl ich eigentlich arbeiten müsste, entrümple ich sämtliche Vorräte. Ich will nicht, dass Anita denkt, wir wären zwei Schlampen. Wo ich schon mal dabei bin, bringe ich den Müll weg, werfe kurz den Staubsauger an und putze durchs Badezimmer. Ramona würde mich nicht wiedererkennen und die Wohnung auch nicht. Alles wegen einer völlig fremden Frau. Dann kommt Anita, lässt sich unsere Putzmittel zeigen und sagt genervt, dass sie ja gern unser Öko-Zeug nehmen könne, aber sauber werde es damit nicht. Anschließend diktiert sie mir eine Liste von chemischen Keulen, die ich kaufen soll. Ich hab das Gefühl, dass ich es bin, der sich bei ihr bewirbt, und die Chancen gerade eher gegen mich stehen. Anita hätte jetzt gern einen Schlüssel zur Wohnung. Frauen, die direkt sagen, was sie wollen, machen Männern Angst, genauso wie Clowns, Zahnärzte oder kleine Mädchen, die an Schönheitswettbewerben teilnehmen. Es hat ein knappes Jahr gedauert, bis ich Ramona einen Schlüssel gegeben habe. Es war damals ein großes Ding und wurde mit einem feierlichen

Essen begangen. Anita kriegt meinen Schlüssel nach zehn Minuten.

Ob sie in der Wohnung rauchen könne, will sie wissen. »Nur auf dem Balkon«, sage ich.

»Aber jetzt im Winter ja wohl nicht, oder?« Es klingt nicht wie eine Frage.

Anita ist tätowiert und Ende vierzig. Sie sieht so aus, als wäre sie bei zwei Folgen *Frauentausch* dabei gewesen und könnte locker eine Kneipenschlägerei gegen Katy Karrenbauer gewinnen.

Ich setze mich an den Schreibtisch, Anita setzt sich Kaffee auf und hat zudem ein Radio mitgebracht. Es spielt die Hits der 90er, 2000er und das Beste von heute, sagt es jedenfalls alle drei Minuten. An Arbeiten ist nicht zu denken, weder bei mir, noch offensichtlich bei Anita. Wann immer ich aus meinem Arbeitszimmer gucke, sitzt sie rauchend in der Küche und telefoniert. Dabei fallen die Worte »… irgend so 'ne Tucke, die was schreibt«, und ich fühle mich gemeint. Ich bin geneigt, das Bums-Shirt aus der Wäsche zu holen, um ihr meine Heterosexualität zu beweisen. Anita und das Radio vertreiben mich auf den Balkon, wo es zwar arschkalt ist, aber ruhig.

Binnen einer Stunde hat Anita die Wohnung übernommen. Sie wird nie mehr weggehen. Wir werden zusammen alt werden. Um Personal zu haben, muss man adelig geboren werden. Unsereins sollte damit leben, dass Staub ein mahnendes Zeichen Gottes ist.

Ich hab schon von Frauen gehört, die nach Hause kommen, und ihr Freund ist weg. Mitsamt all seinen Sachen. Blöde Situation. Völlig harmlos kommen die nach Hause, rufen noch fröhlich »Ich bin wieder dahaa!« und merken dann, dass sie wieder Single sind. Meist liegt ein Zettel auf dem Küchentisch, auf dem sinngemäß steht: »War schön, aber mit der Neuen ist es schöner. PS: Versuch bitte nicht, mit Heulanrufen mein neues Leben zu belasten.«

Trennungen per Küchentischzettel sind bitter, kommen aber vor. Davon hab ich schon gehört.

Wovon ich noch *nicht* gehört hatte, war, dass man für eine Woche zu einem Seminar fährt, und wenn man zurückkommt, wohnt da schon eine neue Frau. Und es liegt auch kein erklärender Zettel auf dem Küchentisch, sondern eine Einkaufsliste. Von der neuen Frau. Für Rainer. Genauso war es aber, als ich zwei Tage früher als geplant nach Hause kam. Und auf dem Einkaufszettel stand auch wirklich »Für Rainer«, das hab ich mir jetzt nicht ausgedacht.

Man muss sich das mal vorstellen: Ich bin nur fünf Tage aus dem Haus, komme mit einem Koffer und einer prall gefüllten Einkaufstasche vom Biomarkt zurück, weil ich Rainer am Abend mit meinem Lieblingsgericht überraschen will, und da wohnt eine andere Frau in der eigenen Wohnung. Die zieht da nicht gerade *ein*, die packt keinen Rucksack mit »dem Nötigsten« aus und sieht mich erschrocken oder zumindest schuldbewusst an ... die *wohnt* da schon! Die hat sogar schon unseren Wohnungsschlüssel am Schlüsselbund, stellte ich fest, als ich nach der ersten Schreckviertelstunde in der unbekannten geblümten Riesenhandtasche im Flur nach Informationen wühlte. Bevor ich Rainers Hausschlüssel bekommen habe, waren wir geschlagene zwei Jahre zusammen! Ich traue Männern im Allgemeinen ja eine Menge gedankenloser Dreistigkeit zu, und Rainer im Besonderen immer noch eine Schippe mehr, aber das war selbst für seine Verhältnisse …ja, wie nennt man so was? … unhöflich.

Ich ließ den Schlüssel zurück in die hässliche Tasche fallen und schlich zum Wohnzimmer, wo ich jemanden summen hörte, was mich um den Rest meiner Fassung brachte. Die summt?! Das musste ich sehen. Die Frau, die es in fünf Tagen geschafft hat, einen Mann wie Rainer zu verführen, bei ihm einzuziehen und ihm Einkaufszettel zu schreiben, war es definitiv wert, angesehen zu werden.

Um Nebensächlichkeiten wie »Warum?«, »Weswegen?« und »Bei welcher Freundin kann ich mich jetzt einquartieren?« konnte ich mich später kümmern. Als ich ins Wohnzimmer kam, um mir durch die direkte Konfrontation mit Miss Superfrau den Rest zu geben, blieb mir fast die Spucke weg. Auf die Neue vom eigenen Ex trifft man als Frau ja grundsätzlich so gerne wie auf einen Vergewaltiger im Stadtpark.

Allerdings sah meine Nachfolgerin aus, wie eine in die Jahre gekommene Kugelstoßerin aus der ehemaligen DDR. Inklusive Tattoo am kraterdurchsetzten, pockennarbigen Oberarm. Und sie saugte. Und zwar Staub. Vielleicht wirken Frauen, die staubsaugen, auf Männer ähnlich erotisch wie umgekehrt Männer, die mit bloßen Händen Tiere töten, auf Frauen. Als ich dieses Stück Frau sehr fassungslos von hinten betrachtete, wurde mir urplötzlich klar, was passiert sein musste: Rainer war einsam und / oder besoffen gewesen und hatte nachts auf RTL 2 eine dieser Telefon-Hotline-

Werbungen gesehen. Eine von denen, bei denen eine weibliche Stimme versichert, dass »ältere Frauen auf deinen Anruf warten«. Aus irgendwelchen Gründen hatte die Frau am anderen Ende der Telefonleitung dann etwas verwechselt. Sie hatte nicht Rainer kommen lassen, sondern war stattdessen selber gekommen. Und geblieben. Vielleicht waren die beiden auch ins Plaudern gekommen, er hatte erzählt, wie alleine er sich gerade fühlt oder wie schmutzig bei ihm alles ist. Oder er hatte sie an ihren Sohn (oder Enkel) erinnert und Mitleid bekommen. Wie auch immer – dieses »Ding« feudelte jetzt gerade über das Weinregal, das wir letztes Jahr von meinem Onkel Rolf geschenkt bekommen hatten.

Und ich konnte nichts anderes tun, als stumm zu glotzen. In dem Moment drehte sich das Urvieh von einer Unterschichtenfrau zu mir um, nahm die Kopfhörer aus den Ohren und grinste mich an. Die grinste mich an! »Ah, hi, du bist Ramona«, sagte sie mit genau der verrauchten Stimme, mit der sie offenbar auch Rainer um den Verstand gebracht hatte. Keine Frage, sondern eine Feststellung. »Du bist Ramona.« Na prima, was hatte mein aktueller Ex-Freund der denn noch alles erzählt? Wo ich zur Schule gegangen bin? Wie mein erstes Haustier hieß? Wann ich meine Tage bekomme?! Ich konnte weiterhin nur stumm glotzen.

»Ich bin Anita, Rainer kommt so gegen sechs. Wusste der, dass du heute schon hier aufschlägst? Ich glaub nämlich, ich sollte eine Überraschung für dich werden.«

Sprach's, steckte sich die Kopfhörer zurück in die Ohren und feudelte weiter. Ich ging langsam rückwärts Richtung Flur und zwickte mich manisch, immer und immer wieder. Das war mal definitiv eine Variante von »DAS soll es jetzt also gewesen sein?!«, die ich nicht auf dem Schirm hatte, wenn ich über Rainers und mein Ende nachdachte. Wenn die Beziehung in die Brüche geht, ist die erste Frage nicht »Warum?!«, sondern »Wohin?!«.

Als Rainer mich um zehn Uhr abends bei meinen Eltern abholte, nachdem er mich bereits bei Vera, Nicole, Steffi und sogar zwei meiner Exfreunde gesucht hatte, erklärte er mir »Anita«. Ich tat so, als hätte ich mir das von Anfang an gedacht und wäre nur aus einem Anflug von spontanem Familiensinn meine Eltern besuchen gefahren.

Rainer wunderte sich zwar, dass ich nicht vorher wenigstens noch die Biosachen in den Kühlschrank geräumt hatte, war aber nicht wirklich sauer, da »Anita« das für mich übernommen hatte. Nachdem ich die Tür hinter mir zugeschlagen und ihren Schlüssel am Schlüsselbund verbogen hatte. Das kam aber erst eine Woche später raus.

Du traust mir aber auch alles Schlechte zu, das ist ja unglaublich.

Nee, Erfahrung ...

Da steht eine Frau in der Wohnung, die aussieht wie ein polnischer Fernfahrer, und du denkst: »Typisch Rainer, kaum bin ich aus dem Haus, holt er sich 'ne andere!« Anita sieht ja nicht mal ansatzweise aus wie mein Beuteschema.

Doch, klar, sie ist im weitesten Sinne eine Frau, und du bist Rainer.

Phantastisch.

Bei Männern und Science-Fiction ist erst mal alles denkbar.

Ich hoffe, das ist nicht deine Antwort, wenn die Polizei dich mal nach einem Alibi für mich fragt.

Darf ich dich kurz an die Frau mit den Tatzen erinnern?

Hm?

Die Schlampe aus deiner Kantine.

Hm?

Warte, da gibt's doch in der Kiste auch was ... hier, die vier Schnapsfläschchen.

Die sind leer.

Klar sind die leer. Die hab ich in der Nacht ausgetrunken, als ich auf dich gewartet habe ...

Die Sache mit dem Lügen

Männer lügen, und Frauen wollen die Wahrheit nicht hören. Insofern ergänzen sie sich ausnahmsweise mal. Das gilt weltweit und generationsübergreifend. Das was die Welt im Innersten zusammenhält, mein lieber Herr Faust, ist die Lüge. Sonst kämen wir alle ja gar nicht miteinander aus. Für mich ist zum Beispiel Natur das, wo man durch muss, bis man wieder einen Parkplatz, Altglascontainer, Obdachlosen oder ein anderes Zeichen von Zivilisation sieht. Natur ist scheiße und macht Heuschnupfen. Trotzdem habe ich, zum Beispiel, selbstverständlich Ramonas Eltern angelogen, dass auch ich den Bayrischen Wald für eine feine Sache halte, ebenso wie ihr geliebtes Camping. Dabei ist Camping das englische Wort für Flüchtlingslager. Selbst Indianer wohnen nicht mehr in Zelten. Aber eine kurze Lüge ersetzt eine lange Diskussion, entsprechend war ich also Camping-Fan, um es mir mit den »Schwiegereltern« nicht zu verderben. Die Eltern zu erobern ist oft kriegsentscheidend im Kampf um die Frau, und dabei sind Lügen die stärksten Waffen.

Lügen sind auch das Fundament für ein Weiterkommen im Beruf. Die Wahrheit hat in der Kernarbeitszeit keinen Platz. Meetings sind Treffen von Lügnern, die nur stattfinden, um sich gegenseitig anzulügen. Aber Ramona will ja auch, dass ich Karriere mache, und lacht jedes Mal, wenn ich erzähle, wie ich meinem Chef vorgelogen habe, dass er eine gute bzw. eigene Idee hatte.

Auch im privaten Bekanntenkreis ist die Wahrheit wie ein Fondue-Set: Man macht höchstens ein oder zwei Mal im Jahr Gebrauch davon. Ich habe auf Partys von Freunden das

Essen gelobt, die Wohnung und das Kind, auch wenn alle drei komplett missraten waren. Ich habe pflichtgemäß gelogen, dass ich mich riesig über den Sushi-Kurs zum Geburtstag gefreut habe, ich habe, ohne mit der Wimper zu zucken, behauptet, dass meinem Kumpel Möhre die langen Haare gut stehen. Und das sind nur Beispiele aus der letzten Woche. Ramona lügt bei ihren Freundinnen noch schlimmer.

Die Lüge ist überall. Schon meine Eltern haben mich angelogen – zum Beispiel, dass es den Weihnachtsmann gibt oder dass ich ein Wunschkind war. Bestimmt hat Ramona mir im Bett Orgasmen vorgelogen. Laut einer Studie tun das vier von fünf Frauen, und Ramona ist immer bei der Mehrheit. Sie hat also angefangen mit dem Lügen. Frauen lügen ohnehin mehr als Männer, das ist wissenschaftlich bewiesen. Ein Push-up-BH belügt die Männer über die Brüste der Frauen, Botox lügt ein paar Jahre vom Gesicht, und High Heels täuschen Größe vor, wo keine ist. Und das sind nur die Äußerlichkeiten.

Deswegen verstehe ich die Aufregung um die Beerdigung vom Günter nicht. Günter ist bzw. war ein alter Schulfreund, der blöd beim Renovieren in seinen Bohrer gefallen ist. So weit die Geschichte, die ich Ramona erzählt habe. Sie stimmt – nur dass ich mit Günter seit zwanzig Jahren nichts mehr zu tun hatte und deswegen halt auch nicht bei seiner Beerdigung war, sondern bei Frau Peukert.

Frau Peukert arbeitet bei uns in der Kantine und strömt dort Erotik aus, selbst wenn sie dir dicke Bohnen auf den Teller häuft. Sie hat zwei tätowierte Tatzen im Dekolletee, und das hab ich als Zeichen für locker, lustig, leicht zu haben genommen. Selbst Günter wäre lieber zu Frau Peukert gefahren statt zu seiner Beerdigung. Wobei beides am Ende von der Stimmung überraschend ähnlich war. Frau Peukert ist privat nämlich eher sperrig, trotz Tatzen. Ihre lockere Art ist genauso gelogen wie ihre Oberweite. Silikonbrüste sind noch schlimmer als Push-ups. Silikonbrüste sind wie Treibhaustomaten: Das hat mit dem Original nichts zu tun und ist nur was für Leute, denen Ketchup eh lieber ist.

Ich schwöre, in dem Moment wo Frau Peukert »ein Latte matschikato« bestellte und von mir wissen wollte, ob ich den neuen *Twilight* schon gesehen habe, war für mich alles aus. *Twilight*-Fans gibt es nur, damit selbst die Trekkies noch jemanden haben, auf den sie herabschauen können. Auf meine Bemerkung, es wäre doch cool, wenn die neuen Vampire ihren Opfern nicht Blut, sondern Fett absaugen würden, kam von ihr nur absolute Verständnislosigkeit, und Frauen ohne Humor sind nichts für mich. Ich weiß eh nicht, wieso ich mich eigentlich mit Frau Peukert treffen wollte. Vielleicht Torschlusspanik. Sobald das Navi dringend die eine Ausfahrt empfiehlt (= Ramona), fahren Männer aus Trotz weiter, um zu gucken, ob die nächste nicht doch besser ist (= Frau Peukert). Männer zetteln irgendwas an, ohne an die Folgen zu denken: Weltkriege, Investmentbanking oder Affären mit Kantinenfrauen. Irgendwie werden wir das schon in den Griff kriegen, denken wir. Männer sind Macher, auch wenn das, was sie machen, nichts als Blödsinn ist.

Jedenfalls ist überhaupt nichts passiert. Null. Ich bin einfach wieder nach Hause gefahren. Das ist die Wahrheit. Aber die wollte mir Ramona nicht glauben. Stattdessen wurde ein riesen Fass aufgemacht. Daraus folgt: Lügen haben Beine wie Nadja Auermann. Die Wahrheit dagegen hinkt schlimmer als der berühmte Vergleich.

Frauen sind eifersüchtiger als Männer, und Männer gehen häufiger fremd. Zwei Tatsachen aus der Statistik, die meiner Meinung nach allerdings beide auf einen anderen Umstand zurückgehen: Männer lügen. Das unterscheidet sie zwar kein bisschen von Frauen, aber Männer lügen anders. Schlechter.

Und bestimmte Männer (= Rainer) lügen noch dazu aus vollkommen unsinnigen Gründen, sie sagen zum Beispiel: »Ich fahr kurz Blumenerde kaufen, bis gleich.« Und wenn man (= ich) fünf Stunden später anruft und fragt, ob alles in Ordnung ist, hört man im Hintergrund ein fünfstimmiges »Jetzt schiiieß doch, du Mongo!!!«

Rainer tat sogar noch ganz verwundert, weil er schließlich immer samstags bei Möhre mit den Jungs Bundesliga guckt. Warum ich denn da jetzt so ein Fass aufmache? Ich war sauer. Hätte er mir das vorher gesagt, stünde ich mit Nicole in der Stadt und nicht mit kalt gewordenem Essen in der Küche.

Ich hob mir die Vorwürfe für später auf und beschwerte mich bei Nicole über das miese Verhältnis der Männer zur Wahrheit. Nicole war ein guter Zuhörer für solche Geschichten, denn ihr Jochen hatte ihr vorgelogen, dass er sie liebte und keine andere wollte. Dann kam allerdings raus, dass er seit über einem Jahr regelmäßig mit der Kellnerin aus dem *Abseits* vögelte. Ist nur aufgeflogen, weil die Kellnerin Nicole ein Kompliment machte, für die lockere Art, mit der sie und Jochen ihre »offene Beziehung« führten.

Jochen hatte also nicht nur Nicole angelogen, er hat auch

noch seine Affäre angelogen, dass er seine Freundin nicht anlog. Männer denken offenbar, sie können ihre Frauen so behandeln wie Politiker ihre Wähler. Klar, dass der weibliche Teil des gemeinsamen Freundeskreises im Wie-dreist-geht's-eigentlich-noch?!-Schockzustand mit Nicole litt, während der männliche Teil Jochen anerkennend auf die Schulter klopfte. Das erzählte mir Rainer später, wobei er natürlich die einzige Ausnahme war und Jochens Verhalten »ganz, ganz scheiße« fand.

Aus diesem Anlass hatten Rainer und ich ein sehr langes Gespräch übers Lügen. Welche Lügen okay sind, beziehungsweise wünschenswert (»Du hast abgenommen« respektive »Dein Penis ist länger geworden!«) und welche nicht (alle anderen). Vor allem versuchte ich Rainer klarzumachen, dass ich nur dann anstrengend werde, wenn er mich anlügt, und er sich den Teil meiner Persönlichkeit also prima sparen kann, wenn er das einfach sein lässt.

Frauen geben Männern am Anfang einer Beziehung einen Vertrauensvorschuss. Sie sind gutgläubig wie die Indianer, die auf die ersten weißen Siedler trafen. Jede Unwahrheit nimmt von diesem Vorschuss etwas weg, bis das Vertrauen ins Minus rutscht und die Männer Glaubwürdigkeitsinsolvenz anmelden müssen. Dann ist die Frau entweder weg, oder sie trägt dicken Schmuck. Dicker Schmuck bei älteren Frauen ist meist kein Zeichen von eigener Karriere, sondern von schlechtem Gewissen des Mannes.

Rainer hatte sich am Anfang unserer Beziehung ein paar Mal mit seiner Exfreundin getroffen, und zwar heimlich. Ich bin deswegen nicht ausgetickt.

Ich hätte noch nicht mal was gesagt, hätte Rainer nur ein Mal die Eier in der Hose gehabt, mich zu fragen: »Meine Ex will 'n Kaffee mit mir trinken, ist das okay für dich?« Ich will jetzt nicht so tun, als hätte ich ihm dann 20 Euro zugesteckt und gesagt »Macht euch 'nen schönen Tag!« Aber ich hätte eben auch nicht gesagt: »Du bleibst schön mit deinem Arsch zu Hause!« Lang und breit hab ich ihm das erklärt. Frauen wollen in einer Beziehung gerne so rüberkommen wie New York: cool, weltoffen, tolerant. Das durchzuhalten ist allerdings schwer, wenn der Mann sich verhält wie Bielefeld.

Ich dachte also eigentlich, das Thema wäre bei uns ein für alle mal geklärt. Bis Rainer mir die Geschichte von Günters Beerdigung erzählte. Günter war Rainers bis dahin nie erwähnter »alter Schulfreund«, und dieser angebliche Schulfreund war, noch angeblicher, beim Renovieren in eine Bohrmaschine gefallen und jetzt tot. Der arme Günter. Darum könne Rainer leider nicht bei meiner Mutter Geburtstagsfreude heucheln, sondern müsse bei Günters Mutter Beileid heucheln. Ob das okay für mich wäre, hängte er auch noch hinten dran, und spätestens da hatte ich den Verdacht, dass es weder Günter noch Bohrer noch Beerdigung gab.

Als Rainer sich ein frisches T-Shirt und neue Socken angezogen hatte (beides immerhin schwarz), war ich mir sicher, dass hinter dem toten Günter eine lebende Frau steckte. Es konnte hier nicht nur um Kaffee mit der Ex gehen. Eine so kreative Lüge bastelte sich Rainer nicht für etwas zusammen, das er schon mal hatte. Es musste um etwas Größeres gehen. Um Doppel-D, vermutlich. Um eine ganz billige Bratze mit großen Brüsten und kleinem Hirn, mit Nasenring, Tätowierung und Sonnenstudiobräune, dafür aber einem geschminkten Mund, der »Hier passt *alles* rein!« verspricht. Eine von denen, die Männer unbedingt »mal haben« wollen. Für eine Nacht bzw. einen Nachmittag, ganz unverbindlich. Genau dafür denkt ein Mann sich so eine Ausrede aus. Innerlich sah ich Rainers geheimes Sextoy bildhaft vor mir, äußerlich wünschte ich »Viel Spaß!« und tat ansonsten normal.

Ich blieb genau zwei Stunden auf der Geburtstagsfeier meiner Mutter. Dann war ich im Kopf den Moment von Rainers nächtlicher Heimkehr (verschwitzt, verkratzt, nach billigem Parfum stinkend) so oft durchgegangen, dass ich es nicht mehr aushielt. Ich fuhr nach Hause und rief Rainers besten Kumpel Möhre an. Den besten Kumpel des Mannes anzurufen ist nichts anderes als ein Hilfeschrei.

Nachdem ich Möhre fünf Minuten lang eine mögliche Überraschungsparty für Rainers Geburtstag vorgelogen hatte, schob ich ganz unauffällig die Frage unter, was Möhre eigentlich von Günters lustigem Todesfall halte. Ich wartete auf die einzig mögliche Antwort: »Was für 'n Günter?« Stattdessen lachte Möhre und bestätigte mir dann exakt die Geschichte, die Rainer mir erzählt hatte. Inklusive Bohrer und Beerdigung.

Ich war so erleichtert, dass ich im Anschluss tatsächlich eine Überraschungsparty in Erwägung zog. Für keine Frau der Welt würde Rainer mit seinem besten Freund ein so kompliziertes Alibi einüben. Männer, die überdurchschnittlich phantasievoll lügen, sind schwul oder Ausländer.

Als Rainer gegen zehn Uhr nach Hause kam, wartete ich im Bett, in der Absicht, meine fiesen Vorurteile gegen ihn sofort wiedergutzumachen. Dann erzählte er, dass er nicht bei Günter, sondern bei Frau Peukert gewesen sei. Die arbeite normalerweise bei ihm in der Kantine und sei »ganz nett«, darum hätte er sich mit ihr auf ein paar Bier treffen wollen. Er hätte sich nicht getraut, mir das zu sagen, weil ich »bei so was immer gleich ein Fass aufmachen« würde, dabei sei überhaupt gar nichts gelaufen.

Auf der Rückfahrt hatte er dann aber an unser Gespräch übers Lügen gedacht, und darum erzählte er es mir jetzt doch. Es sei, wiederholte er mantrahaft, wie gesagt überhaupt nichts gelaufen. Also kein Grund für mich, jetzt Terror zu machen, schließlich habe er es mir ja freiwillig erzählt. Außerdem sei eben gar nichts gelaufen.

Es gab in dieser Nacht keinen Wiedergutmachungssex mit Rainer. Auch in den Tagen und Wochen danach nicht, es gab ganz allgemein relativ lange relativ wenig von mir für Rainer.

Du glaubst doch nicht daran, dass vierblättriger Klee dir Glück bringt, oder?

Was wird das jetzt?

Oder glaubst du an Hufeisen?

Nur bei Pferden ...

So! Aha! Du glaubst also nicht, dass ein halbrunder Metallring dein Leben verändert, aber ein richtig runder Ring am Finger, der macht eine Frau für den Rest ihres Lebens glücklich, oder was?

Falls du über einen Ehering redest, dann ist der erstens hoffentlich nicht aus Eisen, sondern aus Gold oder Platin –

Metall ist Metall ...

... und zweitens ja kein Glücksbringer, sondern ein Symbol für den Mann, der –

Ein Schornsteinfeger ist auch Symbol und Mann –

Lass mich ausreden! Ein Symbol für den Mann, mit dem die Frau in ewiger Liebe und Treue verbunden ist.

Das mein' ich ja! Ewige Liebe und Treue, das ist doch wie vierblättriger Klee, ein Fehler der Natur, eine Mutation, schlimmstenfalls eine Züchtung.

Und daran glaubst du? Dass Liebe eine Mutation ist?

So wie du das sagst, klingst es jetzt irgendwie auch doof ...

Die Sache mit dem Heiraten

Andere Leute mit der eigenen Hochzeit zu belästigen zeugt von schlechtem Stil. Steuern, Sterben, Standesamt sollte man in aller Stille mit dem zuständigen Fachpersonal abwickeln. Anschließend kann man dem Rest der Welt von mir aus eine Vollzugsmeldung schicken. Stattdessen machten Frank und Jasmin eine riesen Feier, und Ramona und ich mussten hin. Natürlich kam mit dem ersten Sekt die Frage: »Und? Was ist mit euch und heiraten?«, und schon stand ich da und musste mich erklären.

Auf einer Hochzeit kann man leichter für Tierversuche sein als gegen die Ehe. Dass fast fünfzig Prozent aller Ehen scheitern, sagte ich trotzdem, worauf die Trauzeugin feststellte, dass fast hundert Prozent aller Menschen sterben, was mich ja auch nicht davon abhalte, es trotzdem mit Weiteratmen zu versuchen. Ramona sah so aus, als amüsierte sie sich ähnlich gut wie Felix Magath bei einer Heimniederlage. »Ich bin einer von denen, die zwar ohne Trauschein glücklich sein können, ohne Alkohol aber nicht fröhlich«, versuchte ich erfolglos abzulenken, nur um mir von dem mit dem Alkoholausschank beauftragten Quadratarschloch entgegenbrüllen zu lassen: »Und? Was ist mit euch?«

Ich vertrat daraufhin vehement meine Lieblingsthese für solche ›Gespräche‹: Jede Frau sollte mehrere Männer haben, einen richtigen und einen, mit dem sie zu Doofmannsveranstaltungen wie Musicals, Designer-Outlets und Hochzeiten gehen kann. Das kam wiederum beim Vater der Braut nicht gut an, der mir detailliert erzählte, was ihn allein das Buffet gekostet hatte. Aus Rache erklärte ich ihm, dass Bärlauch bei Garnelen ein ähnlicher Fehlgriff sei wie Wolfgang Lippert bei *Wetten dass?!* Bevor wir das ausdiskutieren konnten, drückte mir der Bräutigam ein Bier in die Hand, brüllte mich an: »Und? Was ist mit euch?«, dieses Mal erweitert um die Feststellung, so jung sei ich ja weiß Gott auch nicht mehr und ob ich ernsthaft erwartete, noch mal was Besseres als Ramona zu finden.

Die Frage schien auch Ramona interessant zu finden. Ich konterte mit der Gegenfrage, ob er denn einen Ehevertrag gemacht habe, falls nicht, solle er sich vorsorglich schon mal ein paar Bärlauchgarnelen vom Buffet eintuppern, denn nach der Scheidung reiche sein Geld nur noch für Brot und Wasser. Aus dem Hintergrund kreischte die Braut in unsere Richtung: »Und? Was ist mit euch?«

Wie auf einer Beerdigung ging es nur noch um die Frage »Wer ist wohl der Nächste?«, und hier hatten sich alle stillschweigend auf mich verständigt. So viel Gruppendruck gab es zuletzt, als Peter Gerlach aus der 5a in der großen Pause eine Marlboro Menthol rumgehen ließ. Damals wie heute hielt ich dem Druck stand.

Ramona sah hoffnungsloser aus als ein Mörder auf dem elektrischen Stuhl. Ich erinnerte sie daran, dass wir beide doch nichts peinlicher fänden als die Hartz IV-Mongos, die bei Kai Pflaume für ihren Partner »My heart will go on« singen, weil der Mann trotz Schulden und missratener Dauerwelle bei ihr geblieben ist oder sie ihm die Treue gehalten hat, obwohl er mit zwölf ihrer besten Freundinnen in der Kiste war. »Öffentliche Zuneigungsbekundungen finden wir doch beide doof«, salbaderte ich, worauf Ramona trocken wie das Buffet-Baguette erklärte, zwischen Kai Pflaume und dem Nichts gebe es auch noch einen Mittelweg, den ich aber ohne Navi offenbar nicht fände. Dann ging sie.

Deswegen, ganz öffentlich, an dieser Stelle: Ramona, wir

gehören so untrennbar zusammen wie Eierkuchen und Friede und Freude, wie Baader und Meinhof, wie Fish und Chips, wie Romeo und Julia. Verstehst du, Ramona? Ich liebe dich.

Zu Hochzeiten, Kindern und Arztbesuchen müssen die meisten Männer gedrängt werden. Frauen wissen das und haben im Laufe der Jahrhunderte Strategien dafür entwickelt.

Ich gehöre nicht zu den Frauen, die schon als Mädchen ihrer Barbie ein Taschentuch aufgesetzt und *Traumhochzeit* gespielt haben. Ich habe auch nie von einem wallenden Kleid und einer weißen Kutsche geträumt, und bei dem Gedanken, dass Kinder mit Reis nach mir werfen, bekomme ich eher Angst als Glücksgefühle. Ich bin definitiv nicht Frau Gollum, die ihr ganzes Leben dem einen Ring gewidmet hat. Mit Rainer und mir läuft es auch ohne amtlichen Stempel, und ich habe nicht ein einziges Mal rumgemumpft, dass ich zeitnah von ihm geehelicht werden will. Von daher verstand ich Rainers Genöle auch nicht, als Frank und Jasmin uns zu ihrer Hochzeit einluden.

Gut, es war die vierte Hochzeit in diesem Sommer, und ja, irgendwann ist jede Hochzeit wie die davor. Aber, erklärte ich Rainer, ich bin nun Mal Anfang dreißig, und in meinem Freundeskreis heiraten jetzt alle. »Aus dem gleichen Grund, aus dem deine Verwandten jetzt alle sterben: Es ist an der Zeit.«

Das war von meiner Seite aus überhaupt nicht vorwurfsvoll gemeint. Ich fand es nur albern, darüber zu lamentieren, dass uns schon wieder jemand mit einer Feier und Essen für rund 20 000 Euro belästigen wollte.

Auf der Hochzeit fand ich es nett. Nett im positiven Sinn. Selbst für die vierte Hochzeit in Folge. Ich sagte der vierten

Braut in Folge, sie sehe ganz großartig aus, und musste dabei nicht mal lügen. Jasmin hatte extra für diesen Tag zehn Kilo abgespeckt, wie sie mir mehrfach mitteilte. »Und Frank zehn Jahre gespart«, fügte sie hinzu, aber das schien ihr nicht sonderlich leidzutun. Ich gönnte Jasmin ihr Glück. Ich fand zwar nicht, dass Frank und sie auch nur ansatzweise gut zusammenpassten, aber darum ging es ja nicht. Jasmin hatte als Mädchen ihrer Barbie ein Taschentuch aufgesetzt. Freundinnen, die vor einem heiraten, regen Frauen nur auf, wenn sie nicht den Anstand haben, sich auch vor einem wieder scheiden zu lassen.

Die Reden und die schlimmen Hochzeitsspiele waren vorbei, der DJ ging so langsam zu Tanzbarem über, und Rainer hatte bislang seine Rolle ausgefüllt und in seinem Anzug neben mir gut ausgesehen. Als ich zum Tresen ging, hörte ich schon von weitem, wie jemand Rainer über Musik und Theke hinweg anschrie: »Und? Was ist mit euch?«

Ich ging etwas schneller, weil mich die Antwort auch interessierte. Und kam gerade rechtzeitig, um meinen Freund antworten zu hören, dass »fünfzig Prozent aller Ehen geschieden werden« und dass der Bräutigam »sich schon mal Bärlauchgarnelen vom Buffet eintuppern« solle. Ich sah Rainer daraufhin an, als hätte er mir ohne Vorwarnung ins Gesicht gebrochen. Der Bräutigam bekam meinen Blick mit und wollte die Situation (oder seine teure Party) retten, indem er Rainer zubrüllte, dass er ja nun auch nicht mehr der Jüngste sei und was Besseres als mich doch wohl kaum noch finden würde. Darauf sagte Rainer gar nichts mehr, hatte mich aber inzwischen bemerkt. Ich war jetzt doch sauer, und Rainer schien nicht zu begreifen, warum.

Es stimmt, ich hatte Rainer nie gesagt, dass ich heiraten will. Ich hatte aber auch nie gesagt, dass ich *nicht* heiraten will. Ich hatte das Thema überhaupt nie angesprochen, weil ich keinen Druck machen wollte, wo keiner war. Das hatte offenbar dazu geführt, dass für Rainer Heiraten, ähnlich wie Sterben, etwas war, was nur die anderen taten und für ihn auf Jahre hinaus kein Thema sein würde. Er machte mich darauf aufmerksam, dass wir »öffentliche Zuneigungsbekundungen« doch wohl beide doof fänden. Ich ließ ihn stehen.

Später erzählte ich Vera von meinem hoffnungslosen Freund. Vera ist seit 18 Jahren mit ihrem Kindergartenfreund zusammen und hatte noch nie im Leben Sex mit einem anderen Mann. Wenn Frauen sich mies fühlen, gehen sie immer zu Menschen, die ihrer Meinung nach noch schlimmer dran sind. Bei Vera würde ich Verständnis bekommen.

Vera hatte in der Tat Verständnis plus einen aus Zigarettenfolie gedrehten Ring am Finger. »Nur ersatzweise«, strahlte sie, »der Antrag kam grad völlig überraschend. Nach achtzehn Jahren! Ich bin so glücklich! Willst du Trauzeugin sein?!«

Ich wollte ganz weit weg und ganz doll verheiratet sein.

Ach, guck mal, ein Foto von uns beiden auf einer Party, an die ich mich nicht mehr erinnere!

Willst du jetzt Streit vermeiden, indem du direkt zugibst, dass du keine Ahnung mehr hast?

Funktioniert's?

Ja. Ah, dafür erinnere ich mich wieder an die Party. Beziehungsweise an das Loch in meinem Konto damals. Das Kleid, das ich da anhab, war unfassbar teuer ...

Echt? Sieht gar nicht so aus, aber deine Haare sehen da – *SAG ES JA NICHT!*

Äh ... ich wollte dir eigentlich gerade ein Kompliment machen.

Ja, genau das hatte ich befürchtet ...

Die Sache mit den Komplimenten

Es ist wahnsinnig schwer, Frauen Komplimente zu machen. Ich sage: »Du hast wunderschöne Augen!«, sie denkt: »… aber 'n fetten Arsch, oder was? Warum redet er nur über meine Augen? Sind meine Brüste zu klein? Ich hab doch auch Haare! Und Beine! Meine Augen sind vielleicht ein halbes Prozent meines Gesamtkörpers. Er findet mich nur zu einem halben Prozent gelungen! Was stimmt nicht mit mir? Was ist mit meiner Persönlichkeit? Hätte ich mein Studium abschließen sollen? Wieso kann er mich nicht leiden?!«

Sagt eine Frau einem Mann: »Du hast ja 'n witziges Muttermal am Arm!«, denkt er: »Die steht auf mich! Die will mich! Alter, ist die geil auf mich! Ich hab's einfach drauf!« So läuft's. Männer und Frauen hören gezielt aneinander vorbei.

Sagt man einer Frau: »Donnerwetter, schönes Kleid!«, winkt sie ab und sagt: »Ach, das hab ich schon ewig!« Sagt eine Frau einem Mann: »Gut, dass du diese Hose anhast, da fallen die Fettflecken nicht so auf!«, denkt er: »Alter, ist die geil auf mich! Ich hab's einfach drauf!« Das gilt weltweit, in allen Sprachen und Kulturen. Männer können nicht mit Kritik umgehen, Frauen nicht mit Komplimenten. »Du hast kein Talent zum Malen, Adolf!« führte direkt zu einem unerfreulichen Weltkrieg; »Du hast schöne Augen, Ramona!« führt direkt zu einer Abfuhr im Bett.

Das gilt übrigens auch, wenn man sich schon länger kennt. Wir sind zu einer Feier eingeladen, wir putzen uns raus, ich sage zu Ramona: »Sieht gut aus, wenn du die Haare so hast!«, und sie sagt: »Und sonst seh' ich scheiße aus, oder was? Hab ich normalerweise Sauerkraut auf dem Kopf, oder wie?« Der Abend ist gelaufen, bevor wir das Haus verlassen haben.

Auf der Feier höre ich, wie sie bei ihren Freundinnen lamentiert, ihr sogenannter Freund hätte heute, nach zwei Jahren, entdeckt, dass sie Haare habe, vermutlich sei ihm gestern erst aufgefallen, dass an der Alten überhaupt ein Kopf dran ist, aber, kommt das Frauenfazit, so sind Männer eben, herzlose Klumpen Fleisch. Wilde Zustimmung bei allen Frauen – und das, weil ich eine Frisur gelobt hatte.

Hier kommt jetzt der Teil, wo Männer etwas lernen können: Frauen wollen ganzheitlich wahrgenommen werden. Nicht als Körperbausatz, wo einzelne Teile gelungen sind. Das Kompliment, das Frauen auch als Kompliment verstehen, heißt: »Du bist eine tolle Frau!« Das ist wissenschaftlich durch eine Studie belegt. Frauen wollen hören, dass die komplette Trulla prima ist. Samt innerer Werte und dem ganzen anderen Gedöns. Das stimmt natürlich selten. Gilt ja umgekehrt auch.

Noch nie hat sich eine Frau für mich interessiert, wenn ich stumm in einem lauten Club an der Theke stand. Ich muss Frauen immer erst ein, zwei Stunden zum Lachen bringen, bevor ihr Interesse geweckt ist. Ich weiß das. Sollte eine Frau mir schon nach einem Bier sagen: »Du bist ein toller Mann!«, wäre ich skeptisch. Frauen wollen aber offenbar genau das. Mit anderen Worten: Frauen wollen keine Komplimente, sondern faustdick belogen werden. Vermutlich, damit sie Munition für die spätere Kritik an uns haben, mit der wir, wie eingangs erwähnt, nicht umgehen können. Auf dass der Streit nie aufhöre!! Und das alles passiert ja wohlgemerkt, wenn wir die Frau gut finden! Also, dass Frauen und Männer in absehbarer Zeit miteinander klarkommen, können wir uns erst mal abschminken.

Männer sind im Komplimentemachen so schlecht wie Frauen im Verzeihen. Selbst wenn sie sich große Mühe geben, macht es alles eher schlimmer als besser. Rainers Meinung, dass Frauen von Natur aus nicht mit Komplimenten umgehen können, stimmt nicht. Da hat er, wie alle Männer, von Natur aus unrecht. Ich kann prima mit Komplimenten umgehen. Ich liebe Komplimente, ich lechze geradezu danach, die Sache ist nur die: **Im Gegensatz zu Männern müssen Frauen ein Kompliment zumindest im Ansatz glauben können.**

Dagegen nimmt ein Mann das Kompliment einer Frau immer für bare Münze. Es ist kein Kompliment, sondern eine Tatsache, die die Frau endlich erkannt hat. Ich hielt meinen eigenen Freund anfangs noch für die glorreiche Ausnahme und hab's darum ausprobiert.

Rainer war im Hochsommer auf unserem Balkon. Er sollte da drei Lorbeerbäumchen umtopfen, schwitzte aber schon wie Tier, nachdem er eins geschafft hatte und das zweite auch mit großer Anstrengung nicht mehr aus dem alten Topf gehoben bekam. Mit hochrotem Kopf stand er auf dem Balkon, schnaufte wie nach dem verdienten Sieg beim Iron Man und brüllte »Was zu trinken!« ins Wohnzimmer.

Ich brachte ihm ein Glas Eistee und sagte: »Du bist so männlich …« – Als Test.

Sofort leuchteten seine Augen. Der widerwillige Lorbeer stand direkt neben ihm, ging Rainer nicht mal bis zum Bauchnabel und hatte ihn im Kampf Mann gegen Bäumchen eindeutig besiegt – aber mein Rainer glaubte, dass ich ihn in diesem Moment männlich fand.

Das fand ich wiederum beeindruckend. Darum legte ich noch nach, lehnte mich an ihn, hielt die Luft an und behauptete: »… und du riechst so gut …«

Ich musste mich sehr beherrschen. Zum einen, um wegen meiner offensichtlichen Lüge nicht zu lachen, zum anderen wegen Rainers Gestank. Was machte mein Freund? Er fing an, an mir rumzufummeln. Er hatte nicht nur das Kompliment geglaubt, er ging auch noch davon aus, dass es von mir als Vorspiel gemeint war. Merke: »Du bist so männlich« und »Du riechst gut« sind für einen Mann gleichbedeutend mit »Du bist der Allergeilste, nimm mich, und zwar hier und jetzt!«

Jetzt hat ein Mann, der einem jedes Kompliment ungesehen abkauft, natürlich auch Vorteile. Wenn ich das Gefühl habe, unsere Beziehung plätschert ein bisschen dahin, reicht ein Kompliment, und die Stimmung ist wieder bombe. Das Schönste dabei: Man kommt als Frau nie in die Lage, aus Versehen zu übertreiben. Ich hab das mal mit meinen Freundinnen ausdiskutiert. Und eine Wette abgeschlossen: Wie viele von vier Männern glauben ihrer Freundin ernsthaft den Satz: »Du hast den größten Penis, den ich je gesehen habe.«

Die traurige Wahrheit: alle vier. Inklusive Rainer. Keiner hat komisch geguckt, keiner hat mal vorsichtig nachgefragt, ob eine von uns eventuell vorher noch Jungfrau war, keiner hatte auch nur den geringsten Zweifel daran, dass sein Penis selbstverständlich der größte war, den wir je gesehen hatten. Wenn man nur wüsste, wo der Ort ist, an dem Männer sich ihre Egos abholen!

Als Rainer neulich zu mir sagte: »Sieht gut aus, wenn du die Haare so hast«, reagierte ich so, wie jede Frau an meiner

Stelle reagiert hätte, nämlich sauer. Ich war für die doofe Party zwei Stunden bei der Maniküre gewesen und hatte einen kompletten Nachmittag damit verbracht, mir neue Klamotten zu kaufen, die ich mir eigentlich nicht leisten konnte. Mein Aussehen war so teuer, dass ich kein Geld mehr hatte, um zum Friseur zu gehen, darum hatte ich mir die gesplissten Flusen nur schnell hochgesteckt. Aber natürlich machte Rainer mir ausgerechnet dafür eins seiner schnell dahingelogenen Komplimente. Statt mir einmal, nur einmal im Leben ein Kompliment zu machen, das ehrlich gemeint ist, das von Herzen kommt und das ich auch glauben kann. Er hat so viele Möglichkeiten! »Ramona, du bist die unkomplizierteste Frau, mit der ich je zusammen war« zum Beispiel. Das könnte ich glauben, weil ich weiß, dass es die Wahrheit ist.

Ramona? Was ist das denn?

Das ist ein Mahnmal an unseren ersten richtigen Streit.

Sieht für mich aus wie ein Stück Holz. Ich kann mir nicht vorstellen, dass *ich* mich darüber gestritten habe.

Es werden Kriege geführt über Sachen, die gar nicht da sind – siehe Irak und Massenvernichtungswaffen … also tu nicht so, als ob ein Mann einen Grund für einen Streit bräuchte.

Natürlich! Wären überall Frauen an der Macht, gäb's keine Kriege mehr! Schützengräben zu Laufstegen! Tratschen statt töten! Make cakes not canons! So siehst du aus!

Du hast dich jedenfalls tierisch aufgeregt, weil du dieses Ding hier nicht an die Wand gekriegt hast!

Du hast nicht ernsthaft ein Stück Fußleiste aufgehoben!

Wie gesagt, als Erinnerung an unseren ersten –

Würdest du auch das Kondom aufheben, in dem meine erste Impotenz … äh, hätte, also theoretisch …?

Äh, ich glaub, damals hab ich schon die Pille geno –

Boah, Trulla!! Was würdest *du* denn sagen, wenn der Klumpen in der Kiste wäre, den du fabriziert hast, als du zum ersten Mal selbst ein Brot backen wolltest?

Es geht doch jetzt nicht darum, ein Versagen zu dokumentieren, es geht darum –

Oder das Fragezeichen, was der Franzose im Gesicht hatte, den *du* in *deinem* Französisch was gefragt hast!

Hallo! Hör mir doch mal zu!! Es ging mir wie gesagt nicht –

Oder als du behauptet hast, es sei kein Problem für dich, einen Anzug zu kürzen. Ich hatte links ein Hosenbein und recht eine Bermudashorts!! Ich fass es nicht, dass du die Fußleiste da reingelegt hast!

Mann! Siehst du, schon streiten wir uns wieder über das Stück Holz …

Die Sache mit dem Renovieren

Ob eine Beziehung stabil ist, entscheidet sich nicht im Bett, sondern im Baumarkt. Wer hier als Paar reingeht und gemeinsam fröhlich wieder rauskommt, ist entweder wirklich glücklich oder mit Tine Wittler zusammen.

Ramona und ich hatten uns abends auf der Couch die restaurierte Fassung von *Scarface* angesehen. Sie fand anschließend, das sei ein echt guter Film und dass wir die Wände in unserm Wohnzimmer auch rot streichen sollten, wie bei Scarface zu Hause. So gucken Frauen Filme! Für Männer geht's um Drogen, Geld, Action und Michelle Pfeiffer, für Frauen darum, wie bei Al Pacino die Wand gestrichen ist. Außerdem war Ramona aufgefallen, wie anders die Frauen in den 80ern noch die Augenbrauen hatten. Die Augenbrauen! Frauen dieser Welt, aufgepasst! Männer nehmen Haare im Gesicht einer Frau nur wahr, wenn sie sie unter der Nase trägt. Sonst nicht, garantiert! Michelle Pfeiffer könnte über den Augen die Borsten von Theo Waigel auftragen, es würde mir nicht auffallen. Aber das nur nebenbei.

Kaum war das Thema mit der Wandfarbe nämlich in der Welt, ging es um Gardinen (für Männer so was wie Augenbrauen fürs Fenster) und darum, dass Ramona angeblich schon seit ewigen Zeiten neue Fußleisten wollte. Ich hatte bis dahin nicht bemerkt, dass wir überhaupt Fußleisten haben. Wer, außer Fußleistenherstellern, braucht Fußleisten?! »Klar«, sagte Ramona, »mit fünf linken Daumen an jeder Hand ist das halt nicht so dein Thema«. Und da funktionieren nun wiederum Männer recht einfach. »Du kannst nicht mit 'nem Hammer umgehen« ist praktisch dasselbe wie

»Gott, ist der klein!«, »Passiert dir das öfter?« oder »Sag mal, kannst du überhaupt Auto fahren?«. Da setzt ein männlicher Reflex ein, und entsprechend waren wir am Montag drauf im Baumarkt.

Beim Anmischen des Rottons hatten wir die erste Auseinandersetzung. Ramona kannte Latex nicht in Verbindung mit Farbe, wollte dafür aber ein Rot wie bei »dem einen Nagellack, den ich habe«. Da hatte ich nun wiederum keine Ahnung, was sie meinte. Das sei typisch für meine Oberflächlichkeit, war ihr Vorwurf, ich konterte, es gebe ja nun nichts Oberflächlicheres als Nagellack. Mir gehe es um innere Werte, weswegen mir zum Beispiel egal sei, ob Scarlett Johansson ihre Fingernägel abkaue oder anmale. Ich könne ja demnächst mit Scarlett Johansson renovieren, hieß es aus Ramonas Gesicht, das mittlerweile selbst einen Rotton angenommen hatte. Der Verkaufshirsel aus dem Baumarkt kannte Scarlett Johansson nicht, wollte aber von mir wissen, ob ich für die Fußleisten Stahlnägel mit Senkkopf brauche oder eher Dübel. Natürlich fragt der Mann nicht nach, wenn er keine Ahnung hat. Fragen ist für Mädchen. Ich hab also Nägel gekauft und Leisten, hab sie auf Länge gesägt und festgestellt, dass die scheiß Dinger durchs Nageln schneller auseinanderbrechen als Beziehungen von Paris Hilton und dass unsere Wände schief sind, dafür aber enorm groß. Zumindest zu groß für die Menge an Farbe, die wir angemischt hatten. Meine Schuld natürlich, weil ich ständig irgendwelche Hollywood-Schlampen im Kopf habe, schrie Ramona. Wer hat denn die Wände ausgemessen, schrie ich zurück, Cameron Diaz ja wohl nicht! Keine Ahnung, wie ich auf die gekommen bin. So ein Rot auf so einer Fläche verwirrt und macht aggressiv. Vermutlich sind die roten Wände auch bei Scarface schon schuld gewesen, dass er alles niederschießt. Ich jedenfalls verbringe jetzt abends viel Zeit im Schlafzimmer, aber allein. Ramona sitzt nämlich trotzig im Wohnzimmer, das aussieht wie ein Swingerclub in Magdeburg. Ich habe mir *Scarface* im Original bestellt. Das ist Schwarz-Weiß, da hat also nicht mal das Blut Rottöne, und ich hab schon ernsthaft erwogen, Tine Wittler anzurufen. Das ist kein gutes Zeichen für unsere Beziehung.

Ich finde, ein Mann muss mit seinen Händen irgendwas können. Entweder an meinem Körper oder in der Wohnung. Ich bin also mit Rainer in den Baumarkt gefahren.

Als Grund für meine Umdekorierungswünsche erklärte ich ihm, dass mich die prima eingerichtete Wohnung in *Scarface* spontan dazu animiert hatte. Kompletter Blödsinn natürlich. Ich hatte schon die letzten eineinhalb Jahre immer wieder Veränderungsvorschläge für unsere Wohnung gemacht. In der Hoffnung, dass mein dusseliger Freund irgendwann den Klartext dahinter versteht, nämlich: »Die Wandfarbe hat deine Ex ausgesucht, die Vorhänge hat deine Ex ausgesucht, die Fußleisten hat deine Ex ausgesucht. Will ich alles weg und anders haben!«

Da Rainer das in den letzten Jahren nicht verstanden hatte, behauptete ich jetzt also, dass ich unbedingt genau dieselbe rote Wand im Wohnzimmer haben wolle, die auch Scarface im Film hat. Mit der Aussicht, irgendeine Ähnlichkeit mit Al Pacino zu bekommen, brachte ich Rainer problemlos in den Baumarkt.

Da fiel mir dann auf: Es gibt Männer, die es geil finden, stundenlang durch einen Baumarkt zu latschen, mit dem Fachpersonal über Dübel, Muffen und Flansche zu diskutieren und sich mit Werkzeug und Zubehör einzudecken, als müssten sie ab morgen eine neue Arche bauen. Und es gibt Rainer.

Der sah nach drei Minuten im Baumarkt schon so aus, als hätte ich ihn gezwungen, vor anderen Männern sein Sperma auf Langsamkeit überprüfen zu lassen.

Wie gesagt, eigentlich war mein Plan ja nur, endlich die letzten sichtbaren Reste seiner Ex aus unserer Wohnung zu verbannen. Im Baumarkt wurde mir nachträglich klar, warum Rainer mich zu Beginn unserer Beziehung damit beeindrucken wollte, dass er eine Bierflasche mit den Zähnen aufmachen konnte. Mit Werkzeug kriegt er das nämlich nicht hin. Handwerk, so stellte sich hier heraus, ist für Rainer ähnlich wie eine Prostatauntersuchung – nichts, was man freiwillig macht. Und wenn es schon sein muss, dann sollen sich gefälligst Spezialisten die Finger schmutzig machen. Allein die Art, wie er einen Eckenroller in die Hand nahm, machte das deutlich. Das Blöde war, dass er merkte, dass ich es merkte. Für einen Mann gibt es nichts Schlimmeres als persönliche Unfähigkeiten, die plötzlich sichtbar werden. Also lenkte ich ihn thematisch geschickt ab.

Das ist übrigens grundsätzlich das Beste, was man als Frau in so einer Situation tun kann. Auf keinen Fall versuchen, ihn davon zu überzeugen, dass man ihn trotz seiner gerade offenbar gewordenen Unzulänglichkeiten für einen tollen Hecht hält. So doof sind Männer nämlich nicht. Besser also ablenken und ihm durch unqualifizierte Kommentare und Fragen klarmachen, dass er auf jeden Fall immer noch klüger ist als seine Freundin. Die meisten Männer sind doof genug, darauf reinzufallen.

Ich beteuerte also, keine Ahnung zu haben, was der Unterschied zwischen Latex- und normaler Wandfarbe ist, und fing sicherheitshalber sogar noch einen Streit darüber an, dass er nicht wusste, was für einen Rotton mein Nagellack hat. Das alles, um Rainer von seinen »Ich-kenn-mich-mit-Werkzeug-nicht-aus!-Ich-bin-kein-richtiger-Mann!«-Gedanken wegzubringen und ihn mit der Gewissheit zu beruhigen, dass seine Freundin in einem Baumarkt noch viel fehler am Platz ist als er. Typisch Frau, sollte er denken, auch in der Farbenabteilung beim Baumarkt denkt sie nicht weiter als bis »Nagellack«. Das funktionierte halbwegs, Rainer fühlte sich zumindest mir wieder überlegen, wenn schon nicht den anwesenden anderen »richtigen« Männern.

Das war ganz in meinem Sinne, immerhin brauchte ich ihn später noch, um Farbe, Fußleisten und Vorhänge anzubringen. Während er sich also mit mir stritt und vergaß, dass er hier im Baumarkt ungefähr so gut aufgehoben wirkte wie ich an einer GoGo-Stange, packte ich nebenbei alle Zutaten für meine »Unser Heim soll Ex-frei werden«-Aktion ein.

Zu Hause fiel uns dann beim Streichen auf, dass wir mehr Wand hatten als Farbe. Meine Schuld, behauptete Rainer, schließlich hätte ich die Wand ausgemessen. Seine Schuld, fand ich, warum lässt er seine strunzdumme Freundin auch die Wand ausmessen. Wenn es um gegenseitige Schuldzuweisungen geht, gewinnen Frauen immer. Das liegt daran, dass Männer immer schuld sind.

Das eigentliche Problem war nun aber, dass Rainer, nachdem er es mit Vorhängen und Fußleisten schon vergeigt hatte, langsam in einen Bereich kam, wo nicht mehr seine handwerkliche Begabung auf dem Spiel stand, sondern sein Status als Mann.

Meine eigene Grundregel, nie das Selbstwertgefühl des Freundes anzugreifen, war da schon lange flöten gegangen. Ich wollte endlich die Ex aus unserer Bude haben. Und an dem Punkt sollte das nicht mehr daran scheitern, dass mein Kerl einen Flansch für einen unzufriedenen Gesichtsausdruck hielt. Als ich stinksauer wissen wollte, wie es sein kann, dass er Fußleisten und Vorhänge für seine Exfreundin anbringen konnte, für mich aber nicht, kam aus Rainers Richtung nur noch ein zu Tode genervtes »Jetzt geht *das* wieder los …«, und er verschwand im Schlafzimmer.

Wir haben nie wieder über das Thema Heimwerken gesprochen. Wir haben überhaupt eine Zeit lang nicht mehr gesprochen. Heute weiß ich: Man darf Männern nie in ihre Selbstzweifel reinquatschen. Je besser die Absicht, desto schlimmer das Ergebnis. Und ich weiß noch was: Dass die alten Vorhänge und Fußleisten Rainers Exfreundin angebracht hat. Hat sie gut gemacht, muss man ihr lassen.

Ach, guck … die Kastanie … da ist ein Gesicht vorne drauf.

Das sehe ich, aber ich hab das nicht da draufgemalt und du auch nicht, ich weiß, wie du zeichnest. Wenn du versuchst, ein Gesicht zu zeichnen, sieht es aus wie eine Kastanie. *Das würde ich glauben, aber das hier passt nicht zu dir …*

Ich weiß, Paragraph zwölfzig in Rainers Grundgesetz: »Kunst und Kochen sind typische Frauenbeschäftigungen, die aber letztlich nur Männer wirklich gut machen.«

Richtig! Die großen Maler sind alles Männer, die großen Köche auch.

Und was ist mit deiner Mutter?

Die zählt nicht, die ist meine Mutter.

In welcher Höhle hast du dich eigentlich die letzten vierzig Jahre versteckt? Geh noch mal dahin zurück und evolutionier nach … das sind Klischees aus Opas Mottenkiste.

Erstens: Nenn' mir *eine* halbwegs bekannte Malerin! Und komm mir nicht mit Frida Kahlo, die hatte einen Bart. Zweitens: Klischees sind deswegen Klischees, weil sie stimmen. Schweizer sind nun mal genauso langsam, wie Frauen schnell frieren. Das ist Fakt.

Und Männer reden nicht.

Hm?

Männer kriegen die Zähne nur auseinander, um Essen und Trinken dazwischenzuschieben.

Hmm …

Frauen merken an der Art, wie die beste Freundin am Telefon »Hallo« sagt, was mit ihr los ist, und ein Mann kann zwanzig Jahre mit einem anderen Mann befreundet sein, ohne auch nur eine Ahnung zu haben, wie es ihm geht.

Was hat das jetzt mit dieser Kastanie zu tun?

Nichts.

Die Sache mit der kurzfristigen Freiheit

Ramona ist auf einer Fortbildung. Wenn man als Paar zusammenwohnt und die Frau allein verreist, denkt der Mann erstens: »Yeah! Endlich kann ich wieder machen, was *ich* will!«, um dann zweitens festzustellen, dass er überhaupt keine Ahnung hat, was er machen will. Nackt auf der Couch lümmeln, Chips vom Bauch essen und dabei Fußball gucken? Es sind aber keine Chips im Haus, aktuell läuft nur eine Wiederholung der Zweiten Liga, und die Frau hat die Couch ausgesucht, deswegen kratzt der Stoff am Hintern. Aber irgendwie, denkt der Mann, muss ich die Freiheit doch nutzen. Mit Freiheit kann der Mann allerdings meist schlechter umgehen als mit einer Nagelfeile. Er überlegt also: Was hab ich eigentlich immer gemacht, bevor ich mit der Frau zusammengekommen bin? Genau, ich hab versucht, eine Frau kennenzulernen. Männer, die über sich selbst nachdenken, werden schnell zu geistigen Geisterfahrern.

So lande ich also in meiner ehemaligen Stammkneipe. Zum ersten Mal seit Ewigkeiten. Die süße Bedienung von früher ist ersetzt worden durch eine süß-saure, die mich nicht kennt. Die Musikrichtung in dem Laden hat sich genauso verändert wie die Gäste. Ich werde von Männern und Frauen gleichermaßen ignoriert. Ich vermisse Ramona. Ich hoffe, sie kommt bald wieder.

Ob ich auch versetzt worden bin, will eine rothaarige Frau wissen, und ich brauche einen Moment, bis ich verstehe, dass sie mich meint. »Nein«, sage ich nach einer ungefähr einminütigen Schrecksekunde, »ich bin ein Service des Hauses für Frauen, die versetzt worden sind – inklusive einem Freigetränk!« Und so kommen wir ins Reden. Der Unterschied zwischen einem Gespräch und einem Flirt mit einer Frau ist so wie der Unterschied zwischen Rumlaufen und Wandern: Es ist schwer zu definieren, wo das eine aufhört und das andere anfängt.

Sie heißt Alina und sieht mittel aus, aber ich hatte noch nie was mit einer Rothaarigen, und sie lacht über meine Standardgags, über die Ramona nicht mal mehr lächelt. Die rote Alina findet mich aber richtig witzig. Sie wurde gerade von ihrem Typen verlassen, und beim zweiten Glas spielt sie mit ihrem Strohhalm an meiner Gurke im Gin, und ich bin sicher, das ist von ihr so zotig gemeint, wie es sich anhört.

Es wäre ein guter Moment, Ramona zu erwähnen. Aber Momente gehen schnell vorbei, deswegen heißen sie so. Stattdessen läuft in meinem Kopf eine Art *Lola rennt*. Im Zeitraffer sehe ich mich mit Alina auf der Couch mit dem kratzigen Stoff, Alina und mich lachend am Frühstückstisch, eine strahlende Alina, die bei mir einzieht und mit mir alt wird.

Ich weiß nichts von Alina, sie ist praktisch für mich wie Amerika für Kolumbus, sie bietet unbegrenzte Möglichkeiten. Nach dem nächsten Gin wird mir klar: Auch in Amerika gab's schon Indianer, also Männer vor Kolumbus. Irgendwo, in einer anderen Kneipe, sitzt jetzt ihr Ex, der froh ist, dass er Alinas Lache nicht mehr hören muss. Und das wird Gründe haben. Bestimmt hat Alina beste Freundinnen und Eltern, denen man vorgestellt werden muss, und so was ist immer nervig. Außerdem trägt sie merkwürdige Schuhe, hat eine Katze und macht Formationstanz. Sehr wahrscheinlich ist sie nicht Amerika, sondern der Hindukusch. Und ich bin nicht Kolumbus, sondern Deutscher. Ich brauche meine Heimat.

Sie ist gerade Zigaretten holen, als Ramona anruft. »Was machst du?«, fragt sie, und ich sage: »Nichts!«

»Ich hätte schwören können, du liegst mit Chips auf der Couch und guckst Fußball.«

»Quatsch!«, sage ich und merke, wie froh ich bin, dass sie mich so gut kennt. Selbst Ramonas Vorwurf, wie einsilbig ich mal wieder bin, klingt wunderbar vertraut. Ramona ist mein Deutschland. »Nichts!« und »Quatsch!« sind mitunter die schönsten Komplimente, die ein Mann machen kann. Eines Tages wird auch Ramona das verstehen …

Langjährig gut laufende Beziehungen sind wie Formel-1-Rennen ohne Unfälle: wünschenswert, aber langweilig.

Je länger es gut geht, desto mehr macht sich das Gefühl breit, dass da jetzt so langsam aber auch mal wieder was passieren muss. Wenn das nicht passiert, hilft einer von beiden nach und baut vorsätzlich Scheiße. Immer. Weiß ich aus eigener Erfahrung zahlreicher Freundinnen. Und immer, immer sind es die Männer, die Scheiße bauen. Weil denen nach Jahren in einer prima Beziehung irgendein Gen sagt, dass »Alles läuft prima!« das Gleiche ist wie »Laaangweilig …!« Und ab dem Punkt, Ladys und Waldorflehrerinnen, ist es dann nur noch eine Frage von Zeit und Gelegenheit …

Rainer und ich waren im Alltag angekommen. Im Alltag ankommen ist für jedes Paar wie in Duisburg ankommen. Man weiß die ganze Zeit, wie ernüchternd es sein wird, und ist trotzdem geschockt. Wir saßen also jetzt seit einiger Zeit in unserem ganz privaten Duisburg, und ich machte mir Gedanken, ob Rainer wirklich jeden Dienstag mit seinen Kumpels wegging oder heimlich Scheiße baute. Diese Vorstellung machte mich schon seit Wochen wahnsinnig, und weil ich in einer Beziehung grundsätzlich für Offenheit bin, teilte ich Rainer in einem Anflug von Hormonen meine Sorgen mit. Und erntete dafür einen Blick, als wäre ich in Sekundenbruchteilen 20 Jahre älter und 30 Kilo schwerer geworden. Ob ich jetzt eigentlich »völlig matsche in der Hirse« wäre, wollte Rainer wissen. Dann ging er aufs Klo und nahm meine *InStyle* mit. Männer, die mit Frauenzeitschriften aufs Klo gehen, wollen nicht diskutieren.

Es gab auch eigentlich tatsächlich keinen konkreten Anlass für Misstrauen, aber allein die Tatsache, dass ich mir Sorgen um unsere Beziehung machte und er nicht, war für mich ein Alarmsignal. Ich brauchte dringend ein klärendes, ausführliches Beziehungsgespräch.

Als ich von Nicole zurückkam, wusste ich, dass ich mir alles nur einredete und der Formel-1-Vergleich grundsätzlich für die Tonne war. Ich musste viel lockerer werden und aufhören, mir Gedanken zu machen, wo Rainer war und was Rainer wohl gerade tat, und endlich wieder anfangen, an mich selbst zu denken. An das, was ICH wollte. Darum sollte ich, so Nicole, jetzt auch eben nicht schon mal vorsorglich bei Immoscout 24 nach Single-Appartements gucken, sondern die Fortbildung in der Eifel machen, die mein Chef mir schon vor Monaten angetragen hatte.

Ich wollte nicht hin, weil ich es hasse, wenn ich woanders schlafen muss als in meinem eigenen Bett neben meinem eigenen Rainer. Aber mein eigener Rainer fand die Idee gut, dass ich ein ganzes Wochenende weg war und mich um mein berufliches Vorankommen kümmern wollte. Und genau diese offensichtliche Scheißegal-Haltung war dann letztlich der Grund, weshalb ich tatsächlich fuhr. Sollte der ignorante Vollhorst von einem Freund doch sehen, wie doof es ohne mich ist und wie leer das Bett und wie kalt die Couch … Damit der Mann begreift, was er hat, muss die Frau ihm etwas wegnehmen. Am besten sich selbst.

Schon auf der Zugfahrt wurde klar, dass das Wochenende eine Katastrophe werden würde. Außer mir waren noch fünf weitere Kollegen dabei: vier verheiratete Männer aus dem mittleren Management und eine frisch geschiedene Buchhalterin Anfang vierzig. In unserem Abteil ging es bald schlimmer zu als auf einer Hurenversteigerung im Mittelalter. Nach drei Zwischenstationen und zwei Flaschen Sekt

wurde beschlossen, dass die Buchhalterin während der Fortbildung mit dem graumelierten Herrn links von ihr schlafen
würde und ich mit allen anderen. Das Ganze war natürlich
»witzig« gemeint. Ich nahm mir dringend vor, in Zukunft
wieder mehr über Rainer zu lachen, und fragte mich, ob er
mich jetzt wohl genauso vermisste wie ich ihn.

Bis zu unserer Ankunft in der Eifel las ich alle SMS, die
Rainer und ich uns in den letzten zwei Jahren geschrieben
hatten noch mal, und war erstaunt, wie oft es darin ums
Abendessen ging, und wer die Zutaten dafür einkaufen
musste. Man kann eingefahrene Beziehungen prima daran
erkennen, dass die Worte »Gurke« und »Milch« öfter in den
SMS vorkommen als »Kuss« und »Liebe«. Ich nahm mir
vor, auch daran in Zukunft zu arbeiten.

Die Fortbildung selbst war dann gar nicht so schlimm,
und der Grund dafür hieß Ingo. Ingo arbeitete bei einer
Firma in Aachen, saß während der ersten Veranstaltung neben mir und machte sarkastische Kommentare. Echt wit-
zige sarkastische Kommentare. So witzig, dass ich anfing,
mich zu fragen, wie ich jahrelang ernsthaft der Meinung
gewesen sein konnte, Rainer wäre ein humoristisches Na-
turtalent. Wir tranken in der Pause Kaffee und saßen auch
in den folgenden Seminaren zusammen. Am Nachmittag
gingen wir durch den Hotelpark und sammelten Kastanien. Wofür wusste niemand, aber das spielte auch keine
Rolle, die Stimmung zwischen uns war bombastisch und
wurde mit jeder Minute besser. So viel hatte ich seit den
Anfängen mit Rainer nicht mehr über albernen Blödsinn
gelacht.

Als mir dieser Gedanke durch den Kopf ging, hätte ich auf
die Idee kommen können, dass da gerade etwas anfing,
grandios schiefzulaufen. Stattdessen kam ich auf die Idee,
dass man abends doch zusammen was essen gehen könnte.

Am Hoteleingang überreichte mir Ingo eine der gesammelten Kastanien, auf die er ein Gesicht gemalt hatte. Angeblich meins – und angeblich hatte er die ganze Zeit, während er malte, an mich gedacht. Die vollen zwanzig Sekunden. Wir waren sofort wieder in Giggel-Laune.

Nachdem der mumpfige Kellner die zweite Flasche Wein geöffnet hatte, fing Ingo an, sich Werbekampagnen für die örtliche Touristik in der Eifel auszudenken. Als er in fast perfekter James-Brown-Parodie »Ei-fel good« anstimmte, bekam ich einen so heftigen Lachflash, dass mir der Wein aus der Nase spritzte. Danach wurde die Stimmung schlagartig so, wie sie nicht sein durfte.

Ingo sah mich an. Er sah mir direkt in die Augen, ganz intensiv. So wie Rainer mich schon seit Jahren nicht mehr angesehen hatte. Als würde Ingo da etwas sehen, was für Rainer schon lange einfach nur Augen waren. Zwei Stück, ziemlich braun, ziemlich lang bewimpert und vom Lachen vermutlich unten rum ziemlich verschmiert. Irgendetwas vom Hals an abwärts machte mir plötzlich ziemlich heftige Probleme, und ich war mir nicht sicher, ob es das Steak in meinem Magen war oder mein Herz. Wenn es innerhalb der Beziehung ernst wird, wollen Frauen immer reden. Wenn es außerhalb der Beziehung ernst wird, kriegen sie kein Wort mehr raus.

»Du bist die spannendste Frau, die ich je kennenlernen durfte«, sagte Ingo und schaute immer noch. In meinem Kopf lief ein Film à la *Lola rennt*, im Zeitraffer sah ich, was jetzt passieren würde: Ingo, der meine Hand in seine nimmt, Ingo, der mir eine Haarsträhne sanft hinters Ohr streicht, Ingo, der mich küsst, mich aufs Zimmer bringt, mit mir schläft, und Ingo, der Rainer anschließend sagt, dass er ein Idiot ist, der nicht zu schätzen weiß, was er da für eine Traumfrau an seiner Seite hatte, Ingo, der Rainer aus unserer

Wohnung schubst, Rainer, der zurückschubst und sich dabei ganz doof das Handgelenk verstaucht …

»Ich hab einen Freund«, hörte ich mich zu Ingo sagen, bevor der Film auch nur den Hauch einer Chance hatte, zu seinem Happy End zu kommen. In der Realität waren wir gerade bei »Ingo, der meine Hand in seine nimmt« angekommen, und ich hatte inzwischen eine genauere Vorstellung, warum mein Herz wie bescheuert pochte. Ich war gerade auf bestem Wege, genau das zu machen, wovor ich seit Monaten Angst hatte, dass Rainer es tat. Und noch dazu missbrauchte ich dabei Ingo, den lustigsten und nettesten Kerl, den ich seit Ewigkeiten kennengelernt hatte und der mir gerade das schönste Kompliment aller Zeiten gemacht hatte.

Ich war ein schlechter Mensch.

»Ja, aber der ist gerade nicht hier, oder? Ich hab auch eine Freundin«, sagte der netteste Kerl der Welt. Ich ließ ihn zahlen und ging aufs Klo, um Rainer anzurufen. Er war wortkarg wie immer und behauptete, gerade »nichts« zu machen. So wie er das sagte, klang es, als würde er nackt auf der Couch liegen, Fußball gucken und Chips von der Wampe essen. Ich hatte ihn noch nie so sehr geliebt und vermisst wie in diesem Moment …

Weißt du, was Kinder und Rentenversicherungen gemeinsam haben?

Man ist meistens im Alter von ihnen enttäuscht ...

Richtig.

Auch wenn es immer heißt, dass man sie haben soll.

Hab ich das schon mal gesagt?

Mehrfach. Sehr, sehr mehrfach. Wie kommst du jetzt schon wieder drauf?

Weil ich hier diese komische Spielkarte mit dem Pony sehe ...

Das Pony ist ein Reh!

Ach! Na ja, einer, der sich mit Tieren und Kindern nicht auskennt, kann kein schlechter Mensch sein. Deswegen passen wir auch so gut zusammen ...

Das ist auf mehreren Ebenen Quatsch! Erstens an sich, und zweitens mag ich Tiere und Kinder, und sie mögen mich, und ich bin trotzdem prima!

Ha!

Was »Ha!«? Von jemandem, der auf Kinder so wirkt wie eine Mischung aus Zahnarzt und Zombie, muss ich mir nicht erklären lassen, wie Kinder ticken.

Wie Zeitbomben ticken sie, mein Schatz, und wenn ich mich recht erinnere, dann ist auch dein Patenkind schon ein paar Mal hochgegangen. Deswegen liegt ja auch der Hirsch hier in der Kiste.

Reh! Das ist ein Reh!

Ein Reh ist ein Hirsch ohne Äste am Kopf.

Ich geb's auf ...

Die Sache mit dem Patenkind

Frauen gehen genauso selbstverständlich davon aus, dass sie gut mit Kindern umgehen können, wie Männer davon ausgehen, dass sie gut mit ihrem Werkzeug oder Penis umgehen können. Dass Letzteres nicht immer stimmen muss, war mir inzwischen dank Rainer durchaus klar, aber dass nicht jede Frau gut ist im Umgang mit Kindern, hielt ich nach wie vor für Quatsch. Ich meine, wir *machen* die schließlich. Wenn man einer Frau sagt: »Du kannst nicht mit Kindern umgehen!«, ist das so, als würde man zu einem Kfz-Mechaniker sagen, dass er keine Ahnung von Autos hat. Als Tanja, eine meiner ältesten Freundinnen, mich vor fünf Jahren fragte, ob ich Patentante von ihrem Felix werden wollte, war ich spontan begeistert und sagte zu. Zum einen, weil Tanja zum Zeitpunkt der Frage gerade abgestillt hatte und wir das mit Sekt und Zigaretten feiern mussten, und zum anderen: Wie schwer konnte »Patentante sein« schon werden? Man kauft eine Taufkerze, zieht sich einen Tag schick an und wiederholt in der Kirche mehrmals glaubhaft, dass man »dem Satan entsagt«. Danach macht man ein paar Bilder für's Album, und dann gibt's Kuchen. Felix lag zu der Zeit hauptsächlich auf dem Bauch und sah süß aus, er weinte nie, wenn ich ihn auf dem Arm hatte, und ich war mir sicher, die beste Patentante aller Zeiten zu sein. Genau das hatte ich auch auf die Taufkarte geschrieben, die ich an Felix persönlich gerichtet hatte, damit er irgendwann einmal sieht, wie früh ich mir meiner Verantwortung ihm gegenüber schon bewusst war.

Fünf Jahre später hatte ich Felix bereits seit vier Jahren

nicht mehr gesehen, weil Tanja und ich uns auseinandergelebt hatten und Rainer nicht so gut mit Tanjas Mann klarkam. Im Grunde war also eigentlich Rainer an der Entfremdung zwischen mir und meinem geliebten Patenkind Felix schuld. Das erklärte ich Tanja auch, als sie mich eines Tages anrief und wissen wollte, ob ich für zwei Tage auf meinen Patensohn aufpassen könne. Felix heiße der übrigens, setzte sie noch leicht nachtragend nach, und da konnte ich ja nur noch erfreut zustimmen. Selbstverständlich würde ich gerne auf ihn aufpassen. Ich wollte wissen, ob Felix schon alleine aufs Klo ging, und bekam die ziemlich knappe Antwort, dass Felix im nächsten Sommer in die Schule komme und sowohl alleine pinkeln als auch essen könne. Das alles habe er trotz ausdauernder Abwesenheit seiner Patentante gelernt. Dieser spitze Ton bei Tanja war mir neu, ebenso wie die Info, dass sie mittlerweile auch noch eine Tochter hatte. Pina. Ich tat ein bisschen beleidigt, dass sie mich nicht wenigstens gefragt hatte, ob ich Pinas Patentante werden wollte. Aber als Mutter hatte Tanja offenbar ihren Humor verloren. Sie brauche einfach mal ein paar Tage für sich, sagte, sie und ihr eh schon grobmaschiges soziales Netz bestünde momentan nur noch aus einem seidenen Faden, ähnlich wie ihre Nerven. Ich tat so, als könnte ich genau nachvollziehen, wovon sie redete, und freute mich auf Felix' Besuch.

Als ich Rainer unseren Wochenendgast ankündigte, bot er sofort freiwillig an, seinen Fußballnachmittag bei Möhre abzusagen und mich zu unterstützen.

Bei *jedem* anderen Anlass wäre ich von diesem Angebot zu Tode gerührt gewesen, jetzt aber wurde ich misstrauisch und hakte nach. Ob er etwa glauben würde, dass ich nicht mal für ein paar Stunden alleine mit meinem eigenen Patenkind zurechtkäme? »Doch«, log mein Freund mir schlecht ins Gesicht.

Deswegen schickte ich Rainer zum Fußballgucken und nahm mir aus sportlichen Gründen vor, Felix dahin zu bringen, mich spätestens bei Rainers Rückkehr mit »Mama« anzusprechen. Felix verdrehte genervt die Augen, als ich ihn seiner Mutter im Flur abnahm und begeistert feststellte »wie groß er geworden ist«. Dann entdeckte er den Fernseher und Rainers Playstation im Wohnzimmer und sah deutlich erleichtert aus. Ich verabschiedete Tanja und ging hochmotiviert ins Wohnzimmer, um mich ausgiebig um Felix zu kümmern und mir bei der Gelegenheit vorzustellen, er wäre von Rainer und mir. Als Frau sollte man sich bestimmte Dinge besser erst mal eine Weile nur vorstellen, und zwar alleine und intensiv. In den meisten Fällen bewahrt einen das vor Heirat, Kinderkriegen und Reihenhaus.

»Jungs sind doof« ist auch so eine Aussage, von der ich nie gedacht hätte, dass ich sie mit über dreißig noch mal voller Überzeugung aussprechen würde. Felix wollte weder Kuchen backen noch aus Salz-Mehl-Teig ein Türschild basteln und weigerte sich auch hartnäckig, mir aus seinem Leben zu erzählen. So könne ich natürlich nicht an unserer Beziehung arbeiten, wenn da von seiner Seite aus so gar nichts komme, erklärte ich ihm geduldig. Doch Felix hatte da in etwa die gleiche Einstellung wie Rainer: Beziehungen sind eine Onewoman-Show.

Erstaunlich, dass kleine Männer schon so früh glauben, Frauen sollten gefälligst erraten, was die Krone der Schöpfung am liebsten machen will. Sogar die Antworten waren erschreckend ähnlich: fernsehen oder Playstation spielen. Genau wie bei Rainer wies ich Felix darauf hin, dass beides schlecht für die Augen ist, und in Erinnerung an meine eigene Kindheit fügte ich noch hinzu, dass man davon einen viereckigen Kopf bekommt.

Im Gegensatz zu mir damals glaubte Felix kein Wort und

wollte auf einmal wissen, wer ich überhaupt bin und wann die Mama wiederkommt. Ich erklärte ihm die Sachlage so, wie ich es mal in einem Erziehungsratgeber gelesen hatte: ehrlich, aber positiv verpackt. »Kinder verstehen viel mehr, als Erwachsene ihnen zutrauen.« Das stand da, und darum sagte ich Felix offen und wahrheitsgemäß, dass seine Mutter wegen ihm und seiner Schwester ziemlich am Ende sei und ihn einfach mal ein Weilchen nicht sehen wolle. Er könne das doch bestimmt verstehen, es gebe doch bestimmt auch Tage, an denen er nicht so gerne mit seinen Transformers-Figuren spielen wolle.

Wer auch immer diesen Erziehungsratgeber geschrieben hat, gehört gesteinigt. Felix zeigte überhaupt kein Verständnis, weder für seine Mutter noch für die Situation, er fing an zu heulen und zu brüllen, ich wäre eine »doofe Arsch-kuh«, und dann pfefferte er die Vase vom Couchtisch, die echt ziemlich teuer gewesen ist. Ich hatte keine Ahnung, was ich machen sollte, denn auf den Arm wollte Felix auch nicht. Zumindest nicht auf meinen. Stattdessen warf er jetzt auch sich selbst auf den Boden, wohl um meine Unfähigkeit als Ersatzmutter noch deutlicher zu unterstreichen, und klatschte dabei ungünstigerweise mit dem Gesicht leicht in eine Vasenscherbe. Als er jetzt auch noch Blut an seinen Händen sah, verwandelte sich sein Geschrei in so verzweifeltes Weinen, dass mir schier das Herz brach. Wenn Männer weinen, kriegen Frauen Panik, wenn kleine Männer weinen, Schuldgefühle. Mir wurde schlagartig klar, was für eine grottenschlechte Mutter ich abgeben würde und dass der Welt sicher geholfen wäre, wenn ich mich gleich nächste Woche sterilisieren ließe.

Als Rainer vom Fußball nach Hause kam, hatte ich das Wohnzimmer saubergemacht, die Scherben weggefegt, Felix' Gesicht gesäubert und desinfiziert und ihn mit einer großen Tüte Chips und einem Gewalt-Videospiel ab 18 vor die Playstation gesetzt. Es war ruhig und friedlich und Rainer angemessen beeindruckt. Als er mich in den Arm nahm und sich dafür entschuldigte, dass er so ein schlechtes Bild von mir gehabt hatte, brach ich in Tränen aus und kündigte an, sollten wir je eigene Kinder haben, würde ich arbeiten gehen und er zu Hause bleiben.

Fahrradhelme sieht man immer nur auf Köpfen, um die es eh nicht schade wäre. Zumindest bei Erwachsenen. Bei Kindern ist das anders, klar, die Frage ist nur, ab wann haben Kinder ihren eigenen Kopf, den sie dann eben auch selbst schützen müssen? In der Natur sagt die Antilopenmutter ja auch nicht zu ihren Jungen: »Setzt bloß euren Helm auf, wenn ihr zum Wasserloch geht, da draußen gibt's Löwen!« Mit dem Löwen-Risiko musst du als Antilope einfach leben.

Ich gehöre jedenfalls nicht zu den Anhängern einer Vollkasko-Erziehung. Ich gehe auch über Rot, wenn Kinder an der Ampel stehen. Erstens sollen sie Erwachsenen nicht einfach alles nachmachen, und zweitens lernen sie, dass derjenige, der sich nicht an alle Regeln hält, oft schneller da ist. Ramona und ich haben keine Kinder, aber Otto Rehhagel oder Jürgen Klopp waren früher auch keine überragenden Spieler und sind jetzt trotzdem super Trainer, das heißt, man kann auch ohne eigene Praxis Ahnung haben.

Jedenfalls sollte ich neulich auf Felix aufpassen. Felix ist fünf und das Patenkind meiner Freundin Ramona. Sie schien schon nach kurzer Zeit mit dem Kleinen überfordert zu sein, und auch ich muss sagen, es schlaucht ganz schön, zwei Stunden auf einem Kinderzimmerteppich herumzukriechen. Wenn man über dreißig ist und nicht gerade Fliesenleger, dann tun einem danach die Knie weh. Felix ist im Prinzip kein Fall für Wuthöhle und Stille Treppe. Er ist eher normal. Aber auf meine Spiel-Vorschläge Räuber und Gendarm bzw. World of Warcraft wollte er partout nicht eingehen. Stattdessen sollte ich seinen Stofftier-Löwen Pumba synchronisieren. »Du bist jetzt mal der Pumba!«, hieß es. Kinder sind ja heute von klein auf Berieselung gewöhnt, die haben keine Lust mehr, sich selbst was auszudenken. Ich wusste gar nicht, was ich sagen sollte, weder als Löwe noch als Rainer, denn reden, im Sinne einer echten Unterhaltung, kann man mit einem Fünfjährigen ja nicht.

In einem Zeitungsartikel stand neulich, dass Hausschweine die Intelligenz eines fünfjährigen Kindes haben. Das gilt dann ja wohl auch umgekehrt. Paare, die Nachwuchs wollen, müssen sich klarmachen: Ein fünfjähriges Kind ist vom Grips her auf dem Level eines Schweins. Nicht mehr und nicht weniger. Deswegen sind Kinder für die meisten Männer wie Salat beim Essen oder Vorspiel beim Sex. Die Grundhaltung ist: Kann, muss nicht.

Wir haben dann Tierkindermemory gespielt, und Felix hat geschummelt. Ich weiß nicht wie, aber es kann ja nicht sein, dass ein Fünfjähriger fehlerlos alle Karten richtig umdreht, während ich vier Mal danebenliege, weil ich mir das Häschen nicht merken kann. Jemand auf dem geistigen Level eines Hausschweins lacht mich aus, weil ich mir das scheiß Häschen nicht merken kann. Das muss man sich mal vorstellen!

Im zweiten Spiel bin ich am Rehkitz gescheitert, weil das Rehkitz von oben definitiv Ähnlichkeit mit dem Pony hat. Felix hat wieder seine Nummer abgezogen und das Kitz mit einem Griff richtig aufgedeckt, und da hab ich ihm in klaren Worten gesagt, dass man beim Spielen nicht betrügt! Wollte Felix nicht einsehen. Daraufhin hab ich seinen Pumba aus dem Fenster geworfen, denn, wie gesagt, ich bin gegen Vollkasko-Erziehung. Wer einen anderen bescheißt, muss es entweder so machen, dass es nicht auffällt, oder die Konsequenzen tragen. Der Löwe ist auf der Straße unter einen Laster gekommen. Da war das Geschrei bei Felix natürlich groß.

Und anschließend auch bei seiner Mutter, und dann noch mal bei Ramona. In letzter Zeit waren wir in wenigen Punkten so einig wie in dem, dass das Thema Kinder bei uns noch Zeit hat. Das war eine echte Gemeinsamkeit, und so was ist ja immer gut in einer Partnerschaft.

Was Felix betrifft: Wenn der Junge später kein Fahrradhelmspießer wird, sondern ein cooler Motorradtyp, wird er wohl nicht mehr wissen, wer ihn auf den rechten Weg gebracht hat. Mir wird er dann jedenfalls nicht danken, aber Undank bin ich als Mann ja gewohnt …

O Gott, ein dänischer Kniffelzettel! Weißt du noch?

Das ist kein Kniffelzettel, das ist eine Kriegserklärung! Von deinen Freunden.

Deinen Freunden! Dieses Pärchen waren deine Freunde!

Wie auch immer! Pärchen sind eh die Totengräber eines jeden Paares

Das kann man ja jetzt auch nicht verallgemeinern ...

Doch. Überleg mal, wie lange es dauert, bis ein Mann eine Frau gefunden hat, mit der er es halbwegs aushält. Wenn jetzt dieser Mann noch einen anderen Mann finden muss, der auch wieder eine Frau gefunden haben muss, die dann auch noch so ist, dass man beide gut findet ... da findest du eher das Bernsteinzimmer.

Ich glaube, du wirst sehr allein sein im Alter.

Das wäre ja schon mal ein klarer Vorteil gegenüber all denen, die im Heim gemeinsam Bingo spielen müssen. Bingo ist nämlich wie Kniffeln ohne Würfel, und ich wette, deine dänischen Freunde werden echte Bingojunkies ...

Das waren deine Freunde!

Ist ja jetzt auch egal ... und guck mal, laut dem Zettel haben wir immerhin drei Runden gewonnen ...

Die Sache mit dem Pärchenurlaub

Die Liste der beziehungsrettenden Maßnahmen ist ja eher kurz: Viagra, getrennte Wohnungen, Geld oder Liebe. Völlig unterschätzt als Beziehungsretter ist hingegen der Pärchenurlaub. Im Sinne von: mit einem anderen Pärchen wegfahren. In unserem Fall waren das andere Pärchen Adolf und Eva (Namen von mir geändert). Die beiden schlugen Ramona und mich breit, gemeinsam nach Dänemark zu fahren, und zwar: im Winter. Es hieß, man könne dort »gemütlich« am Strand bummeln, »gemütlich« was kochen oder »gemütlich« in die Sauna gehen, die jedes dänische Ferienhaus habe. Das würde unserer angeschlagenen Beziehung guttun, hieß es. Pärchenurlaub ist wie Armdrücken. Es fängt als Spaß unter Freunden an, kostet dann viel Kraft, und immer ist einer der Verlierer. In diesem Fall ging die erste Runde nicht an uns.

Dänemark sieht aus wie Schweden in alten Kinderserien. Wäre Herr Karlsson vor uns hergeflogen, es hätte mich nicht gewundert. Man hat das Gefühl, Krebs, Krisen und Kriminalität sind verboten oder zumindest »gemütlich«. Das Ferienhaus roch nach altem Ofen und feuchten Wänden, aber was man in Ostdeutschland scheiße findet, ist in Dänemark natürlich »gemütlich«. Die Bude war innen und außen aus Holz. Das ist ein Sarg aber auch. Ich war also skeptisch.

Sofort ging es an den Strand. Ramona und ich sind keine »Outdoor People«. Outdoor People sind für mich Obdachlose. In Dänemark aber sind es Leute, die sich Fleecejacken kaufen, die ernsthaft »Soft Asylum« heißen. Adolf und Eva hatten beide so eine Jacke, in identischer Farbe und dazu passend natürlich auch Hosen, Schuhe und Mützen. Ramona und ich hatten nur identisch kalte Füße. Entsprechend hatten wir die Auseinandersetzung, wer Adolf und Eva mit in die Beziehung gebracht hatte.

Beim anschließenden Pizzamachen gab es die Diskussion mit den beiden, wie viel Tomatensauce nötig ist und ab wann einfach der Boden durchsuppt. Adolf und Eva beschwerten sich zudem, dass unsere Sardellen auf ihrer Hälfte lagen. Mit Champignons wurden nun Hälften markiert, als gelte es, die Grenze zu Polen neu zu definieren.

Der Backofen qualmte gegen den Holzofen im Wohnzimmer an, während die Menschen zum Rauchen natürlich nach draußen mussten. Dort warf ich Ramona vor, genauso viel Bier gekippt zu haben wie ich, so dass wir beide nicht mehr fahrtüchtig genug waren, um unfallfrei nach Hause zu kommen, während Ramona sagte, es sei ein historischer Fakt, dass Adolf und Eva zuerst *meine* Freunde gewesen seien. Mit einer Frau zu diskutieren wäre auch ein schöner Nebenjob für Sisyphus. Man kann ja auch Zitronen nicht dazu überreden, nicht sauer zu sein. Aber unsere »Freunde« griffen ein, bevor die Situation eskalierte. Mit der Pizza Oder-Neiße im Bauch ging es in die Sauna, um auch ja keine Gemütlichkeit auszulassen. Gemütlichkeit ist nämlich Stress.

Neunzig Grad sei nicht nur das Mindeste bei einer Erektion, sondern auch bei einer Sauna, sagte Adolf und machte einen Aufguss aus reinem Napalm. So kam es mir jedenfalls vor. Auch Ramona schwitzte und litt. Dann wurden die Würfel ausgepackt. Kniffel. Als mein Großvater so alt war wie ich, musste er beim Zweiten Weltkrieg mitmachen. Soldat spielen im Kaukasus. Ich spielte Kniffel in Dänemark, insofern ist zwar vieles besser geworden, aber nicht so viel, wie man meint. Große Straße, kleine Straße, Full House und ein Viererpasch ersetzen gemeinsam eine halbe Ostfront. Nur damals blieben die Frauen zu Hause. Hier nicht.

Im Bett hörten wir dann erschöpft zu, wie Adolf und Eva jenseits der Sperrholzwand im Marschrhythmus Sex hatten. Diese Nacht war dabei, in der Top 10 meiner beschissensten Nächte weit nach vorne zu kommen. Das fand Ramona auch. Wir teilten uns die letzte Bierdose und waren uns einig, sofort Sterbehilfe zu beantragen, sollten wir uns je gleiche Jacken kaufen, noch mal im Winter nach Dänemark wollen oder Adolf und Eva weiter zu unseren Freunden rechnen. Dann stellten wir fest, dass wir seit Ewigkeiten nicht mehr so sehr übereingestimmt hatten und dass die allerbeschissensten Nächten eben doch die waren, in denen wir allein waren, ohne den anderen. Für Paare und Klempner gilt: Es kommt immer drauf an, was man macht, wenn man Scheiße erlebt. Wir machten das Beste daraus. Es war regelrecht romantisch.

Am nächsten Tag erfand ich einen Notfall, wir mieteten einen Wagen und fuhren nach Hause. Dänemark ist jetzt für uns das, was die DDR für viele Ossis ist: Im Rückblick war's super, weil das Elend ja zusammenschweißte. Ich kann Pärchenurlaub also nur empfehlen.

Wenn mir jemand erzählt, dass er zum ersten Mal mit seinem Partner und einem befreundeten Pärchen in Urlaub fährt, habe ich offen Verständnis und heimlich Mitleid. Wenn mir jemand erzählt, dass er das bereits zum zweiten oder dritten Mal macht, habe ich von da an mit der betreffenden Person nichts mehr zu tun. Daran sind Carina und Tom schuld.

Carina und Tom waren zuerst Rainers Freunde und damals für mich so ziemlich das vorbildlichste Pärchen von allen. Schon neun Jahre zusammen, und trotzdem gingen sie immer liebevoll und mit dem größten Respekt miteinander um. Das beeindruckte mich, schließlich waren Rainer und ich erst knapp ein Jahr zusammen, und »Respekt« hieß für Rainer, dass er mich beim Essen vor dem Rülpsen gestisch warnte, damit mir nicht jedes Mal vor Schreck die Gabel auf den Teller fiel. Was schon mehrfach vorgekommen war. Wir gingen zu der Zeit öfter mit Carina und Tom weg, und ich hatte noch nie, nicht ein einziges Mal mitbekommen, dass der eine schlecht über den anderen geredet hätte. Oder auch nur einen Witz auf seine Kosten gemacht. Wenn Rainer und ich beim Weggehen keine Witze übereinander machen würden, würden wir vermutlich überhaupt nicht sprechen. Das war für mich eigentlich immer ein gutes Zeichen gewesen: Übereinander lachen ist besser als gar kein Spaß in der Beziehung. Aber als Rainer gerade gegen Tom beim Billard verlor und Carina mich besorgt fragte, »ob bei uns eigentlich alles in Ordnung ist«, bekam ich trotzdem sofort Zweifel.

Auf mein ängstliches »Ja klar, wieso?« nickte Carina und meinte »Nee, nichts, nur so, schon gut.« Im Frauengespräch heißt »Nee, nichts, nur so, schon gut …« übersetzt: »Sag mal, MERKST du noch was?!« Ich hatte plötzlich durchaus begründete Angst davor, dass meine Beziehung schon im ersten Jahr den Bach runterging und ich die Einzige war, die davon nichts mitbekam. Ich hakte also bei Carina nach, meinem erklärten Beziehungs-Vorbild. »Ja nee, wieso, jetzt sag doch, was meinst du?«

Es sei nichts Konkretes, und wahrscheinlich solle sie auch einfach ihre Klappe halten, es gehe sie ja überhaupt nichts an, aaaber – und dann kam's: Wenn wir zusammen weg sind, fassen wir uns nie an. Und sie meint damit nicht, dass wir übereinander herfallen sollen oder uns ständig die Zunge ins Gesicht stecken, aber nicht mal *eine* kurze liebevolle Berührung …? Nach nicht mal *einem* Jahr Beziehung …? Außerdem würden wir mehr übereinander lachen als miteinander, wir würden oft mehr trinken, als wir vertragen, und nie würde bei uns einer dem anderen sagen, dass es Zeit ist, nach Hause zu gehen, was ja normal wäre, nach nicht mal *einem* Jahr Beziehung …

Als ich mich im Kopf schon darauf vorbereitete, dass Rainer und ich uns vermutlich extremst zeitnah wieder trennen würden, setzte Carina noch nach, dass Rainer ja zum Beispiel genau jetzt schon wieder nicht bei mir wäre, sondern mit Tom am Billardtisch. Ich warf ein, dass ihr Tom ja nun auch genau jetzt nicht bei ihr ist, aber Carina unterbrach meinen hilflosen Versuch, meine Beziehung zu verteidigen, sofort und erklärte mir, dass sie Tom darum gebeten hätte, mit Rainer eine Runde alleine zu spielen, damit sie bei mir nachfragen kann, was bei uns nicht in Ordnung ist.

Mir wurde schlecht. »Du hast das mit Tom im Vorfeld geplant?!«, hauchte ich, entsetzt allein über die Vorstellung, dass es Paare wie Carina und Tom überhaupt gibt. Ein Paar, das sich gemeinsame Strategien für andere ausdenkt, sollte entweder mindestens zehn Jahre verheiratet sein oder in der Mafia. »Ja sicher, Ramona, wir können euch gut leiden, und da macht man sich eben Gedanken. Aber«, fügte sie hinzu und fasste mich dabei so liebevoll am Arm, wie Rainer und ich es in der Öffentlichkeit *nie* tun, »wenn ihr wollt, kommt doch mit uns nach Dänemark! Einfach mal raus aus dem ganzen Alltag, wir haben da ein Ferienhaus gemietet, urgemütlich, und eine Sauna ist auch drin! Das tut euch bestimmt gut!«

Auf dem Heimweg war ich stocknüchtern und überredete Rainer in Rekordzeit zum Pärchenurlaub mit Carina und Tom. Währenddessen fasste ich ihn überall an, um Carina nachträglich und in Abwesenheit zu beweisen, dass bei uns noch nicht alles verloren war. Ich erreichte mit meinem Getatsche, dass Rainer in der Seitengasse vor unserer Straße rattig wurde. Wenn man als Frau einen Man anfasst, heißt das für den Mann immer »Die will mich!« Selbst wenn man ihm nur einen Fussel vom Pulli macht. Der efeubewachsene Lattenzaun, der mir anschließend rhythmisch gegen den Hintern klatschte, war ein weiterer Beweis dafür, dass es noch Hoffnung gab.

Der Pärchenurlaub in Dänemark war zusammengefasst noch schlimmer als die Langlaufurlaube mit meinen Eltern im Bayerischen Wald und Carina und Tom das furchtbarste Pärchen seit Florian Silbereisen und Helene Fischer. Es war ein Desaster. Ich bekam eine sehr klare Vorstellung davon, *warum* Carina und Tom so respektvoll miteinander umgingen: Weil sie außerhalb ihres eigenen Pärchenwahnsinns nie wieder jemanden finden würden, der sie auch nur im Ansatz leiden konnte. Jetzt inklusive Rainer und mir. Beim gemeinsamen Strandspaziergang gingen sie Hand in Hand vorweg, und ich redete mir noch ein, dass sie das in einer Art Vorbildfunktion für Rainer und mich machten. Wir hatten aber beide kalte Füße, und ein zugefrorener See in Dänemark ist nun mal nicht Honolulu, wo allein die Umgebung macht, dass man sich freut, am Leben und zusammen zu sein.

Dann kam »gemeinsam Pizza backen«, »gemeinsam in die Sauna« und »gemeinsam am offenen Kamin kniffeln«, und die ganze Zeit waren Carina und Tom so verliebt wie Rainer und ich genervt. Wenn neun Jahre Beziehung *das* aus einem machen, würde ich Rainer nach spätestens achteinhalb Jahren um eine kurze Auszeit bitten. Dazu kam noch die Tatsache, dass Carina auf Dauer und außerhalb einer Kneipe in der Innenstadt unfassbar spießig und langweilig war und Tom sich bereits nach wenigen Stunden als verkappter Nazi mit einem Hauch FDP entpuppte. Wir waren mit Adolf und Eva in Dänemark in einem Holzhaus eingesperrt!

Bei einer Zigarette vor dem Haus (»Carina kann den Rauch so schlecht vertragen, das versteht ihr sicher …«) stritten Rainer und ich uns ausgiebig darüber, wer diese beiden Vollidioten angeschleppt hatte, und einigten uns in der folgenden Nacht darauf, dass wir nie so werden würden. Stattdessen würde Rainer am nächsten Tag einen Notfall vortäuschen und wir mit einem Mietwagen so früh und schnell hier wegfahren wie irgend möglich.

Carina und Tom sind heute immer noch zusammen und haben Zwillinge, die Lisa und Ole heißen. Vermutlich sind sie in genau dem Haus in Dänemark gezeugt worden, im rhythmischen Einklang der harmonisch aufeinanderhämmernden Körper ihrer Nazieltern. Möge Gott ihren Seelen beistehen.

Was soll denn dieses Pflaster hier drin?

Das ist doch kein Pflaster, das ist eine Tapferkeitsmedaille, das ist praktisch das Eiserne Kreuz aus Leukoplast für meinen Nachwuchsterminator. Weißt du nicht mehr, wie du todesmutig gegen ein feindliches Heer gekämpft hast?

Hauptsache du hast Spaß! Du kreischst doch bei der kleinsten Spinne wie ein Teenie bei Justin Bieber.

Aber ich bin auch eine Frau. *Frauen und Spinnen, das ist wie Vampire und Knoblauch. Das sucht man sich nicht aus, da kann man nichts dagegen machen.* *Du, mein Schatz, bist dagegen ja ein richtiger Männermann, stimmt's? Praktisch eine Mischung aus wildem Tier, Whisky und Motoröl …*

Ja, ja, lustig! Wer sagt denn bei jeder Gelegenheit, dass man die alten Geschlechterrollen überwinden sollte?

Und du sagst, völlig zu Recht im Übrigen: *Frauen wollen ein Alpha-Männchen. Aber wenn das Alpha wegfällt, bleibt nur das Männchen übrig, und das ist natürlich für mich als Frau dann nicht soo wahnsinnig interessant.*

Ja, schon wieder lustig, ich finde jedenfalls, dass dieses alte Pflaster nichts in unserer Kiste verloren hat. Wer weiß, was da alles für Krankheitserreger dran sind …

Ach, das Risiko gehe ich ein …

Ich schmeiß das jetzt weg!

Untersteh dich, Freundchen!

Also, ich sag dir ganz ehrlich, ich find's albern und lächerlich, was du hier –

Leg schön das Pflaster da wieder rein …

Aber nur, weil der Klügere nachgibt!

Nee, nachgeben tut der mit den kleineren Eiern …

So, jetzt schmeiß ich's weg! – *Untersteh dich!*

Die Sache mit der Männlichkeit

Als Erstes ist mir aufgefallen, dass ein Gesicht ganz anders klingt, wenn man draufschlägt, als man das aus Filmen kennt. Bei den alten Bud-Spencer-Filmen zum Beispiel klingen Schläge ins Gesicht so, als ob da zwei dicke Steaks aufeinanderprallen. In Wirklichkeit klingt ein Schlag ins Gesicht eher unspektakulär. Zumindest bei meinem Gesicht. Wie ein einfaches »Patsch«.

Ganz lange hab ich nicht gedacht, dass die beiden Jungs mich wirklich schlagen würden – bis sie mir eine reingehauen haben. Einfach so. Obwohl ich bei Ballerspielen auf der Playstation gute Reflexe habe, hab ich nicht nennenswert reagiert.

Ramona hat mich gefragt, warum ich mich nicht gewehrt habe, und ich hab gesagt, weil ich echte Gewalt nicht gut finde. Ich kann ja wohl schlecht auf der einen Seite gegen den Krieg sein, mich aber auf der anderen Seite hier mit Ausländern prügeln. Ramona hat verständnisvoll genickt und »Hmm« gesagt. »Hmm« ist diese Art von Verständnis, die Frauen auch bei Impotenz an den Tag legen. »Hmm« heißt: »Ist doch nicht schlimm …«, aber »Ist doch nicht schlimm …« heißt »Wenn das noch ein Mal vorkommt, such ich mir 'nen andern, du Nulpe!« Es ist im Prinzip eine ähnliche Reaktion, als wenn sich herausstellt, dass man handwerklich nicht so begabt ist. Da kommt von Frauen auch oft so ein: »Ist ja süß. So was kannst du gar nicht, ne?«

Dabei müsste das ja auch einer Frau einleuchten: Man kann nicht automatisch einen Teppichboden verlegen, nur weil man einen Penis hat.

136

Dafür kann ich kochen und Ramona nicht. Die kann nicht mal eine Vitamintablette auflösen. Da sag ich ja auch nichts. Aber sie kommt immer mit dieser Pseudo-Verständnis-Nummer. »Hmm …« Dieses »Hmm …« heißt, sie hat grad überhaupt keinen Respekt. Nur weil ich mich aus Prinzip nicht mit Ausländern prügel.

Ich hab Ramona gesagt, dass ich es politisch natürlich auch viel besser gefunden hätte, wenn mich wenigstens zwei Deutsche überfallen hätten, damit es eben nicht so eine Klischeegeschichte ist. Aber von ihr kam nur »Hmm …«, und gleichzeitig hat sie mir Jodtinktur auf die Schläfe geträufelt. Sie hat absichtlich zu viel genommen, da bin ich mir ganz sicher, mir ist jedenfalls Jod ins Auge gelaufen. Und das brennt. Und wenn's im Auge brennt, hält das Auge mit Augenflüssigkeit dagegen, also mit Tränen. Das ist ein ganz normaler Prozess, der sich im Laufe der Evolution bewährt hat. Das hat überhaupt nichts mit Heulsuse zu tun. Das hab ich Ramona dann auch erklärt. Von ihr kam aber nur »Hmm …«

Ramona hat studiert und findet es toll, dass ich kochen kann und etliche Designer mit Namen kenne und trotzdem nicht schwul bin. Aber tief in ihrem Innersten will sie offenbar, dass ich in heiklen Situationen so reagiere wie jeder x-beliebige volltätowierte Kirmesheini. »Hätte Sartre mal 'n paar Kneipenschlägereien gewonnen«, hab ich zu Ramona gesagt, »dann hätte Simone de Beauvoir ihn womöglich geheiratet oder sogar geduzt!« Von Ramona kam aber wieder »Hmm …« Seit der ersten Steinzeithöhle wollen Frauen, dass der Mann dem Mammut eins mit der Keule überbraten kann. Evolutionär scheint sich das für die Frauen bewährt zu haben. Nur, erstens hat Ramona, wie gesagt, studiert, und wir leben zweitens eben nicht mehr in einer Höhle, sondern in einer Eigentumswohnung.

Und ich hab zum Beispiel auch aus Überzeugung Zivildienst gemacht und nicht, weil ich es nicht mit meinem Gewissen vereinbaren konnte, mich fünfzehn Monate lang zu besaufen. So lange musste man damals, zu meiner Zeit, nämlich zur Bundeswehr. Fünfzehn Monate. Der Zivildienst war sogar noch länger. Der Zivildienst war so lang, dass man als Zivi im Anschluss gleich im Altenheim bleiben konnte. Ich hab trotzdem Zivildienst gemacht. Ich hatte eben damals auch schon eine sehr klare Haltung zum Thema Gewalt.

Es ist ja völlig klar, dass Gewalt in manchen Zusammenhängen nötig ist. Wenn der Torero den Stier totquatscht, würde da kein Mensch hingehen, und wäre Jesus mit 83 an Darmverschlingung gestorben, gäbe es heute die ganzen Kirchen nicht, aber im Alltag hat Gewalt nichts zu suchen, nur so differenziert sieht Ramona das offenbar nicht.

Die Polizei auch nicht. Der Beamte auf dem Revier, der meine Anzeige aufnahm, hatte die ganze Zeit so ein Grinsen im Gesicht. Ja, die beiden Jungs, die mich überfallen hatten, waren ungefähr fünfzehn. Aber in dem Alter sind Südländer schon voll ausgewachsen, das weiß man doch! Und man weiß auch, dass türkische Jugendliche Messer haben. Das gehört in der Türkei zur Folklore. Da brauch ich die Messer gar nicht zu sehen. Zwei ausgewachsene türkische Jugendliche mit Messern, die mich zusammenschlagen und meinen Brustbeutel mit allen Ausweisen und über 120 Euro klauen, sollten für einen übergewichtigen Hauptwachtmeister, der nicht zuletzt von meinen Steuern bezahlt wird, kein Grund sein, mich zu behandeln, als wäre ich gerade von derSandkastengang mit einem Schäufelchen verprügelt worden, finde ich. Ramona fand natürlich, dass der Polizist »supernett« war und bestenfalls »ein bisschen stämmig«. Richtiges Übergewicht können sich Polizisten laut Ramona gar nicht leisten, weil die dauernd ein strammes Sportprogramm absolvieren müssen. Übersetzt heißt das natürlich, dass Ramona glaubt, der uniformierte Fettsack hätte sich von den beiden türkischen Jungs nicht einfach so beklauen lassen.

Ramona hatte auch viel Verständnis dafür, dass die Polizei nicht sofort eine »Soko Brustbeutel« ins Leben rief, wie sie sich ausdrückte. Dabei hatte ich auch nicht verlangt, dass die Bundesregierung wegen mir einen Krieg mit der Türkei vom Zaun bricht, ich finde es nur befremdlich, dass ein unbescholtener deutscher Steuerzahler von zwei pubertären kurdischen Lümmeln zusammengeschlagen werden kann und einfach nichts passiert. Ramona meinte nur »Hmm …«, und da hab ich ihr eine reingehauen. Also, ich hab natürlich nur so getan und hab an ihr vorbei geschlagen. Man darf Frauen nicht schlagen, daraus ziehen sie ja ihre Stärke. Frauen sind wie der Vatikan, sie können sich verbal alles rausnehmen, weil sie wissen, dass sie physisch nichts zu befürchten haben. Wer würde schon in den Vatikan einmarschieren? Allerdings hatte ich die Wand hinter Ramona übersehen. Es gab ein unschönes Geräusch, durchaus so, wie man es aus Filmen kennt. Der Knöchel an der Hand ist richtig angeschwollen. Aber ich hab die Zähne zusammengebissen und auf kühlendes Eis verzichtet. Bei Ramona war kurzzeitig erst mal Schluss mit »Hmm«. Stattdessen fing sie an zu heulen wie ein Mädchen. Sie war sichtlich beeindruckt. Sie faselte von den Sorgen, die sie sich gemacht hatte. Anschließend entschuldigten wir uns beide ausführlich und beschlossen, den Mantel des Vergessens um diesen Tag zu legen. Aber ich denke, ich habe Ramona sehr deutlich eine Grenze aufgezeigt, und das ist wichtig. Grenzen hat selbst der Vatikan …

Mein Freund ist überfallen und beraubt worden. Brutalst zusammengeschlagen wurde er, BÄMM! hat es gemacht, und er sah nur noch Sterne und dann sowohl sein Handy als auch sein Portemonnaie zum vermutlich letzten Mal in seinem Leben.

So jedenfalls die Geschichte, die Rainer mir am Telefon erzählte. Mit gebrochener Stimme und Atemnot. Ich war natürlich erst mal angemessen geschockt und besorgt, erklärte meinem Chef die grausame Sachlage, durfte früher fahren und wollte mich zu Hause sofort daran machen, die Wunden meines Helden zu versorgen.

Die musste ich aber erst mal suchen, die Wunden. So wie er die Geschichte erzählt hatte, erwartete ich eigentlich mindestens ein blaues Auge, eine gebrochene Nase und zwei angeknackste Rippen. Rainer hatte aber nur eine kleine Schramme an der Wange und ein leicht gerötetes Auge darüber. Eigentlich kaum zu sehen, und er wirkte auch sonst sehr unverletzt. Als ich ihm das sagte, durchaus erleichtert, durfte ich mir anhören, was für eine eiskalte, ignorante Person ich doch bin. Er wurde gerade *überfallen*, von mehreren Männern mit mehreren Fäusten! Hallo! Ob es mir etwa lieber wäre, wenn ich ihn im Leichenschauhaus anhand seiner Zahn-Röntgenbilder identifizieren müsste?! Wenn eine Frau so etwas sagt, dann »übertreibt sie wieder!«, ein Mann hingegen »kreiert Worst-Case-Szenarien«. In Rainers Fall waren aber wohl einfach nur zu viele *24*-Staffeln am Stück der Grund.

Mein Freund zitterte wie ein Sack Espenlaub, während

ich ihm ein Pflaster auf die Backe klebte und sicherheitshalber vorher auch noch etwas Desinfektionsspray benutzte. Rainer zuckte dabei spektakulär schmerzhaft zusammen, obwohl ich ihn darüber aufklärte, dass in heutigen Desinfektionsmitteln kein Alkohol mehr ist, der früher dafür verantwortlich war, dass es gebrannt hat.

Da war dann bei Rainer endgültig Schluss. Er würde ja wohl noch wissen, wann etwas brennt, und ob ich ihm eigentlich die ganze Zeit versuche zu sagen, dass er in meinen Augen ein wehleidiges Weichei ist?! Er?! Der gerade überfallen und beraubt wurde?! Ich hielt es für besser, darauf gar nichts zu sagen, und ging mit ihm zur Polizei, damit er den Verlust von Handy und Geldbörse angeben konnte. Den Spruch, ob er den Verlust seiner Männlichkeit nicht gleich auch noch mit angeben wollte, schluckte ich tapfer runter.

Auf der Polizeidienststelle kam dann raus, dass es sich bei den »zwei brutalen Verbrechern« um minderjährige Jungs mit Migrationshintergrund handelte, die in der Ecke schon öfter Passanten überfallen hatten. Meist ältere Mitbürger, fügte der freundliche Polizist noch hinzu und grinste mich an. Gut, es war nicht besonders nett von mir, in der Situation zurückzugrinsen, aber, verdammt nochmal, ich hatte mir ernsthafte Sorgen gemacht! Und wenn eine Frau sich Sorgen macht, dann reißt sie alle anderen mit in den Abgrund! Ich war zu meinem Chef gelaufen und hatte ihn um sofortige Freistellung gebeten, weil ich dachte, Rainer wäre etwas *wirklich* Schlimmes zugestoßen! Wenn mein Chef Rainer in den nächsten Tagen zufällig träfe, mit dem winzigen Pflaster! Die Witze könnte ich mir im Büro noch hundert Jahre lang anhören …

Auf dem Heimweg entschuldigte ich mich bei Rainer. Nicht für den Teil mit den spitzen Kommentaren, die sollte er inzwischen von mir gewohnt sein, er selbst teilt ja auch gerne aus. Aber der Überfall selbst, erklärte ich ihm so einfühlsam wie möglich, *der* tat mir leid. Ich sagte ihm, dass ich nur so sparsam reagiert hätte, weil ich nach seiner Geschichte am Telefon tatsächlich davon ausgegangen war, dass mein armer geliebter Freund dauerhaft bleibende Schäden davontragen würde, womöglich sogar am Kopf, und dass ich danach im Grunde einfach nur froh war, dass dem nicht so war. Natürlich hatte ich vollstes Verständnis, dass er nach so einem Erlebnis erschrocken war und –

»Erschrocken …?!«

Keine Ahnung, was ich jetzt schon wieder falsch gemacht hatte.

»Erschrocken!? Sag mal wofür hältst du mich, für zehn?! Wenn man überfallen und ausgeraubt wird, dann ist man nicht *erschrocken*, es sei denn, man ist ein kleines Mädchen!« Rainer war echt schlimmer in seiner männlichen Ehre gekränkt, als ich gedacht hatte. Mir war ja gar nicht bewusst gewesen, wie viel männliche Ehre ein Mann wie Rainer überhaupt zu besitzen glaubt. Er schlug sogar bemüht männlich mit der Faust auf die Wand hinter mir ein. Das war wirklich ein Alarmsignal.

Ein Mann, der davon ausgeht, dass seine Freundin ihn für einen Waschlappen hält, bleibt nicht mehr lange bei ihr, so viel war mir klar. Ich brauchte eine verdammt gute Idee und eine verdammt überzeugende Argumentation, wenn ich das alles wieder geradebiegen wollte, was ich eben zerstört hatte.

Ich blieb mitten auf der Straße stehen und fing an zu weinen. Rainer sah fast noch erschrockener aus als nach dem »Überfall«. Ich stürzte mich in seine starken Arme und schluchzte mit bebender Stimme: »Wei-heißt du ei-heigentlich, was ich du-hurchgemacht habe, als du mich angerufen ha-hast …? Hast du auch nur den Ha-hauch einer Vorstel-

142

lung, wie beschi-hissen scheiße ich mich gefühlt ha-abe, weil
ich dachte, du würdest … du wü-hürdest … sterben …?!«

Das war ein paar Nummern zu dick, ja, aber es ging
hier um meine Beziehung. Und: Wenn Männer etwas glauben *wollen*, dann glauben sie es auch. Da war Rainer zum
Glück keine Ausnahme. Er nahm mich ganz fest in den
Arm, drückte mich an sich und murmelte beruhigend:
»Shhhshhh … ist doch alles gut, ist ja gar nichts passiert …
hey Süße … die Leute gucken schon … alles gut … wirklich … hey, ich kann schon fast wieder tanzen …«

Er zeigte mir unbeholfen und total süß, wie er fast schon
wieder tanzen konnte, und ich musste unter all den Tränen
schon wieder ein bisschen lachen. Die waren inzwischen gar
nicht mal mehr gespielt; als mir bewusst wurde, dass ich wegen vier blöder Bemerkungen meine Beziehung aufs Spiel
gesetzt hatte, kamen die ganz von alleine. Ich schniefte noch
ein wenig vor mich hin, und wir gingen Arm in Arm nach
Hause. Kurz vor der Haustür murmelte ich ihm noch mal in
den Haaransatz, dass ich wirklich sehr froh bin, dass er noch
da ist. Und *das* meinte ich wortwörtlich.

Rainer lächelte und kündigte an, dass er mich jetzt erst
mal auf die Couch packen und mir einen Tee kochen würde.
Ich sähe ja aus wie frisch überfallen.

143

Ist dir schon mal aufgefallen, dass wir hauptsächlich Sachen in die Kiste getan haben, die an Streit erinnern?

Das ist ja das Spannendste. In den Geschichtsbüchern werden auch immer nur die Kriege festgehalten. Der Dreißigjährige Frieden? Nie gehört. »Alle Untertanen waren hochzufrieden, lobten den König und zahlten gerne Steuern«, das steht nirgends. Nur Kriege, Revolutionen, Morde und Attentate.

Ich verstehe. Bin ich in deiner Geschichtsschreibung unserer Beziehung eigentlich das Volk und du der König, oder wie?

Das war ja nur ein Beispiel. Und wenn, sind wir eine aufgeklärte Monarchie. Wie England. Das finden doch alle großartig, du doch auch!

Ich fand Prinz Harry gut, für einen Nachmittag, als wir diese komische Hochzeit von Kate und Dings geguckt hatten. Das heißt nicht automatisch, dass du bei uns zu Hause Elisabeth die Zweite bist ... und selbst wenn, solltest du wissen, dass ich die nicht »großartig« finde. Herrgott, du kennst mich ja überhaupt nicht!

Ein typisches Kennzeichen der Monarchie ist ja, dass der König sich nur bedingt für das Volk interessiert ...

... – Hallo, das war ein Scherz!

... – Bist du jetzt sauer, oder was?

...

Humor ist auch nicht so dein Ding, oder?

Ein Mann ist sowieso nur mit Humor auszuhalten. Nur hast du eine völlig falsche Vorstellung davon, was lustig ist, und ich sage dir: Du bist es nicht, Majestät ... Du hast nämlich überhaupt keine Ahnung, wann, wo und mit was eine Frau, pardon, das Volk unterhalten werden möchte.

Stimmt, und zum Beweis deiner These hab ich diese DVD in die Kiste gelegt ...

Die Sache mit dem Fernseher im Schlafzimmer

In unserem Schlafzimmer läuft der Zweite Weltkrieg. Auf DVD. Ich gucke *The Pacific*, eine Miniserie von Tom Hanks und Steven Spielberg, und Ramona ist sauer. Sie will nicht mit Nazis ins Bett gehen. Ich hab ihr schon mehrfach erklärt, dass der Zweite Weltkrieg in diesem Fall ohne Nazis ist, dafür mit reichlich Japanern, und eigentlich mag sie Japaner, wegen Karaoke, Sushi und weil die immer so höflich sind, wenn sie das Gesicht verlieren. Ramonas Problem ist eher, dass wir überhaupt einen Fernseher im Schlafzimmer haben. Ramona denkt, verkürzt gesprochen: Video kills the sexual star.

Aber wir sind jetzt seit gut fünf Jahren zusammen, und ein Pärchen, das nach fünf Jahren noch jeden Abend im Schlafzimmer übereinander herfällt wie die Japaner über Pearl Harbor ist in meinen Augen deutlich unrealistischer als *The Pacific*. Solche Pärchen gibt's nicht mal in Pornos. Wenn Frauen so schnell abnehmen würden wie die sexuelle Anziehungskraft, gäb es keine Diäten. Was nicht heißt, dass ich Ramona unsexy fände, überhaupt nicht, nur ich bin jetzt in einem Alter, wo ich den *PLAYBOY* manchmal tatsächlich wegen der Artikel kaufe. Ich meine, dass es nach fünf Jahren in einem drückend schwülen Sommer durchaus Abende gibt, wo ich mir lieber junge Männer im Pazifik angucke, die anderen jungen Männern von hinten ... – nein, das geht in die falsche Richtung. Aber Tom Hanks und Steven Spielberg haben zusammen mehr Oscars als die Pussycat Dolls Brüste! Ich rede also hier von Kunst. Und wenn Sie die Wahl hätten zwischen Kunst und Ramona, die an einem heißen Abend schlecht gelaunt in einem pinken Snoopy-T-Shirt ins

Schlafzimmer kommt, dann möchte ich Sie aber mal sehen! Außerdem geht's ums Prinzip!

Wir haben ja auch einen Fernseher im Wohnzimmer, und darauf lief – auf Ramonas Wunsch – durchaus häufig zum Beispiel *Sex and the City*, was ich ein ums andere Mal mitgeguckt habe, und nie, nicht ein Mal, kam es zu dem, was der Titel verspricht. Trotz der Werbebreaks, die ja von Länge und Inhalt her zu einem Quickie einladen! Oder – Eiskunstlaufen! Ein »Sport«, den ein Mann überhaupt nur vögelnd ertragen kann. Aber das lief während der Olympischen Spiele, und Ramona hat stoisch hingeguckt, ohne mich zu beachten, geschweige denn anzufassen. Ich hoffe, aus Rache für den Fernseher im Schlafzimmer und nicht aus wirklichem Interesse.

Dabei guck ich ja im Schlafzimmer nicht nur Krieg. Auch Sitcoms. Im Bett kann durchaus gelacht werden. Nicht wenn man sich zum ersten Mal nackt sieht, aber sonst schon. Aber Ramona kann eine ganze Staffel *King of Queens* gucken, ohne einmal zu lachen, einfach aus purem Trotz und Protest gegen den Fernseher.

Neulich hab ich sogar einen Porno eingelegt. Ramona fragte, ob ich ihr damit sagen wolle, dass wir künftig nur noch anderen beim Sex zugucken. Vielleicht wolle ich mich demnächst ja auch bei den »schwierigen Szenen« mit ihr doublen lassen, das mache man doch so beim Film. Mit anderen Worten: Es geht also auch ihr nur ums Prinzip! Wenn ich jetzt nachgebe und den Kasten wieder aus dem Schlafzimmer schmeiße, dann hat sie gewonnen, dann gibt es kein Halten mehr, dann machen wir demnächst auch öden Skiurlaub, schlimme Spieleabende und besuchen ständig ihre Eltern. Das hab ich bei *The Pacific* gelernt: Wenn du auch nur die kleinste Insel dem Feind überlässt, dann hast du ratzfatz den ganzen Krieg verloren.

Deswegen hab ich seit gestern *Band of Brothers*, noch eine hochdekorierte Mini-Serie von Tom Hanks und Steven Spielberg über den Zweiten Weltkrieg! Im Zweifel bestelle ich auch sämtliche DVDs von Guido Knopp. So leicht wie die Japsen kapituliere ich jedenfalls nicht.

Entweder man hat eine sexuell erfüllte Beziehung, oder man hat einen Fernseher im Schlafzimmer. Gesteigert wird das Ganze, wenn man einen Fernseher, einen Rainer und eine dicke Box Nazi-DVDs im Schlafzimmer hat.

Allein die Tatsache, dass wir auf einmal einen Fernseher im Schlafzimmer hatten, war von mir überhaupt nicht abgenickt worden. Ich hatte es nicht mal bewusst mitbekommen. Man hört ständig davon, dass sich Langeweile, Frust oder Lustlosigkeit im Schlafzimmer einschleichen – aber Fernseher?!

Erst Monate später wurde mir klar, wie ungewöhnlich clever Rainer alles eingefädelt hatte. Ganz am Anfang stand das Ding nur da, weil wir uns fürs Wohnzimmer einen neuen, großen Flat-Screen gekauft hatten und Rainer zu faul war, den alten in den Keller zu bringen. Dann bin ich sonntags bei einem Hugh-Grant-Film eingeschlafen, für den ich im Vorfeld ziemlich gekämpft hatte, und Rainer motzte nicht rum, sondern bot mir fürsorglich an, den Film im Bett weiterzugucken. Rührend, oder? Ich kam gar nicht auf die naheliegende Frage, wann er die Kiste da eigentlich angeschlossen hatte. Vom Receiver und dem DVD-Player gar nicht zu reden. Ein paar Wochen später lief der Fernseher jeden Abend, Rainer hatte die Nazi-DVD-Box schon Gewehr bei Fuß, und für eine grundsätzliche Diskussion war es zu spät. Was mich nicht davon abhielt, sie trotzdem zu führen. Frauen können Grundsatzdiskussionen auch Monate nach dem eigentlichen Vorfall noch führen. Mit demselben emotionalen Einsatz.

149

Ich erklärte Rainer also erst mal im Guten, dass ein Fernseher im Schlafzimmer ein ganz beschissenes Zeichen für den Stand einer Beziehung ist. Einen Fernseher, fand ich, stellt man sich da nur rein, wenn man sich nichts mehr zu sagen hat. Ein Fernseher ist ein elektronisches Mulitifunktionsverhütungsmittel. Es verhütet alles. Inklusive Gespräche. Rainer wollte wissen, was ich ihm denn zu sagen hätte, er würde mir jetzt sofort, ohne Unterbrechung und Fernseher, zuhören. Ich war stinksauer. Natürlich hatte ich ihm in genau dem Moment überhaupt nichts zu sagen. Und das wusste mein werter Herr Freund auch ganz genau. Ich blieb thematisch also beim Fernseher und schimpfte auf die Nazis, die er in unser Schlafzimmer zu holen gedachte. Da ich als Teeanger ziemlich viel mit Punks und der »Linken Szene« unterwegs war (der Klamotten wegen), war ich ziemlich gut im »auf die Nazis Schimpfen« und mir meiner Argumente sehr sicher.

Rainer konterte, dass es bei *The Pacific* um Japaner, nicht um Nazis ging, und ich schoss zurück, dass Kriegsfilm Kriegsfilm ist und im Schlafzimmer nichts verloren hat. Worauf Rainer fand, dass die Stimmung, die ich hier gerade verbreitete, schon ein 1a Vorspiel für eben dieses Genre wäre.

Das mit dem »Vorspiel« hätte er besser nicht gesagt. Ob er nicht auch den Eindruck hätte, dass unser Liebesleben schon mal bessere Zeiten erlebt hätte? Beziehungsweise in letzter Zeit ziemlich verkümmert wäre? Beziehungsweise kaum noch vorhanden, nahezu tot?

Ich ging davon aus, dass diese Frage bei Rainer genauso ankam, wie sie von mir gemeint war: »Ist dein Penis kaputt?« Und ob er sich angesichts dieser dramatischen Umstände wirklich sicher wäre, dass ein Fernseher im Schlafzimmer eine so prima Idee ist? Rainer wollte mir dann doch auf einmal nicht mehr weiter zuhören. Stattdessen schob er zwei Tage später einen Porno in den DVD-Player. Und das ist ja wohl wirklich das Allerletzte. Man kann einer Frau nicht deutlicher zeigen, dass sie sexuell gesehen auf einer Stufe mit Fußpilz steht, als wenn man im Schlafzimmer (und in ihrem Beisein) einen Porno einlegt.

Während die billigen Ostblockschlampen im Fernseher sich gegenseitig mit Zeug einrieben, rieb ich meinem zukünftigen Exfreund unter die Nase, dass ich in meinem ganzen Leben noch nie so gedemütigt worden bin. Sein ehrlich überraschtes »Echt nicht?« half uns bei der Lösungsfindung im Anschluss auch nicht weiter. Nicht falsch verstehen: Ich wollte auch nicht jeden Abend Sex oder reden. Ich wollte mir nur sicher sein können, dass wir auch nach fünf Jahren Beziehung noch gerne jeden Abend zusammen ins Bett gehen. Um diese Illusion hatten Rainer, der Fernseher und die Nazis mich betrogen.

Weißt du, wann statistisch gesehen die meisten Beziehungen scheitern?

Wenn Frauen sehen, wie lang dreißig Zentimeter wirklich sind?

Rate noch mal.

Keine Ahnung. Nach zwei Jahren, nach sieben Jahren?

Nach dem ersten gemeinsamen Urlaub! Feiertage, Weihnachten, Urlaub – die absoluten Stimmungstöter. Urlaub ist für eine Beziehung wie eine Brille für einen Kurzsichtigen. Man guckt völlig neu auf Altbekanntes und denkt: »Ach du Scheiße, so genau wollte ich es gar nicht wissen …«

Das heißt, als Paar gemeinsam wegfahren ist kein Urlaub, sondern eine Mutprobe …

Ja, generell ist die Zeit, die man gemeinsam verbringt, am gefährlichsten für jedes Paar. Wenn man zum Beispiel sieben Jahre zusammen ist, haben sie in der Regel de facto höchstens drei Jahre davon miteinander verbracht, wenn man davon noch die Zeit abzieht, die man schläft, auf dem Klo sitzt oder vor dem Fernseher, bleiben vielleicht letztlich noch ein paar Monate.

Toll. Wenn man dir so zuhört, können wir das mit der Beziehung ja gleich sein lassen. Dann treffen wir uns zum Vögeln und wenn ich jemanden brauche, der mir schwere Sachen in den Keller trägt. Du bist der größte Romantiker seit Stalin.

Du musst gleich wieder übertreiben.

Guck dir die Fotos hier an! Das ist Romantik! Und Glück! Und guck, durch irgendeinen Zufall bist du da sogar dabei …

Die Sache mit dem perfekten Urlaub

Wörter lügen nicht. Zum Beispiel »Ferienparadies«. Das Wort hätte mich eigentlich stutzig machen müssen, denn das Paradies ist ja der Ort, an dem für Adam und Eva der ganze Ärger anfing. So weit hab ich aber nicht gedacht, als Ramona mir Bilder von Hotels im Ferienparadies Bali zeigte, verbunden mit diesem speziellen Nölton, den schon kleine Mädchen beherrschen, wenn sie etwas haben wollen. Ob es nun um Barbie oder Bali geht, ändert am Tonfall eigentlich nichts. Nölen wird hauptsächlich von Frauen praktiziert, ähnlich wie Spagat, Häkeln oder Intimrasur. »Och, guck doch mal, die sehen doch schon aus wie wir!«, hieß es angesichts eines Werbefotos, auf dem eine Art schwuler Soapdarsteller sich mit einer blonden Sparkassenangestellten am Strand in Liegestühlen rekelte, während ein befrackter Einheimischer so tat, als brächte er den beiden gerne bunte Getränke. Kein Stück sahen die aus wie wir, fand ich.

»Ich kann den Winter hier nicht mehr sehen, und ein Urlaub täte uns ganz gut«, sagte Ramona, jetzt nicht mehr nölig, sondern sehr bestimmt. »Ein Urlaub täte uns ganz gut« heißt übersetzt: »So dolle läuft es nicht mit uns, Freundchen!« Ich hatte also offenbar die Wahl zwischen Bali und Beziehungsgespräch.

Kurze Zeit später saßen wir im Flieger. Die sogenannte »Insel der Götter« sollte es richten, nur – die Götter der Insel sind entweder kaputt oder dafür nicht zuständig. Das fängt mit dem Jetlag an. Ich wollte vögeln, Ramona wollte schlafen, fummelte wiederum später sinnlos an mir herum, als meine innere Uhr auf »snooze« stand. Der Strand war dafür exakt so wie auf den Bildern, die bunten Getränke gab es auch, nur ich sah nicht aus wie der schwule Soapie, sondern wie eine Warntafel beim Hautarzt. Wenn man sich mit einer mozzarellafarbenen Haut an den Strand legt, reicht eine Stunde für einen 1a Sonnenbrand, Lichtschutzfaktor hin oder her. Abends stellten wir fest, dass ein Sonnenbrand an ihrem und meinem Bauch ein gutes Verhütungsmittel ist.

Aber man kann ja auch reden. Über Bekannte, Freunde, Familie, die anderen Gäste, das schöne Wetter, das prima Hotel, das Leben. Und schon ist eine Stunde Urlaub rum. Bleiben noch acht, neun, zehn weitere. An diesem Tag. Und jedem weiteren. Lesen. Hmm. Auch schön. Oder Sport. Ich finde nicht, dass ich beim Tennis »immer alles besser weiß«. Nur, so wie Ramona den Schläger bei der Rückhand hält, ist es kein Wunder, dass der Ball ständig ins Netz geht.

Das Meer war toll, die Fische so bunt wie die Getränke, aber ehrlich gesagt, sind die auch die einzigen, die da Sex haben sollten, um noch mal auf das Thema zu kommen. Erstens sind die Buchten so einsam dann auch wieder nicht, und zweitens die Sache mit der Strömung und dem Salzwasser überall. Kultur. Kann man machen. Auch bei 32 Grad und hundert Prozent Luftfeuchtigkeit. Bei uns meide ich Kirchen wie der Teufel das Weihwasser, auf Bali guck ich Tempel. Wir haben uns ergänzt: Ramona las Erklärungen über die Sehenswürdigkeiten vor, und ich vergaß sie gleich wieder. Ich fand, Bali ist wie Angelia Jolie: sehr schön, aber seltsam und auf Dauer nichts für mich. Abends essen und bunte Getränke. Erholung ist anstrengend, zumindest für Paare.

Ramona erwischte mich am Computer im Businesscenter bei den Bundesligaergebnissen im Internet. Ramona nölte. Ihre Stimme lag auf einer ähnlichen Frequenz wie die Mücken in unserem Zimmer. Wir haben trotzdem Fotos gemacht, die Ramona, jetzt strahlend braun, überall rumzeigt: Wir beide lümmeln auf Liegen am Strand, und ein Einheimischer bringt bunte Getränke. Pures Glück. Im Gegensatz zu Wörtern lügen Fotos nämlich wie Pinocchio. Aber darüber reden wir beide erst mal nicht. Dafür war der Urlaub zu teuer.

Jedes Mal, wenn ich an Bali denke, weiß ich wieder, wie Glück in einer Beziehung geht. Der Urlaub auf Bali war der beste, tollste und perfekteste aller Zeiten, und ich bin heilfroh, dass wir uns da so oft haben knipsen lassen. Der Erinnerung wegen. Es sind wunderschöne Fotos. Wie im Katalog ...

Gott, hier ist ein Gläschen Pesto von Thilo und Vera drin!

Wenn du bei Pesto das »o« weglässt, hast du meine Meinung zu Thilo und Vera.

Ja, toll, aber das hast du denen auch nicht ins Gesicht gesagt!

Natürlich nicht, das waren ja unsere Freunde …

Prima – Ehrlichkeit und Freundschaft geht also so gut zusammen wie Senf und Schokolade.

Würde ich so nicht sagen. Gib beides einfach Thilo und Vera, die machen daraus bestimmt ein leckeres Pesto.

Die Sache mit den Freunden

Jesus sagt: Liebe deine Feinde, aber: man muss auch erst mal seine Freunde mögen. Manchmal ist das gar nicht so einfach, gerade als Paar. Der Freund einer Freundin hat für die Frau dieselbe Wirkung wie der Soundtrack bei einem Film: Man nimmt ihn erst mal nicht wahr, aber wenn er nichts taugt, kann er alles kaputt machen. Genauso ist die Freundin von einem Freund für den Mann oft so wie die Gurke beim Burger. Man kriegt sie automatisch mit dazu.

Die Themengebiete, über die man z.B. mit Vera, der Freundin von Thilo, reden kann, sind: ihr Job, ihre Eltern und Schuhe. Thilo hat erzählt, Vera sei im Bett ein Tier. Keine Ahnung, was für ein Tier sie ist. Vermutlich ein Faultier, so träge, wie sie über ihren Job, ihre Eltern und sogar über Schuhe redet. Aber das ist Thilos Sache. Seit Thilo Vera hat, ist Thilo allerdings ohne Vera nicht mehr zu kriegen. Die beiden hängen aneinander wie Nord- und Südkorea. Südkorea ist okay, Nordkorea aber ist ein Spielverderber, ein Spaßableiter, ein Stimmungstöter. Keiner will mit Nordkorea spielen. Weder Fußball noch Poker noch sonst was. Thilo wurde also langsam aus der Männergruppe rausgedrängt, und Vera rächte sich für ihn mit sogenannten Pärchenabenden.

Das Schlimmste war, dass Thilo und Vera uns mochten. Sie hielten uns für Freunde, wir hielten sie für Stalker. Nette, freundliche Stalker. Es wurde noch schlimmer, als die beiden schwanger wurden und den Paul bekamen. »Wann kommt ihr denn mal den Paul gucken?«, kam abwechselnd von Thilo und Vera, und zwar per Mail, SMS, facebook, Mailbox und sogar Postkarte. Wir haben uns Paul ein Mal angeguckt. Er sieht aus wie ein Baby, was daran liegt, dass er genau das ist. Ein fremdes Baby ist wie Braunschweig für alle Nicht-Braunschweiger. Es reicht, wenn man es sich ein Mal anguckt. Der Mutterinstinkt einer Frau bezieht sich von Natur aus nur auf das eigene Kind, nicht auf irgendeinen x-beliebigen Paul.

Wir konnten Thilo und Vera also offenbar nicht vermitteln, dass bei aktuell sieben Milliarden Menschen auf der Welt ihr Paul niemand ist, für den andere Leute ständig alles stehen- und liegenlassen. Die beiden nervten weiter mit »Paul gucken«. Wir wurden zunehmend reservierter. Ich schicke ja auch keine Nachrichten rum und fordere meinen Bekanntenkreis auf, sich mal meinen Opa anzugucken, der übrigens auch Paul heißt, über 900 Monate alt ist und mittlerweile nur noch unwesentlich mehr kann als der andere Paul.

Dann zogen Thilo, Vera und Paul um, und zwar in ein Haus mit Garten. Jetzt sollen wir nicht nur ständig den Paul gucken, sondern auch noch das Haus und den Garten. Auch das haben wir ein Mal gemacht, und auch da war es so, dass ein Apfelbaum dem anderen gleicht wie ein Til-Schweiger-Film dem nächsten.

In Deutschland wird jede zweite Ehe geschieden, warum sollten da normale Freundschaften ein Leben lang halten? Wir beschlossen also, mit Thilo, Vera und Paul Schluss zu machen. Aber wie? Es ist nicht so leicht, wie sich vom eigenen Partner zu trennen. Da beichtet man einen Seitensprung und fertig. Aber bei einem anderen Pärchen? »Übrigens, wir haben euch mit Uwe, Maike und Yannik betrogen. Der Kleine ist viel süßer als Paul, und die haben sogar Kiwis im Garten, nicht bloß doofe Äpfel!« Schwierig. Zumal Thilo, Vera und Paul uns anscheinend noch immer sehr mögen. Sie bombardieren uns mit Einladungen. Wir antworten auf keine SMS mehr, haben jeder schon zwei Grippen vorgetäuscht und versucht, uns bei facebook abzumelden, erfolglos. Thilo, Vera und Paul finden uns nach wie vor, und sie finden uns klasse. Sie stellen kleine Einmachgläser vor die Tür mit »selbstgemachtem Pesto aus unserem Garten«, am Glas baumelt ein »aktuelles Foto von Paul«. Man kann leichter aus Scientology raus als aus einer Pärchenfreundschaft.

Gegen Thilo, Vera und Paul ist die Mafia ein lockerer Haufen. Jesus hatte leicht reden. Seine Freunde waren alle Singles.

Weißt du, was das ist?

Klar, ein Fußballsammelbildchen.

Aber von wem? Wie heißt der Spieler?

Äh ...

Kleiner Tipp, das ist neben Karel Gott und Pan Tau der einzige tschechische Mann, für den du dich je begeistert hast.

Äh ...

Aha! Du hast keine Ahnung. Null! Das ist typisch: Mir wochenlang den Fußball verhageln, weil du und deine Freundinnen jetzt angeblich auch große Fans seid, aber Milan Baros jetzt schon nicht mehr wiedererkennen!

Doch, klar kenn' ich den! Den hatte ich sogar doppelt, und wollte den gegen Hoeneß tauschen, aber das hat nicht geklappt.

Und mit Hoeneß meinst du Gomez, richtig?

Kann sein.

Phantastisch ...

Die Sache mit dem Fußballgucken

Kurz vor der letzten EM fühlte ich mich wie Michael Ballack. Ich hatte keinen Spaß mehr am Fußball. Bei Ballack lag's an Löw, bei mir an Ramona.

Meine Freundin hatte zwei Wochen vor dem Eröffnungsspiel einen Spielplan gemacht. »Die Deutschen gucken wir bei Jana!«, verkündete sie.

Am Arsch, dachte ich, sagte aber nichts.

»Jana«, dozierte meine Freundin, »hat doch den Beamer!«

Jaa, aber Jana hat auch den Finn. Der Finn ist drei, hyperaktiv und hat mir beim letzten Mal auf die Hose gebrochen. Die Jana hat außerdem den Patrick. Der ist 34, Golfer, und glaubt, zum Grillen bräuchte man kein Fleisch. Patrick interessiert sich einen Scheiß für Fußball. Beim letzten gemeinsamen Fußballabend wollte er in der 82. Minute »mal sehen, was sonst noch so kommt«, und hat umgeschaltet!!

»Och«, entgegnete ich also meiner Freundin, »ich hab gedacht, wir gucken bei Möhre.« Möhre ist bei großen Turnieren gesetzt wie Manuel Neuer.

»Bei Möhre können wir ja die doofen Spiele gucken«, fand die derzeitige Frau meines Lebens. Die doofen Spiele sind die, wo Spieler spielen, von denen Ramona keine Sammelbildchen hat bzw. haben will. Zwei Wochen vor dem Turnier hatte ich ihr noch nicht gesagt, dass weder Frederik Ljungberg noch Alessandro Del Piero dieses Mal dabei sein würden. Vor vier Jahren war sie plötzlich für Tschechien wegen Milan Baros. »Süß«, hieß es, und »Guck mal, wie der lacht!« So gucken Frauen Fußball.

Ich bin in einer Zeit groß geworden, in der Fußballer noch

166

Gerd Müller hießen, Horst Hrubesch oder Katsche Schwarzenbeck. Und genauso sahen die auch aus. Keine Frau hätte sich je ein Panini-Bildchen von Horst Hrubesch besorgt. Nicht mal Frau Hrubesch. Keine Frau hätte vor dem Bildschirm geklebt, wenn Gerd Müller auf den Gedanken gekommen wäre, sich nach einem Tor das Trikot von der Wampe zu zerren. Aber darauf wäre er eh nie gekommen. Damals war Fußball noch ein Männersport. Die auf dem Rasen sahen im Prinzip so aus wie die auf den Rängen.

Heute heißen deutsche Spieler Mario Gomez, und selbst einer, der Schweinsteiger heißt und im Prinzip auch so aussieht, trägt coole Klamotten, hat eine Modelfreundin und wirkt ohne Trikot wie ein Praktikant bei den California Dreamboys.

Fußball zu gucken, weil die Spieler gut aussehen, ist wie Pornos zu gucken, weil die Frauen so schlau sind. Scheiße ist das! Wie soll man da vor der Glotze ohne schlechtes Gewissen Würstchen essen und Bier trinken? Die alte Nummer mit »Dann erklär mal Abseits!« kontert Ramona seit dem letzten Turnier cool mit: »Dann erklär du mal Menstruation!« Und schon steht's 1 : 0 für sie.

Aber ich finde, Mann und Frau sind nun mal nicht die Jacob Sisters, die ein Leben lang alles, alles, alles immer zusammen machen müssen. Ramona und ich sind allerdings auf dem Weg in genau diese Richtung. Es fehlen nur noch die Hunde. Sie guckt mit mir Fußball, und ich guck mit ihr Vampirfilme, sie hilft beim Ölwechsel, und ich topf den Hibiskus mit um, sie trägt meine Oberhemden, und ich benutz ihre Nachtcreme. So was endet irgendwann in Swinger-Clubs, wo die Alte dann auch beim Fremdgehen noch mit dabei ist. Irgendwo muss aber mal Schluss sein!

Und die EM wäre ein guter Anfang gewesen. Kein Public Viewing für alle, sondern schön getrennt: Men Viewing mit

Grilling, Drinking, Rülpsing und Delling beim Bullshit talking. Ganz woanders: Women Viewing. Zum Beispiel bei Jana. War zu Hause aber nicht durchzukriegen.

Stattdessen eben Halbfinale mit Finn und gegrilltem Gemüse auf dem Schoß! Ich kann nur hoffen, dass Finn zur WM die Masern hat. Oder ich muss mich demnächst für einen Sport begeistern, der bei Frauen nicht so ankommt. 50 Kilometer Gehen, zum Beispiel. Oder Frauenfußball.

Männer mögen Fußball, weil er ihnen das Gefühl gibt, sich endlich mal irgendwo auszukennen. Und zwar gründlich. Sie blicken durch. Sie haben Ahnung, und das mögen sie, weil das sonst im Leben nicht so oft vorkommt.

Die Regeln beim Fußball sind etwas komplizierter als bei Mensch ärgere dich nicht, aber deutlich einfacher als innerhalb einer Beziehung.

Wenn eine Frau zum Beispiel lächelt, kann das heißen, dass sie sich freut. Oder dass sie traurig, stinksauer oder am Boden zerstört ist und das ihrem Kerl aber nicht zeigen will. Unser Lächeln lässt so viele Interpretationen zu wie ein Dalì-Gemälde. Beides ist schwer zu deuten für den Mann, und das macht beides so anstrengend für ihn. Beim Fußball dagegen ist alles eindeutig: Ist der Ball im richtigen Tor – gut; ist er im falschen Tor – schlecht. Das einzuordnen kriegt er hin, der Mann. Da weiß er, wie er reagieren soll.

Deswegen finde ich es sehr süß, wie Rainer aktuell versucht, Fußball zu einer Mischung aus Wissenschaft und Religion zu machen, mit der man sich sehr lange beschäftigen muss, um überhaupt ansatzweise mitreden zu können. Rainers subtiler Subtext heißt: Eigentlich ist das nix für Frauen. Also für mich.

Wenn ich über Fußball rede, hat Rainer denselben Gesichtsausdruck, den er aufsetzt, wenn ein Chinese deutsch spricht: Irgendwie niedlich, aber eigentlich hoffnungslos, soll der heißen. Mit diesen Mitteln haben Männer Frauen auch sehr lange von technischen Berufen ferngehalten oder von der Politik. Das Ergebnis heißt heute Angela Merkel.

Aber die war auch nicht von Anfang an Kanzlerin. Die hat sich ganz langsam und heimlich dahin geschlichen, und das ist auch meine Taktik.

Mein Vorschlag zur Fußball-EM war darum, ein paar Spiele bei Jana zu gucken. Ich weiß, dass Rainer das auf die Palme bringt, aber: Hätte Angela sich nicht irgendwann mal gegen Helmut Kohl gestellt, wäre sie auch nicht weitergekommen.

Der andere Grund, warum wir zu Jana hätte gehen sollen, war, dass die seit drei Jahren den Finn hatte und seit vier Jahren den Patrick. Beide waren von ihr nicht geplant gewesen, trotzdem hatte sie die jetzt an der Backe. Und Jana war *wirklich* Fußballfan, von daher hatte sie eine anständige EM verdient, mit Grillen, Brüllen, Bier und dem ganzen anderen Kram, den weder Patrick noch Finn ihr geben konnten. Rainer konnte das, aber den gehen Janas Hintergrundprivatprobleme natürlich nichts an, darum musste ich ihn anders davon überzeugen, dass Fußballgucken mit Frauen nicht dasselbe ist wie Vögeln mit einem kaputten Penis.

Deswegen redete ich auch schon Monate vor dem ersten Anstoß begeistert über die körperlichen Vorzüge von Milan Baros, ohne dass der im Geringsten mein Typ wäre. Ohne Panini, Wikipedia und Jana wüsste ich nicht mal, wer das ist. Aber es zeigte Rainer, dass der Fußball ihm in diesem Jahr nicht exklusiv gehört. Meine anderen Freundinnen sahen das genauso, wir mussten alle vorbauen, sonst gucken unsere Kerle nämlich irgendwann nur noch alleine, und zwischen Bundesliga, DFB-Pokal, Champions League, Europa League, EM, WM und der Bunten Liga der Thekenmannschaften bleibt am Ende verdammt wenig Zeit für uns.

Wir Frauen würden dieses Mal mitgucken, komplett, wir würden eine Meinung haben und irgendwelche Jungs anschmachten, wenn sie irgendwelche Trikots ausziehen. Und wir würden dabei viel Spaß haben. Das trifft die Jungs am meisten: Wenn uns was Spaß macht, von dem wir ihrer Meinung nach nicht mal Ahnung haben. Und es ist nur fair. Wir schließen sie ja auch nicht beim Sex aus.

Warum ist hier diese blöde Partytröte drin?

Als Erinnerung an eine blöde Party.

Ich erinnere mich nicht ...

Der Sechzigste von meinem Vater.

Oh ja, ich erinnere mich ... die Party wollte ich unbedingt vergessen.

Ich weiß.

Eltern auf Kindergeburtstagen sind ja schon schwierig, aber Kinder auf Elterngeburtstagen sind wie Gummibärchen auf Erbsensuppe.

Exakt so riecht auch diese Tröte ...

...

Die Sache mit
Papas Sechzigstem

Gott ist schon ein Fuchs. Vater und Mutter soll man ehren, hat der Allmächtige verfügt, aber eben nur die eigenen, von den Eltern der Freundin war nie die Rede. Gott war Single, nach allem, was wir wissen, daran kann's natürlich auch liegen. Jedenfalls konnte ich mich bislang immer auf ihn berufen, wenn es darum ging, nicht zu Ramonas Eltern zu fahren.

Es klappt nicht so recht mit uns. Ihre Mutter geht, aber zwischen ihrem Vater und mir ist es wie zwischen Ost- und Westdeutschland: Man spricht dieselbe Sprache, hat sich aber nichts zu sagen. Und Ramonas Vater ist Ostdeutschland in diesem Vergleich. Andere Geschichte, andere Kultur bzw. eben keine. Ramonas Vater hat einen Schrebergarten und schreit Kinder an, die ihre Fahrräder im Hausflur abstellen.

Aber mit Papas Sechzigstem ist es so wie ganz früher mit der Bundeswehr: Man braucht schon eine verdammt gute Begründung, um nicht hinzumüssen. Selbst ein Attest nutzt nichts. Auch Ramona ist der Meinung, ich soll mich halt zusammenreißen. Also fahren wir in den Gemeinschaftsraum der Schrebergartenanlage. Für so einen Anlass hab ich eigentlich gar nichts im Kleiderschrank, aber, wie sich vor Ort rausstellte, alle anderen auch nicht. Es gibt einen bunten Querschnitt von Ballonseide über Breitcord bis zur Pailletten-Bluse. Und Pailletten-Blues, also Andrea-Berg-Balladen, quillt aus den Boxen.

Aber für solche Fälle hat Gott den Alkohol erfunden, denn, wie gesagt, er ist halt ein Fuchs. Und dadurch werden sogar Darbietungen von Freunden und Verwandten lustig.

Zum Beispiel wenn der Jubilar als »Oldtimer« durch den »TÜV« muss. Tante Ingeborg prüft an der Hose des Oldtimers, ob mit dem »Krümmer« noch alles in Ordnung ist, und der Saal schmeißt sich weg vor Lachen. Zwischen dem nächsten Bier und dem nächsten Sketch fällt mir auf, dass ich in den letzten 25 Jahren schon locker bei einem Dutzend sechzigster Geburtstage war, die eigentlich alle gleich aussahen. Dieselben Reden, dieselben Outfits, derselbe Kartoffelsalat, egal in welchem Jahrzehnt.

Dann gibt's einen Diavortrag über das Leben von Ramonas Vater, und ich erfahre, dass der Mann in den 60ern eine Band hatte und ein Motorrad und dass er einen Ohrring trug. Es gibt außerdem Hinweise auf reichlich andere Frauen vor Ramonas Mutter. Kurz, im Grunde war der früher wie ich. Das nächste Bier bringt mich zu der Frage, wie kommt man von den Beatles zu Andrea Berg und von Jeans zur Ballonseide, kurz, wie wird man von West- zu Ostdeutschland?

Noch ein Bier weiter frage ich mich, ob wir alle zwangsläufig bei genau diesem sechzigsten Geburtstag landen und es einfach nicht mehr merken, wenn es so weit ist. Mir fällt ein, dass ich neulich einen Teenager in der Fußgängerzone angeraunzt habe, der auf seinem Fahrrad unterwegs war, und dass ich zu Hause ein Richie-Blackmore-Solo leiser gedreht habe, um mich auf mein Sudoku konzentrieren zu können.

Dann gibt es Schnaps, und ich unterhalte mich bestens mit Onkel Bruno. Danach bin ich sternhagelvoll. Auf den Bildern der Feier, die uns Ramonas Vater jetzt geschickt hat, bin ich auch zu sehen. Bei einer Polonaise. Vorneweg. Ich trage Luftschlagen um den Hals und singe offenbar laut mit.

Ich starre auf die Fotos wie Jack Nicholson in *Shining*. Gott ist kein Fuchs, sondern schon lange tot, sonst würde er so was nicht zulassen.

Als mein Vater sechzig wurde, wollte Rainer nicht hin. Ich natürlich auch nicht, aber im Gegensatz zu Rainer hatte ich einen Grund: Ich würde da meine Familie treffen. Deswegen zwang ich ihn. Ich würde mich sonst in Schlafzimmer *und* Küche verweigern, drohte ich.

In jeder Familie gibt es Aussetzer. Ein Cousin, der im Knast war, ein Onkel, der säuft, oder eine Tante, die stinkt. In meiner Familie gibt es all das – plus die *richtig* Schlimmen. Und dieser komplette Haufen hatte sich irgendwann in den letzten fünfzehn Jahren stillschweigend darauf geeinigt, dass ausgerechnet ich der Totalausfall Nummer eins bin. Am Anfang, weil ich immer dann mit den »netten Jungs« Schluss machte, wenn die sich gerade so prima in die Familie integriert hatten. Was dabei Ursache und was Wirkung war, liegt auf der Hand. Danach war ich dann doof, weil ich mich weigerte, weiterhin jedes Jahr auf alle Geburtstage sämtlicher Anverwandter zu gehen. Wobei ich mich eigentlich gar nicht offensiv weigerte, ich ging nur einfach nicht mehr hin. Ich konnte die alle nicht leiden, wozu also der Stress mit dem »Die Melanie macht schon Kartoffelsalat und Tante Gerda Nudelsalat, also wäre es super, wenn du Schichtsalat machen könntest!«

Ich wollte keinen Schichtsalat mehr machen. Nie mehr, ich hatte in meinem Leben bereits genug Schichtsalate gemacht, um damit mehrere Hungersnöte in Afrika beenden zu können. Und ich wollte auch nicht am Ende einer jeden Familienfeier Tupperware auseinanderklamüsern, also behauptete ich irgendwann, ich wäre beruflich im Vollstress.

Zehn Jahre lang. Glaubte mir natürlich keiner. Es war mir egaler als Stuttgart 21. Aber jetzt, zu Papas 60. Geburtstag, würden sie alle wieder aufschlagen. Mit ihren Nudel-, Kartoffel- und Schichtsalaten, von denen natürlich wieder keiner von mir war.

Auf dem Weg zum Schrebergartenvereinshaus fühlte ich mich wie vor der mündlichen Abiprüfung. Wobei ich da wenigstens wusste, dass zwei von drei Lehrern auf meiner Seite waren. Hier war nicht mal Rainer auf meiner Seite, der betont schlechtgelaunt auf dem Beifahrersitz lümmelte und sich auf der kompletten Hinfahrt darüber beschwerte, dass ich keine einzige CD mit »richtiger Musik« im Auto hatte. Im Grunde tat er mir leid. Meine Familie ist für mich schon schwer zu ertragen, und ich hatte immerhin über dreißig Jahre Übung darin. Familie ist wie Fitnessstudio. Man ist Mitglied, will aber eigentlich nie hingehen.

Ich legte »Kettcar« ein, der einzige Kompromiss, auf den wir uns nach vier Jahren Beziehung hatten einigen können, und versprach ihm, dass wir nicht bei meinen Eltern übernachten würden. Er dürfe sich besaufen, versprach ich ihm, ich würde ihn, mich und seinen Kater von morgen auf jeden Fall noch nach Hause fahren. Das stimmte ihn friedlicher.

Der Geburtstag war die Hölle auf Erden, plus all ihrer Einwohner. Alle waren sie da, Tante Clara, Onkel Bruno, Tante Gerda, Onkel Franz. Insgesamt knapp 120 Kleinstadt-Eumel, die sich zur Feier des Tages rausgeputzt hatten wie 120 Kleinstadt-Eumel. Sollte ich je so werden, dürfe, nein: müsse Rainer mir bitte eine Aldi-Tüte über den Kopf ziehen und am Hals fest zuschnüren, bat ich ihn. Dann ging die allgemeine Begrüßerei los mit Küsschen und »Na, dich hab ich ja lange nicht mehr gesehen …« Dazu lief Andrea Berg.

Den ersten Streit hatte ich mit meiner Mutter, auch das eins unserer Familienrituale. Ich hätte ja wohl auch mal ein *bisschen* früher kommen können, wenn mein Vater seinen 60. Geburtstag feiert! »Deine Schwester ist schon seit drei Uhr da und hat bei der Dekoration geholfen. Und zwei Schichtsalate gemacht!« Dazu lief Andrea Berg.

Ich versuchte erfolglos, meiner Mutter zu erklären, dass es sowohl meinem als auch Rainers Chef herzlich egal ist, wann mein Vater sechzig wird, und dass meine Schwester Studentin ist und nur fünf Minuten vom Vereinshaus weg wohnt, während wir fast eineinhalb Stunden über die A3 kriechen mussten. An dem Punkt kam Gott sei Dank mein Vater dazu und regte sich thematisch passend über die Baustellensituation auf deutschen Autobahnen auf. Anschließend klagte er über die Politik, gefolgt von Lamenti über das deutsche Fernsehen, die deutsche Post und den Deutschen an sich, der immer nur nörgelt, ohne je zufrieden zu sein.

Ich hörte weg und erst wieder zu, als er plötzlich in eine Tirade auf Schichtsalat ausbrach. Eine Frechheit sei das, schimpfte er, dass ihn in seinen sechzig Jahren noch nie jemand gefragt habe, ob er das, was da jedes Jahr zu seinem Geburtstag kulinarisch verbrochen werde, auch wirklich essen wolle. Wolle er nämlich nicht. Als Kind habe er mangels Wohlstand den Kitt aus den Fenstern essen müssen, und der habe besser geschmeckt als dieser ewige Schichtsalat. Der stehe ihm bis hier, sagte er und hielt eine Hand über den Kopf. Wenn ich auch nur einen Funken Ehre im Leib hätte, würde ich mich weigern, an diesem Gemüsemassaker teilzunehmen. Er hatte also schon ein paar Bierchen intus, merkte ich, sah aber gleichzeitig meinen Vater zum ersten Mal mit anderen Augen. Wer weiß, was er in Wirklichkeit sonst noch nicht mochte? Andrea Berg? Meine Mutter?

Er gab praktisch gleich selbst die Antwort. Dieser Roland, den ich da angeschleppt hätte, wär nicht sein Fall, sagte er. Es dauerte eine Weile, bis ich merkte, dass er damit Rainer meinte. Er würde die Finger von einem lassen, der ohne Not eine Polonaise anführe, sagte mein Vater leicht schwankend. »In dem Alter hab ich noch Rock 'n' Roll gespielt. Rock 'n' Roll, verstehst du?!«

Rainer torkelte mir entgegen und hatte Luftschlangen um den Hals. Er hatte Tante Clara, Onkel Bruno, Tante Gerda und Onkel Franz an seinen Schultern hängen und konnte Andrea Berg besser mitsingen als »Kettcar«. Es war ein ähnlich schlimmer Anblick wie damals, als in New York die Türme einstürzten. Sichere Gewissheiten waren mit einem Mal weg.

Nächstes Jahr wird meine Mutter sechzig. Da fahr ich auf jeden Fall allein hin …

Wir haben Essstäbchen in der Kiste, Rainer, warum haben wir Essstäbchen in der Kiste?

Die sind von Frank und Jasmin ...

O Gott, stimmt, als die ihre Asienphase hatten ... warum hast du die in die Kiste getan?

Mein Opa hatte auch ein paar Fußlappen vom Russlandfeldzug aufbewahrt, als Andenken an eine schlimme Zeit, die er erlebt und überlebt hat.

In deinem Vergleich wären wir ja die Deutschen, denn wir sind ja bei Frank und Jasmin eingefallen, allerdings nicht ungefragt, und wir wollten ihnen auch nicht die Wohnung wegnehmen.

Alle Vergleiche hinken ... Jedenfalls sind das zwei Gedenkstäbchen, auf dass wir uns immer an diese schlimmen Abende erinnern!

Jetzt mach mal halblang. So schlimm war es gar nicht. Außerdem muss man als Paar ab und zu auch mal raus und andere Paare treffen. Der Mensch ist nun mal ein soziales Wesen, ein Rudeltier, er lebt in einer Herde. Das machen alle so – Kühe, Wölfe, Pinguine ...

Pinguine fangen aber nicht plötzlich an, für andere Pinguine asiatisch zu kochen. Und falls doch, garantiere ich dir, dass die ratzfatz ganz allein sind auf ihrer Eisscholle.

Die Sache mit den sozialen Kontakten

Im Job komme ich gut klar, aber unser Freundeskreis macht mich fertig. Ich fühle mich sozial ausgebrannt. Der private Leistungsdruck ist viel größer als der im Büro. Treffen mit Freunden sind reiner Stress.

»Wir müssen uns unbedingt mit Jörn und Sandra treffen. Die haben uns schon zwei Mal eingeladen.« Ramona ist in unserer Beziehung der Außenminister und führt über so was mental Buch. Wir können Jörn und Sandra aber nicht zu uns nach Hause einladen, denn das haben die auch nicht gemacht. Bei Freunden ist es heute nämlich so wie bei Feinden im Alten Testament: Auge um Auge usw.

Mit Jörn und Sandra also Abendessen auswärts. »Abendessen auswärts« ist eine Stufe nach »Treffen auf ein Bier«, was wiederum die Stufe nach »Wir treffen uns auf einen Kaffee« ist, aber mindestens zwei Stufen vor »Abendessen bei uns«. Das ist die letzte Stufe und der größte Horror.

Den haben wir zum Beispiel mit Frank und Jasmin. Die haben beim letzen Mal Dim Sum gemacht, gedämpftes Zeugs in Bastkörbchen, die sie vermutlich vorher noch selbst geflochten haben. Da können Ramona und ich nicht einfach Kartoffelsalat mit Würstchen machen. Unter selbstgemachten Gnocchi als Vorspeise brauchen wir gar nicht erst anzutreten. Und als Beilage selbstgemachte Anekdoten. Alex und Mirja haben bei den Dim Sum von Frank und Jasmin diese irre Geschichte erzählt, wo ihr Gepäck auf dem Weg nach Bali verloren gegangen ist und er dann in Bangkok … – letztlich wurscht, war aber ein Ankommer, ein Burner, ein Brüller, und Ramona und ich hatten mal wieder nichts erlebt, waren nirgends gewesen und hatten entsprechend nichts anzubieten. Laut Ramona waren wir ganz knapp davor, beim nächsten Mal nicht mehr eingeladen zu werden, also praktisch den Freunde-Recall zu verpatzen. Ich hatte davon nichts mitgekriegt, aber bei DSDS halten sich ja auch alle Kandidaten immer an den Händen und tun so, als fänden sie sich toll, während jeder darauf hofft, dass der andere rausgewählt wird.

Deswegen hat Außenministerin Ramona jetzt prophylaktisch selbst eingeladen, und ich wurde von ihr verdonnert, mir Anekdoten auszudenken, die wir beide abends erzählen können. Wir können es uns nicht leisten, noch mal derartig langweilig rüberzukommen. Das Gegenteil von reden ist nicht zuhören, sondern warten, bis man wieder zu Wort kommt. Das gilt zwar auch für Meetings, aber noch viel mehr für Treffen mit Freunden. Und seit alle ein Smartphone haben, ist es noch schlimmer. Die früher zu Recht gefürchtete Diashow vom letzten Urlaub hat heute jeder in der Hosentasche. Selbst in Kneipen, wo alle Besucher so aussehen wie RTL II in 3D, kreist mittlerweile an jedem Tisch ein iPhone. Und es bleibt nicht bei selbstgemachten Fotos. Dazu kommen Links zu lustigen Filmchen oder geile Sprüche auf facebook. Das ist eh die Pest. Seitdem es das gibt, hat man noch mehr »Freunde«, um die man sich kümmern muss. Freunde auf facebook sind die Nachfolger der Tamagotchis. Man kümmert sich den ganzen Tag ohne Sinn und Verstand um rein virtuelle Lebewesen.

Ich verstehe jetzt, warum Leute heiraten. Da kann man in aller Ruhe zusammensitzen und sich anschweigen. Das Schweigen muss man nicht erklären, das versteht jeder, man ist ja schließlich verheiratet. Als Ehepaar muss man nicht mehr reden. Mit Freunden ist so was nicht möglich. Aber vielleicht muss ich nicht gleich bis zum Äußersten gehen.

Vielleicht reichen auch erst mal Tabletten, Kliniken und Therapien. Oder ich schreibe ein Buch darüber. Social burnout. Das klingt schon so, als ob etliche Promis es auch haben. Mal sehen, vielleicht schreibt Kerner mir ein Vorwort.

Wenn es nach Rainer ginge, bestünde unser Freundeskreis aus seinen vier Fußballkumpels und meiner besten Freundin Nicole. Und Nicole auch nur deshalb, damit ich mittwochabends wen zum Quatschen habe und samstagnachmittags nicht rummotze.

Wenn man einen durchschnittlichen Mann fragt, wofür man soziale Kontakte braucht, kommt zu 99 Prozent die Antwort: »Zum Biertrinken« oder: »Weil Kalle die Karre billiger flicken kann als die Vertragswerkstatt.« So ticken Männer. Frauen brauchen soziale Kontakte aus einem weit wichtigeren Grund: um sich mit ihnen zu vergleichen. Und sie dann zu übertrumpfen.

Das lässt uns Frauen jetzt nicht besonders sympathisch erscheinen, aber es ist nötig, damit es mit der Entwicklung der menschlichen Rasse vorangeht. Klingt wie eine sehr schlechte Ausrede für eine sehr schlechte weibliche Eigenschaft, ist aber tatsächlich evolutionär belegbar, und zwar so: Auch vor Zehntausenden von Jahren hat es schon Höhlenfrauen gegeben, die sich gegenseitig besucht haben, wenn die Jungs zum Mammutjagen unterwegs waren. Und nach einem dieser Besuche hat dann die Höhlenfrau zum Höhlenmann gesagt: »Du, die Bunga-Bongas von Nebenan haben durch das letzte Erdbeben so einen Riss in der Höhlenwand, durch den kann man jetzt total schön auf den Wald gucken, und der Rauch vom Feuer geht auch viel schneller weg. Bei uns ist es dunkel und stinkt.« Und weil besagte Höhlenfrau schon damals das Talent zu diesem gewissen Tonfall hatte, kam ihr Kerl irgendwann nicht mehr drum herum und erfand also das Fenster und beinahe auch den Vorläufer der Dunstabzugshaube. Und zwar nicht, weil er der cleverste Höhlenmann seiner Zeit war, sondern weil er die geltungsbedürftigste Höhlenfrau hatte.

Diese Beobachtung lässt sich über die Jahrhunderte hinweg weiterverfolgen. *Immer* gab es irgendwo irgendeine Frau, die etwas bei einer anderen Frau gesehen oder gehört hatte, danach ihrem Mann davon erzählte und nölte und meckerte – bis der sich gezwungen sah, etwas tolles Neues zu erfinden, damit er endlich wieder seine Ruhe hatte.

Irgendeine ägyptische Adlige jammerte, dass sie nicht auch »in so einem elenden Loch verbuddelt werden will wie die Tut-Ench-Eumels von nebenan«, und was macht Tuppes – weil er seine Frau liebt (oder den Sex mit ihr)? Er ordnet den Bau der ersten Pyramide an. Und weil seine Trulla eine Lieblingskatze hat, lässt er die direkt auch noch nachbauen und setzt sie davor. Ihr zu Ehren.

Frauen nerven, Männer müssen sich was einfallen lassen: vom ersten Lagerfeuer in der eigenen Höhle (»Mir ist so kalt …!«) bis hin zum Aspirin (»Heute nicht, ich hab Kopfschmerzen«).Natürlich tun Männer weltweit bis heute so, als wären sie allesamt ganz von alleine auf ihre grandiosen Ideen gekommen, aber seien wir doch mal ehrlich: Warum kriegen Männer ihren Hintern hoch? Weil sie Frauen beeindrucken wollen. Aus keinem anderen Grund. Darum gibt es in der kompletten Menschengeschichte auch keine schwulen Erfinder. Denen fehlt einfach der Arschtrittgeber. Wie bin ich jetzt eigentlich auf das Thema …? Richtig, die Essstäbchen. Das Essen bei Frank und Jasmin.

Rainer hatte meinetwegen zwar bislang noch nichts Weltbewegendes erfunden, aber er hatte sich zumindest mir zuliebe auf den Pärchenabend bei Frank und Jasmin eingelassen. Und infolgedessen auf eine Gegeneinladung bei uns zu

Hause. Und infolgedessen auf eine Gegen-Gegeneinladung bei Jörn und Sandra. Die wiederum einen Natursteinboden im Badezimmer hatten. Weswegen *wir* jetzt bald eine Wellnessdusche mit Sitzbereich und Massagedüsen bekommen. Und auch das habe ich ja nicht ausschließlich egoistisch für mich durchgenölt, sondern damit es vorangeht. Mit Rainer und mir. Und folglich mit der gesamten Menschheit.

Zusammengefasst lässt sich also nach Jahrtausenden feststellen: Alles richtig gemacht. Ich bin eine sehr zufriedenene Höhlenfrau. Uga.

Hier, diese Schale hast du mir an den Kopf geworfen ... also eigentlich ans Bein, aber gezielt hattest du auf meinen Kopf. Guck dir das an, eine massive Schale! Harte Schale, weicher Kerl ... ich hoffe, es tut dir jetzt noch leid!

Wenn überhaupt, dann um die Schale. Zu dem Rest steh ich.
Männer sind wie Mücken: Die reagieren nicht auf Worte, mit denen muss man handgreiflich reden.

Ausgezeichnet! Die Zivilisation hat sich jetzt zigtausend Jahre lang Mühe gegeben, aus dem Neandertaler jemanden zu machen, der nicht gleich zur Keule greift, sondern erst mal zum Handy, und jetzt sagst du den Frauen: »Draufhauen! Sonst kapiert's der Kerl ja nicht!«

Der aktuelle Stand der Wissenschaft zeigt, dass das männliche Gehirn nicht in der Lage ist, komplexe Argumentationen aufzunehmen. Gerade wenn sie von einer Frau kommen. Wenn ich in einer Diskussion meinen Standpunkt darlege, ist alles, was bei dir ankommt: »Brrrrrffft.«

Hm? Was? Ich hab grad nicht zugehört ...

Du bist so ein Vollhonk.

In den meisten Fällen kann man die komplexe Argumentation einer Frau auf die einfache Formel bringen: »Ich hab recht, und du bist doof!« Das meinen natürlich die Männer auch, nur eben mit deutlich weniger Worten.

Mit dir kann man ungefähr so gut streiten wie mit den Alpen.
Männer wollen mit Frauen nicht streiten, weil sie als Kind mit der Mutter die Erfahrung machen, dass sie immer verlieren.

Jetzt kommt wieder Sigmund Freud für Kassenpatienten!

Komm, lass uns nicht streiten. So viele Schalen haben wir ja auch nicht ...

Du willst heute unbedingt auf der Couch schlafen, oder?

Die Sache mit dem Streiten

Ich hatte schon etliche Streite mit meinen Freunden. Chronologisch, von der sechsten Klasse bis heute, ging es zum Beispiel um die Fragen, ob Batman gegen Superman eine Chance hätte, ob man für viel Geld nicht vielleicht doch zu Bayern München gehen würde, ob Scarlett Johanssons Brüste echt sind und ob jemand, der in Aluschälchen grillt, noch unser Freund sein kann. Darüber kann man natürlich unterschiedlicher Meinung sein.

Wenn Männer Streit haben, regeln sie das erst verbal, dann körperlich – zum Beispiel durch Wettsaufen oder Weltkrieg, je nach Alter und gesellschaftlicher Position. Am Ende ist aber alles geklärt. Ich habe auch eine ungefähre Ahnung, wie Frauen das untereinander regeln. Sie versuchen, sich mit Kleidern und Kindern zu übertrumpfen (Jolie vs. Aniston), fangen an, sich junge Lover oder lustige Hüte zu kaufen (Lady Di vs. Camilla Parker Bowles) oder bezicken sich wie schwule Modedesigner (siehe alle Staffeln von *Sex and the City*). Auch hier gibt's irgendwann eine Lösung.

Richtig schwierig wird es erst, wenn eine Frau und ein Mann sich streiten. Zum Beispiel darüber, ob ein Sessel schön ist. Oder ob er ein Bleiberecht in unserer Wohnung hat. Eine Frage, die unter Männern nie zu Streit führen würde, weil sie gar nicht erst aufkäme. Ein Mann richtet seine Wohnung meist so ein, wie Gott Brandenburg eingerichtet hat: Es gibt das Nötigste, plus ein paar ausgesprochen hässliche Ecken. In aller Regel behält der Mann nämlich oft bis ins hohe Alter Mobiliar aus, zum Beispiel, seiner

Studentenbude. So eben auch besagter Sessel, der bei jedem Umzug mitkommt, weil ich mich an ihn gewöhnt habe. Ja, der Sessel ist eher hässlich, ist aber Teil meiner Geschichte, meiner Vergangenheit, meiner Kultur. So wie man in Berlin auch ein Stück der Mauer stehen gelassen hat, um späteren Generation zu zeigen, wie das früher so war. Die Mauer ist ja auch hässlich. Der Sessel ist meine Mauer. Männer verstehen das. Ramonas einzige Bemerkung dazu war: »Wir wohnen aber nicht in Berlin.« So kann ich nicht diskutieren.

Frauen stellen alles voll. Wir haben so viele Vasen, dass wir im Wohnzimmer die Bundesgartenschau veranstalten könnten. Wir haben Schälchen für Dips, wir haben Schalen für Obst, wir haben Schalen für andere Schalen, wir sind quasi eine Unterart der Schalentiere. Das hab ich fast freundlich angemerkt. Daraufhin hieß es, ich hätte keinen Geschmack. Ich habe im Gegenzug massiv Ramonas Stehlampe im Flur in Frage gestellt. Daraufhin wurden mir meine Ex-Freundinnen vorgehalten, mit denen ich auf dem Sessel ja sicher schon rumgevögelt hätte. Ich sagte, wenn es danach ginge, bräuchten wir auch eine neue Waschmaschine. Da flog eine der Schalen, die eigentlich für Oliven gedacht sind.

Gott sei Dank können Frauen nicht werfen. Aber wie reagiert der erwachsene Mann? Zurückwerfen? Schwierig. Wettsaufen und Armdrücken fallen aus. Kleider, Kinder und lustige Hüte passen auch nicht wirklich. Keins der gängigen Verhaltensmuster passt. Unser Streit wurde mit zunehmender Dauer zäh und unverständlich wie ein polnischer Problemfilm. Wie eigentlich immer zwischen Männern und Frauen.

Mich wundert es deswegen nicht, dass Frauen es schwer haben, in Führungspositionen aufzusteigen: Sobald die ersten Streitpunkte auftauchen, endet es doch so wie bei Ramona und mir: Wir reden nicht, haben keinen Sex, und der Sessel steht immer noch da. Wenn man das aufs gesellschaftliche Leben überträgt, dann erklärt sich auch, warum wir beim Fußball ganz vorne sind (es gibt getrennte Männer- und Frauenmannschaften), die Bundesregierung aber einfach nichts gebacken kriegt.

Mit Männern ordentlich streiten ist wie mit Bleifüßen ordentlich schwimmen. Es geht nicht, und nach spätestens einer Minute fragt man sich, wie man überhaupt auf die dusselige Idee gekommen ist.

Normalerweise hat Streit in einer Beziehung ja einen bestimmten Zweck: ein Missverständnis klären, Wut abbauen, einen Kompromiss finden – oder zumindest die Aussicht auf hemmungslosen Versöhnungssex.

Wenn Rainer und ich uns streiten, beziehungsweise wenn ich versuche, mich mit ihm zu streiten, klärt das gar nichts, ich werde noch wütender als vorher, und die Vorstellung von Sex mit Rainer macht mich ungefähr so an wie ein Foto von Guido Westerwelle.

Dabei liegt es wirklich nicht an mir. Ich *weiß*, dass es nichts bringt, einem Mann jahrelang etwas vorzujammern und dabei still vor sich hin zu hoffen, dass er etwas ändert. Wenn man etwas geändert haben will, muss man als Frau seine Wünsche klar und deutlich formulieren. Darum habe ich Rainer auch klar und deutlich gesagt, dass sein alter Sessel hässlich ist und wegmuss. Ich bin davon ausgegangen, dass Rainer so reagiert, wie er das immer macht, wenn ein Streit in der Luft liegt: kurz versuchsweise dagegen argumentieren … und dann ist der Sessel weg.

In dem Sesselfall funktionierte das allerdings nicht. Rainer fing ernsthaft an, seinen ollen Sessel zuerst schönzureden, dann auf ihm zu beharren und das Ding schließlich sogar zu verteidigen. Einen Sessel! Einen Sessel, der schon lange vor mir in seinem Leben war! Ein Sessel, auf dem er vermutlich mit mindestens drei seiner Exfreundinnen Sex hatte! Und der war ihm wichtiger als ich! Noch unerhörter: Dieses alte, versiffte Möbelstück war es ihm wert, einen Streit mit mir anzufangen, was bei ihm ungefähr so oft vorkommt wie dezent unterdrücktes Rülpsen.

Während Rainer noch redete, ging es mir inzwischen schon lange nicht mehr um die Frage, warum ihm der Sessel so wahnsinnig wichtig war, sondern warum ich ihm so wahnsinnig scheißegal war, was ich ihn dann auch ganz offen fragte. Offenheit ist bei einem Streit sehr wichtig, finde ich. Rainer fand, dass ich vom Thema wegdrifte, woraufhin ich klarstellte, dass ich ja auch ganz generell wegdriften könnte, aus seiner Wohnung, seinem Leben und überhaupt, und allem Anschein nach wäre ihm das völlig wumpe, solange nur der Sessel weiterhin bei ihm bliebe. *Den* würde er ja verteidigen, *der* würde ja aus irgendwelchen Gründen dafür sorgen, dass er sich wohl fühlt, was *ich* ja offenbar auch nach vier Jahren noch nicht geschafft hätte, denn mich hätte er in dieser Zeit nicht einmal auch nur ansatzweise so leidenschaftlich verteidigt wie seinen doofen Fick-Sessel!

Es war wirklich keine Absicht, dass mir in dem Moment die Tränen kamen. Ich verachte Frauen, die ihre Wünsche durch gezieltes Weinen durchsetzen. Trotzdem sorgte die Feuchtigkeit in meinem Gesicht dafür, dass Rainer den Sessel dann doch in den Keller bringen wollte. Das wollte ich jetzt aber nicht mehr. Nicht so.

Ein Mann soll nicht kapitulieren, weil die Frau weint, sondern weil sie recht hat.

Bevor ich das männerkompatibel im Kopf vorformuliert hatte, hörte ich Rainer allerdings sagen, wenn es mir nur darum ginge, wo er schon überall Sex mit anderen Frauen gehabt hätte, müssten wir auch die Waschmaschine verbannen. Ich sah erst rot, dann die Schale auf dem Tisch vor dem

Sessel, und die dann warf ich dann nach Rainers Bein. Mangels Pistole, mit der man Verbrechern ja auch immer in die Beine schießt. Damit sie nicht mehr weglaufen, aber trotzdem noch gestehen können.

Rainer lief nicht weg, aber er gestand auch nicht. Keiner von uns sagte in der nächsten Stunde etwas. Rainer sammelte stumm die Scherben zusammen, und ich stellte eine andere Schale auf den Tisch. Gott sei Dank hatten wir drei davon. In stiller Übereinkunft trafen wir die gemeinsame Entscheidung, diesen Streit nicht fortzusetzen. Dann bestellte Rainer was beim Inder, wir hatten Sex auf dem alten Sessel, und mir ging es besser. Kann ja wohl nicht angehen, dass ich die einzige Frau in seinem Leben bin, die er da noch nicht gevögelt hat.

Warum hast du denn das Kinderbuch in die Kiste gepackt?

Das ist kein Kinderbuch, das ist ein Mahnmal aus Papier. Zum Gedenken an deine Unsensibilität und die Gefühllosigkeit aller Männer weltweit. In Gestalt eines Kinderbuchs.

Jesus Christus, ich hab mich doch längst entschuldigt, und du hast mir angeblich auch vergeben ...

Das ist eben der Unterschied zwischen vergeben und vergessen.

Das wirkt auf mich eher wie der Unterschied zwischen vergeben und nachtragen. Du wolltest nie wieder davon sprechen!

Hab ich ja auch nicht. Du hast doch damit angefangen!

Ich kann hier nicht gewinnen, richtig?

Richtig.

Die Sache mit den Gefühlen

Zu Weihnachten vor drei Jahren, als ich gerade frisch bei ihm eingezogen war, hat Rainer mir ein Buch geschenkt. Das Buch heißt: *Weißt du eigentlich, wie lieb ich dich hab?* und handelt von einem kleinen Hasen und einem großen Hasen, die sich gegenseitig versichern, wie groß ihre Gefühle füreinander sind. Ich war völlig von den Socken. So ein emotionales Geschenk hatte ich meinem vermeintlichen Holzklotz von Freund nicht zugetraut, und ich begriff natürlich sofort, was für eine tiefere Bedeutung hinter dem Buch stand. Nicht mal zwei Monate vorher hatten wir nämlich eine Grundsatzdiskussion über die Wichtigkeit von Gefühlsmitteilungen innerhalb einer Beziehung gehabt.

Einfacher ausgedrückt: Ich war angepisst, weil Rainer mir immer noch nicht gesagt hatte, dass er mich liebt. Rainers Meinung war, das müsse er mir nicht sagen, das würde ich ja wohl merken. Meine Meinung war, dass seine Meinung kompletter Schwachsinn ist und er ein typisch männlicher verbaler Gefühlslegastheniker. Die Diskussion führte zu nichts und wurde von uns beiden im Anschluss erfolgreich verdrängt. Und jetzt schenkte er mir also dieses Buch. *Weißt du eigentlich, wie lieb ich dich hab?* – Mein Rainer!!

Beim traditionellen telefonischen Geschenkevergleich mit den Freundinnen gewann ich haushoch. Rainers Geschenk stach sogar die Diamantohrringe aus, die Sina von ihrem Freund bekommen hatte, denn der hatte nur mit Geld und Stil gepunktet. Wenn ein Mann bei einer Frau wirklich punkten will, dann mit Nachdenken und Gefühlen. Weil das bei Männern so selten vorkommt wie ein Elefant im Western. Es war ohne Frage das schönste Geschenk, das ich je von einem Mann bekommen hatte.

Zwei Jahre später bekam ich *Weißt du eigentlich, wie lieb ich dich hab?* noch mal. Wieder von Rainer und diesmal zu Ostern. Ich war nicht mehr ganz so gerührt wie an Weihnachten, versuchte aber, es mit Humor zu nehmen. Ich sah nach dem Auspacken vom Buchdeckel zu Rainer und sagte »Ja, weiß ich.« Verstand er nicht. »Du hast mir das Buch vor zwei Jahren schon mal geschenkt«, erklärte ich ihm.

Und hier machte Rainer jetzt den entscheidenden Fehler: Statt an dieser Stelle schuldbewusst zu grinsen und zu sagen: »Ich dachte, doppelt hält besser, weil ich dich eben so sehr lieb habe, dass ein Buch alleine das gar nicht ausdrücken kann!« oder irgendwas ähnlich Blödes, was Frauen nicht glauben, aber gerne glauben wollen, weil es so süß ist, stattdessen sagte mein Rainer: »Gar nicht!« – und zwar im Brustton der tiefsten Überzeugung. Ich nahm ihn mit zu unserem Bücherregal, holte das Buch raus und hielt es ihm hin. Immer noch entschlossen, kein Drama daraus zu machen. Da machte Rainer den zweiten Fehler.

»Ou. Ach … warst *du* das …

Es gibt Momente in einer Beziehung zwischen Mann und Frau, in denen eine winzige Bemerkung den Unterschied zwischen »Ich bin die Eine!« und »Ich bin irgendeine!« ausmacht. Und so ein Moment war dieser Moment. Es war kein schöner Moment.

»Wie vielen Frauen vor mir hast du das Buch denn noch geschenkt …?«, wollte ich schließlich wissen. Nicht wirklich natürlich. Allein die sarkastische Betonung meiner Frage schrie eigentlich sehr deutlich heraus, dass ich jetzt ganz dringend angelogen werden wollte. Aber: Männer sagen immer genau dann die Wahrheit, wenn man sie am wenigsten gebrauchen kann.

»Zwei oder dreien ... maximal! – Bist du sauer?«

Ich war nicht sauer, aber ich war auch noch nicht fertig.

»Warum hast du mir das Buch geschenkt? Also vor zwei Jahren, nicht heute.«

»Weil ich dachte, es gefällt dir.«

»Und warum dachtest du, dass es mir gefällt?«

Rainer schien langsam aufzugehen, dass das hier keine Diskussion à la »Warum bringst du nie den Müll runter?« war, und sagte darum erst mal gar nichts.

»Dachtest du, es gefällt mir, weil es all den anderen Frauen so gut gefallen hat?«

Rainer begriff jetzt definitiv, dass er ein Problem hatte, das Ramona hieß.

»Das ist doch nur ein *Buch* ...«, fing er an, aber da war Holland schon lange untergegangen und Polen sperrangelweit offen.

»Nur ein *Buch*? NUR EIN BUCH??!! *Weißt du eigentlich, wie lieb ich dich hab?* ist für dich NUR EIN BUCH?! Du schenkst mir, deiner aktuellen Freundin, ein Buch mit *so* einem Titel, nachdem du mir ein ... nein, warte, inzwischen fast drei Jahre lang nicht ein einziges Mal ›Ich liebe dich‹ gesagt hast, und nimmst dann selbst das wieder zurück, weil das für dich nur ein *Buch* ist?! Eins, das du jeder deiner Extrullas geschenkt hast?!«

»Nicht jeder, nur zwei oder drei«, versuchte Rainer dazwischenzukommen, aber da war ich schon aus der Wohnung raus.

Am Kiosk an der Ecke traf ich Möhre. Ich erzählte ihm von der neuen Meisterleistung seines besten Kumpels und fragte, ob er zufällig eine leerstehende bezahlbare Wohnung wüsste. Mit Balkon, Badewanne und Einbauküche.

Möhre fand, ich übertreibe, und meinte damit nicht die Einbauküche. »Ey, der ist seit über drei Jahren mit dir zusammen, soweit ich weiß hat er dich noch nicht einmal beschissen, und du willst wegen einem doofen *Buch* gehen? Einem Kinderbuch?! Das hat ihm vermutlich mal seine Mama geschenkt, irgendeine von seinen Exen fand das süß, und seitdem verschenkt er das halt. Ist doch nett von ihm.« Dabei sah er mich an, als wäre ich die mit den Gefühlsdefiziten. Männersolidarität ist auch so ein Wort, das man Männern inhaltlich dringend noch mal erklären sollte. Ich ließ Möhre stehen und versuchte, mein Weltbild neu zu sortieren.

Zu Hause reichte ich Rainer die zweite Fassung seines Geschenkes, bei dem ich den Titel mit Edding leicht angepasst hatte. »Weißt du eigentlich, wie scheiße ich das finde?« stand da jetzt. »Von mir, für dich, zu Ostern«, sagte ich.

Rainer sagte nichts, sah aber immerhin angemessen schuldbewusst aus.

»Dir ist klar, dass das eine Nummer war, die mich echt richtig verletzt hat, oder?«

Rainer nickte. Ich nickte. Dann holte ich die drei Regenwürmer aus der leeren Taschentuchpackung in meiner Jacke, die ich unter größtem Ekel aus dem Komposthaufen meiner Eltern gefischt hatte und legte sie vor Rainer auf den Tisch. »Wenn du die jetzt alle drei aufisst, reden wir nie wieder ein Wort darüber.«

Rainer nahm die Regenwürmer und schluckte sie wortlos nacheinander runter.

»Gehe ich recht in der Annahme, dass du vorher noch *nie* für eine deiner Exfreundinnen drei Regenwürmer gegessen hast?«, wollte ich wissen.

Rainer nickte. Ich nickte. Wir machten Mittagessen. Danach ging Rainer brechen. Und ich legte *Weißt du eigentlich, wie lieb ich dich hab?* in unsere Kiste. Die Weihnachtsausgabe.

Gefühle sind wie Gespenster. Wenn man dran glaubt, gibt es sie, wenn nicht, lässt sich ihre Existenz nicht beweisen. So einfach ist das. Für Männer. Frauen sehen das natürlich anders. Der Unterschied zwischen Champions League und Europa League ist Ramona zu kompliziert, aber bei Gefühlen kann sie dir detailliert auseinanderdröseln was »mögen« von »lieb haben« und »lieben« trennt. Allein für Zuneigung haben Frauen mehr Wörter als Eskimos für Schnee. Und sie wollen sie alle hören. Von dir. In der richtigen Reihenfolge. Sonst ist die Kacke aber lichterloh am Dampfen.

Ich hatte mich im Laufe der letzten Beziehungen daran gewöhnt, dass es sinnlos ist, über die Sinnlosigkeit vom Valentinstag zu streiten. (Für einen Mann hat der Valentinstag nur eine Bedeutung, wenn er Besitzer eines Blumenladens ist. Aber dann ist er eh schwul und hat entsprechend noch mehr Gefühle als eine Frau.) Ich hatte auch verstanden, dass es nicht gut ankommt, an dem Tag, an dem man der Frau – warum auch immer, Blumen schenkt – der Frau Blumen zu schenken. Sie erwartet da nämlich »was Besonderes«.

Noch komplizierter ist es an Weihnachten. Da muss das Geschenk noch persönlicher sein und vor allem »emotionaler«. Die Frau will, dass der Mann sich was dabei gedacht hat bzw. eben »gefühlt«. Deswegen will sie keine Fritteuse, oder wenn doch, dann aber eine mit persönlicher Widmung, oder in der Fritteuse muss das Halstuch liegen, was sie dir vor dreihundert Jahren mal in einem Schaufenster gezeigt hat, oder ein Stoffhase, weil sie dich immer Hase nennt. Es kann aber auch sein, dass sie den Hasen sieht und sofort

Schluss macht. Man weiß es nicht. Frauen sind unberechenbarer als asiatische Diktatoren. Und meine Ramona hat manchmal so etwas beunruhigend Nordkoreanisches.

Das Gefühlsleben der Männer gleicht der Straßenkarte von New York: Man guckt einmal drauf und kennt sich aus. Frauen sind eher wie Venedig: Man blickt einfach nicht durch. Auch nach Jahren nicht. Alles voller Seitenstraßen, kleiner Gässchen, Kanäle und Sackgassen. Aber schön. Natürlich. Nur bleibt man als Mann immer Tourist. Deswegen gibt es Reiseführer. Tipps von anderen, die schon mal da waren und sich nicht völlig verirrt haben.

Möhre hatte vor ein paar Jahren mal ausgeplaudert, wie er sich aus einer Bredouille mit seiner Freundin befreit hatte: *Weißt du eigentlich, wie lieb ich dich hab?*, ein Kinderbuch, das er ihr ans Bett gelegt hatte. Der Kosten-Nutzen-Faktor bei dem Ding sei unübertroffen, sagte Möhre damals, der seinerseits den Tipp von einem Kollegen hatte. Das dünne Büchlein habe bei seiner Freundin einen größeren Effekt gehabt als der ganze Schmuck, den er ihr in den Jahren davor immer gekauft hatte.

Dass er richtig lag, sah ich schon an der Reaktion der Buchhändlerin, bei der ich *Weißt du eigentlich, wie lieb ich dich hab?* kaufte, als ich durchblicken ließ, dass ich es keinem Kind schenken wollte. Meine damalige Freundin reagierte ebenso. Gerührt, hingerissen, begeistert. Dito meine Freundin nach dieser Freundin. Frauen sind alle gleich: Sie behaupten immer, sie wären nicht wie andere Frauen. Und dann reagieren sie doch alle identisch auf denselben Kitsch. Man kann das nicht verstehen, man kann es nur akzeptieren. Ähnlich wie die Finanzkrise.

Weißt du eigentlich, wie lieb ich dich hab? wurde jedenfalls einer meiner Greatest Hits, und die werden eben auf jedem Konzert gespielt. Deswegen bekam auch Ramona das Buch.

Zwei Jahre später war überraschend Ostern. Bislang eigentlich kein Ereignis, an dem Geschenke ausgetauscht wurden, aber Ramona hatte mir kurz vorher mit ihrer Spezialhühnersuppe eine Grippe vertrieben, mich ausdauernd bei meinem Versuch, für einen Marathon zu trainieren, unterstützt und mich insgesamt irgendwie klammheimlich dahin gebracht, dass irgendwas in mir warm wurde, wenn ich sie ansah. Wie der erste Schluck Glühwein, wenn man aus vorweihnachtlicher Kälte nach Hause kommt. Oder wenn die eigene Mannschaft schon hoffnungslos zurückliegt, sich aber noch mal rankämpft und dann einen Elfmeter bekommt oder wenn man sich pro forma am verreckten Auto zu schaffen macht und der Wagen danach sogar tatsächlich wieder anspringt ...

Mit anderen Worten: Ich fand Ramona großartig und phantastisch, alles in allem. Frauen nennen das wahrscheinlich Liebe, also wollte ich ihr etwas schenken, was das ausdrückte. So griff ich zu dem Liebeshasenbuch – ein Fehler, gebe ich gerne zu, aber kein Grund, ein Fass aufzumachen. Ramona hingegen öffnete eins, in dem Diogenes mit seiner kompletten Familie hätte wohnen können! Sätze wurden geschrien, Türen wurden geschlagen, Koffer wurden gepackt. Wegen meiner Liebe zu ihr bzw. einem Kinderbuch!! Kein Wunder, dass Männer sich mit Gefühlsäußerungen so zurückhalten ...

Gott, wie süß, du hast ja Shampoofläschchen in die Kiste getan ...

Ja. Hab ich aus beinahe allen Hotels mitgebracht, in denen wir bis jetzt waren. Als Erinnerung. Also nenn mich nie wieder Gefühls-Legastheniker.

Ja, na ja. Wenn ich mich richtig erinnere, hab ich die Fläschchen in den Hotels immer eingepackt. Weil ich die hier benutzen wollte. Du hast sie offenbar nur aus unserem Badezimmer geholt und hier in die Kiste getan – wieso eigentlich?

Ramona ... warst du in letzter Zeit mal in unserem Badezimmer?

Wieso?

Unser Badezimmer ist schlimmer mit Flaschen vollgestellt, als das Geheimversteck eines Vollalkoholikers!

Quatsch?!

Da steht überall Zeug! *Dein* Zeug! Ich wollte nur vermeiden, dass das zusätzliche Zeug aus den Hotels irgendwann auch noch meine Zahnbürste vertreibt!

Was für ein unfassbarer – gar nicht!

Dann komm mal mit, Wolke vor der Sonne meines Lebens, wir gucken uns das Desaster mal von nahem an ...

Die Sache mit dem Badezimmer

In einer guten Beziehung braucht man zwingend zwei Badezimmer. Beide für die Frau. Das Schlafzimmer wird für den Erfolg einer Beziehung maßlos überschätzt, während man der Badezimmersituation nie genug Beachtung schenkt.

Das Schlafzimmer ist quasi der Stürmerstar, das Badezimmer eher die Innenverteidigung. Während sich die Aufgabe des Stürmers bzw. des Schlafzimmers in den letzten Jahrzehnten nicht verändert hat – es geht darum, das Ding zu versenken, die Bude zu machen, es in der Kiste rappeln zu lassen –, haben sich die Ansprüche an moderne Innenverteidigung bzw. Badezimmer völlig gewandelt: Das Wörtchen »intelligent« tauchte früher weder bei der Beschreibung von Werner Liebrich (WM '54) auf noch in der von Klospülungen. Heute ist das anders. Ramona und ich haben nur ein Badezimmer, und das ist doof beziehungsweise maximal auf Zweitliganiveau.

Mir gehört in diesem Badezimmer ein Zahnputzbecher, der neben der Zahnbürste auch noch meinen Rasierer und meine Bürste beheimatet. Das war's. Der Rest gehört Ramona. Der Becher und seine drei Freunde sind geduldete Touristen in einem fremden Reich, das von einer hochgerüsteten Armee aus Tiegeln, Tuben und Töpfchen beherrscht wird.

Ich staune in einer normalen Bar immer über die unterschiedlichen Flaschen und die darin enthaltenen vielfältigen Möglichkeiten, sich die Birne zuzulöten. Das ist aber ein Klacks verglichen mit der Bandbreite an Cremes, Lotionen, Salben und sonstigem Stuss, die sich auf die wenigen Quadratzentimeter Gesicht auftragen lassen. Die Kosmetikindustrie kann Frauen offenbar glaubwürdig vermitteln, dass die Haut unter den Augen sich fulminant von der Haut an den Wangen unterscheidet. Beide trennen im Gesicht nur Millimeter, in der Kosmetik aber Welten. Deswegen brauchen beide Häute selbstverständlich auch tagsüber eine andere Pampe als nachts. Entsprechend lang braucht Ramona im Bad.

Während die Frau sich morgens fertig macht, kann der Mann locker einmal *Krieg und Frieden* lesen. Aber nicht im Bad. Da ist nämlich sie drin, und sie wird nervös, wenn ich ihr beim Schminken über die Schulter schaue. Sagt sie. Als würde man einem Zauberer dabei zugucken, wie er vor der Vorstellung das Kaninchen in das Geheimfach im Zylinder stopft. Wenn man das gesehen hat, wirkt der Zauber nicht mehr. So stellt sich Ramona das offenbar vor, während ich einfach nur aufs Klo muss.

Der Gradmesser für den Stand der Beziehung ist nicht, ob man im Bett die ungeheuerlichsten Schweinereien probiert, sondern ob sie dich pinkeln lässt, während sie sich eine Armlänge davon entfernt schminkt. Und ob du dann noch pinkeln kannst. Sich im Schlafzimmer das erste Mal vor ihr auszuziehen ist nichts im Vergleich dazu.

Und das richtige Timing dafür zu finden ist nicht so einfach. Wenn sie sich noch nicht ganz sicher ist, ob du nicht doch nur ein One-Night-Stand bleibst, kann hemmungsloses Wasserlassen in ihrem Beisein ihre Entscheidung maßgeblich beeinflussen. Umgekehrt kann es auch jeden Mann verunsichern, wenn die Traumfrau zum falschen Zeitpunkt einen Strahl in die Schüssel schickt, mit dem man einen Waldbrand löschen könnte. Von größeren Geschäften wollen wir hier gar nicht reden. Dabei lese ich nämlich nicht

Krieg und Frieden, sondern *11 Freunde,* und die soll ich gefälligst nicht rumliegen lassen, sagt Ramona. Einer unserer zahlreichen Streite, die im Badezimmer ihren Anfang genommen haben.

Ein anderer geht um die Frage, warum ich nicht mit nassen Füßen aus der Dusche auf ihren Duschvorleger trampeln soll, warum ich meine Bartstoppeln nie aus dem Waschbecken wasche und wieso Männer zwar Autos bauen können, aber nicht in der Lage sind, das Toilettenpapier so aufzuhängen, dass das lose Blatt vorne von der Rolle baumelt. Das klingt banal, aber Auslöser für den Ersten Weltkrieg war ein Attentat auf einen blöden Erzherzog, den eh keiner leiden konnte …

Man kann den Stand einer Beziehung in *verliebt, verlobt, verheiratet* unterteilen. Oder man ist ehrlich und unterteilt ihn in *voreinander schminken/rasieren, voreinander pinkeln, voreinander »ein großes Geschäft« erledigen.*

Damit macht man nämlich weitaus deutlicher, wo man als Paar gerade steht. Vor allem wenn man nur ein Badezimmer hat, so wie Rainer und ich. Und ich bin mir nicht nur sicher, ich *weiß*, dass diese Abstufungen innerhalb einer Beziehung nicht nur »ein bisschen was«, sondern *alles* verändern.

Als ich mit Rainer zusammengezogen bin, hab ich versucht, Stufe zwei und drei so lange wie möglich hinauszuzögern. Stufe eins finde ich völlig okay. Ich hab kein Problem damit, mich vor Rainer zu schminken. Es sei denn, er beobachtet mich beim Wimperntuschen, stellt sich neben mich, formt mit dem Mund ein »o« und zieht die Oberlippe dabei so weit wie möglich über die Vorderzähne, um mich zu imitieren. Was er jedes Mal macht.

Männern beim Rasieren zuzusehen finde ich persönlich dagegen jetzt nicht so spannend. Zumindest nicht im Gesicht. Das verändert nichts essentiell Grundlegendes an einer Beziehung. Ich sitze danach nicht am Frühstückstisch, lasse versehentlich Kaffee überschwappen, bekomme von Rainer ein genervtes »Boooah ey … jeden Morgen!« zugebrummt und denke mir dabei im Stillen: »Was willst *du* denn? Ich hab dich beim *Rasieren* gesehen …!« Wie gesagt, das passiert in Stufe eins eben *nicht*, und darum ist Stufe eins ungefährlich.

Stufe zwei schleicht sich im Allgemeinen irgendwann einfach in eine Beziehung ein, mal früher, mal später, und ist eigentlich auch nicht weiter schlimm. Wenn man ohne Hemmungen voreinander pinkeln kann, während der andere sich die Zähne putzt, heißt das, dass die Beziehung gefestigt ist, nichts Menschliches einem fremd, und es geht trotzdem noch nicht so weit, dass man sich tief in sich drin für den anderen schämt. Im Gegensatz zu Stufe drei.

Stufe drei macht etwas mit uns, was ich überhaupt nicht gut finde, aber leider auch überhaupt nicht ändern kann. Und es ist so schwer zu erklären, dass es nicht mal in den klassischen Beziehungs-Sitcoms jemals zum Thema gemacht wurde. (Es gab mal eine Folge von *Sex and the City*, in der Carrie bei einem Mann im Bett pupst und anschließend ein *riesiges* Problem mit diesem Umstand hat, das sie *dringend* mit ihren drei (ess-)gestörten Freundinnen ausdiskutieren muss, aber das ist gegen Stufe drei wirklich der reinste Kindergarten.) Wenn man in einer Beziehung erst mal in Stufe drei ist, kommt man da nie wieder raus.

Man kann schlechten Sex verdrängen, man kann schlimme Streite verdrängen, man kann sogar einen Seitensprung verdrängen, aber was man als Frau nie, nie wieder aus dem Kopf kriegt, ist das Bild vom eigenen Freund, der auf dem Thron sitzt und stinkt. Ich bin nicht Charlotte Roche und kann also nicht so tun, als wäre das was »ganz toll Intimes, das man in dem Moment mit seinem Partner teilt«. In der Tat gibt es sogar Männer, die dabei exakt denselben Gesichtsausdruck haben wie beim Sex, und wenn ich das Bild erst mal im Kopf habe, dann ist das nicht gut. Dann hat das nämlich zur Folge, dass ich morgens am Frühstückstisch sitze, aus Versehen Kaffee verschlabbere, Rainer ein genervtes »Boooah ey … jeden Morgen!« brummt und ich dann denke: »Was willst *du* denn? Ich hab dich beim KACKEN gesehen …!«

Und das ist doch nicht das, was nach einer längeren Beziehung übrig bleiben sollte. Darum werden Rainer und ich *niemals* in Stufe drei übergehen. Und sei es noch so nötig und das Chili noch so scharf. Lieber werde ich platzen, als das bei uns zuzulassen.

Ist da noch viel drin?

Geht so. Die Hälfte haben wir ungefähr.

Hm. Ganz schön viel Zeug, was da zusammengekommen ist ...

Ja klar, in so vielen Jahren sammelt sich halt 'ne Menge Mist an ...

Wie »Mist«?

Ne Menge »Erinnerungen«, meinte ich.

Du, Rainer?

Ja?

Glaubst du eigentlich, dass wir ... füreinander bestimmt sind?

Klar!

Und ehrlich?

Äh ... weiß nicht ... klingt irgendwie nach Fangfrage. Ist das 'ne Fangfrage?

Quatsch. Eine ganz normale Frage, weil ich glaub' nämlich nicht daran, dass wir füreinander bestimmt sind.

Moment, das war dann jetzt aber 'ne Fangantwort, oder?

Nee. Ich glaub einfach nicht an Bestimmung in Beziehungen.

Aber du bist eine Frau, du musst an Bestimmung glauben, jeder von uns hat Aufgaben in dieser Beziehung, und in deinen Bereich fällt alles, was mit Emotionen zu tun –

Ich sag ja nicht, dass wir nicht zusammenpassen, ich sage nur, dass unsere Beziehung, wenn sie gut läuft, eher das Ergebnis von Toleranz, Kompromissen und dem Zurückstellen des eigenen Egos ist.

Aha. Und was genau tust du dann für die Beziehung?

Manchmal denke ich ganz fest darüber nach ... du nicht?

Das ist aber jetzt echt 'ne Fangfrage!

Die Sache mit der Zwischenbilanz

In jeder länger währenden Beziehung kommt der Moment, in dem der Mann sich eines Abends umguckt, weil im Fernsehen gerade Werbung läuft, und dort die Frau sitzen sieht, die da jetzt ja schon seit etlicher Zeit sitzt, und er denkt: »Wer ist das?«

Und zwar nicht in diesem metaphysischen Sinne, in dem Frauen gerne Tiefsinnigkeit vortäuschen, sondern in dieser Fassungslosigkeit, die einen vermutlich überfällt, wenn der Pilot über dem Atlantik sagt, das Flugzeug wackle nicht wegen vorübergehender Turbulenzen, sondern das, was man da schlagen höre, sei das letzte Stündlein beziehungsweise Triebwerk. Auch dann schießen einem wahrscheinlich diese Gedanken durch den Kopf: »Was, wenn ich hier nicht mehr rauskomme? Was, wenn es das jetzt war?« Dieselben Fragen, die sich der Mann auch beim Anblick seiner Beziehungsgefährtin stellt, um dann das zu tun, was Männer immer tun: sich noch ein Bier holen und so tun, als sei nichts gewesen.

So reagieren Männer bei Unbehagen. Das ehemals winzige Muttermal am Bauch sieht mittlerweile so aus wie die Umrisse von Weißrussland? Der Mann holt sich ein Bier und hofft, dass das Muttermal umso gutartiger wird, je weniger man es beachtet. Man hat sich in einer völlig fremden Stadt gründlich verlaufen? Der Mann kauft sich ein Bier und beschließt absolut grundlos, in die nächste Straße links abzubiegen. Oder rechts. Wird schon gutgehen. Nur nicht fragen. Einfach weitermachen.

Deswegen trennt sich immer die Frau. Selbst O. J. Simpson hat seine Frau erst abgestochen, nachdem sie ihn verlassen hatte. Selbst wenn dem Mann bei einer spontanen Befragung nicht ein einziger Grund für die Fortführung der Beziehung einfiele, hätte er sofort reichlich Gründe, die gegen eine Trennung sprechen. Im Fall von Ramona und mir:

– Sie hat die Couch gekauft und würde sie mitnehmen.
– Sie zahlt anteilig Miete.
– Sie riecht gut, wenn sie abends ins Bett kommt.
– Meine Eltern stellen keine blöden Fragen nach einer Freundin.
– Allein ist die Wohnung leer.
– Ich müsste mich bei einer Internet-Singlebörse anmelden.
– Die Jungs sind auch alle in Beziehungen.

All diese Überlegungen passen in einen Werbeblock, an dessen Ende mich Ramona ansieht und das fragt, was Frauen halt fragen, damit sie was gesagt haben: »Was denkst du?«, und ich sage das, was alle Männer auf diese Frage so automatisch sagen wie Frauen »Gesundheit«, wenn jemand niest: ich sage: »Nichts.«

Am nächsten Tag geht unser Durchlauferhitzer kaputt. Ich bin bei allen Reparaturfragen so nützlich wie ein Loch im Kopf, das heißt, ein Gespräch mit einem Handwerker wird unausweichlich. Ich hasse Gespräche mit Handwerkern. Handwerker sind wie Hunde, sie riechen, wenn du Angst hast, beziehungsweise keine Ahnung. Dann schnappen sie zu und zocken dich ab. Sie drücken dir irgendein Flanschmuffenspannschraubgewinde für zig hundert Euro auf, von dem ihr beide wisst, dass du es nicht brauchst, aber du kannst es nicht beweisen. Mehr noch: Sie geben dir mit dem überflüssigen Flanschmuffenspannschraubgewinde das Gefühl, eine Schande für die Gattung Mann zu sein. Du bist in ihren Augen eher eine Amöbe im Körper eines Mannes, ein Hochstapler, der sich einen Penis ergaunert hat, den man ihm regulär eigentlich wieder aberkennen müsste.

Deswegen mag ich keine Gespräche mit Handwerkern. Ramona weiß das und übernimmt freiwillig diesen Part. Sie übernimmt überhaupt freiwillig all die Gespräche, die ich nicht gern führe: Wir fahren in Urlaub und brauchen jemanden, der unseren Briefkasten leert. Ramona spricht mit unserem Nachbarn, der ein Arschloch ist, weil er ein Auto fährt, das ich mir nicht leisten kann, weshalb ich nicht mit ihm rede. Ich kriege einen Schrieb von irgendeinem Amt, in dem steht, dass ich mich mit einem anderen Schrieb bei einem anderen Amt melden muss, sonst passiert irgendwas, was ich nicht verstehe, weil ich nicht die Geduld habe, den Schrieb zu Ende zu lesen. Ramona redet mit allen Ämtern. Ramona redet mit meiner Mutter, die mich in den Wahnsinn treibt, kaum dass sie »hallo« gesagt hat, weil in ihrer Art, »hallo« zu sagen, schon Vorwürfe enthalten sind, warum ich mich nie melde, immer ihren Geburtstag vergesse und insgesamt nicht so geworden bin, wie sie es sich vorgestellt hat. Ramona redet mit der Autowerkstatt, weil mein Wagen ansonsten schon drei Flanschmuffenspannschraubgewinde hätte, denn Automechaniker sind auch Handwerker, nur bösartiger.

All diese Gespräche führt Ramona wie gesagt freiwillig, weil sie mich kennt. Und sie hat sich noch nie darüber beschwert. Obwohl ihr Exfreund alles Mögliche bauen konnte. Rom zum Beispiel. An einem Tag. Wäre für den kein Problem. Trotzdem ist sie mit mir zusammen. Und sieht gut aus dabei.

Es ist ein Wunder. Sie ist die Arche, die Noah, beziehungsweise eben mich, durch die Sintflut des Lebens trägt, denke ich, als ich neben ihr stehe, während sie mit dem Klempner telefoniert und mit dem stimmlichen Äquivalent vom Wimpernklimpern dafür sorgt, dass er nicht erst Ende nächsten Monats kommt, sondern morgen um acht.

Ich bin fasziniert, dass sie es mit mir aushält, und außerdem noch über dieselben Sachen lachen kann (*Friends*, oder wenn jemand hinfällt), dieselben Sachen mag (Sauerbraten, Sonne, Sitcoms, Sex) und dieselben Sachen nicht mag (Ed Hardy, Camping, polnische Problemfilme). Sie steht neben mir und sagt mehrfach »hydraulischer Durchlauferhitzer«, und ich sehe sie an, als wäre sie ein Regenbogen, der fließend Rilke zitiert.

»Was ist los?«, fragt sie, als sie aufgelegt hat, und ich sage das, was Männer immer sagen, wenn es um Gefühle geht: »Nichts.«

Es gibt Menschen, die ihre Zufriedenheit ausschließlich aus dem Elend anderer ziehen, das sie zuvor mitverschuldet haben. Diese Menschen sind meistens Frauen – und mit mir befreundet. So kommt es mir zumindest vor.

Immer wenn ich der Meinung bin, es läuft in meinem Leben gerade rund, bringt mich eine meiner Freundinnen dazu, alles in Frage zu stellen. Völlig sinnfrei. Frauen schreien ja naturgemäß immer als Erste »Hier!«, wenn es darum geht, alles in Frage zu stellen. Ich bin keine Ausnahme und lasse mich bei so was ziemlich leicht überzeugen. Gerne auch von völlig dämlichen Lebensweisheiten oder Phrasen, die ich bei Laotse, Konfuzius oder in der Gala gelesen habe. Und ich bin nicht die Einzige.

Der Grund, weshalb Vera sich damals trennte, war nicht, weil er »ihr die Luft zum Atmen nahm« oder »immer die leere Milchtüte zurück in den Kühlschrank« stellte (was sie *ihm* gegenüber als Gründe dafür nannte, die Schlüssel zurückzuverlangen), sondern weil sie beim Frauenarzt im Wartezimmer Folgendes als »Weisheit des Monats« gelesen hatte: »*Gute Dinge müssen enden, damit bessere folgen können.*«

Kein Witz, das ist der wahre Grund, warum Vera sich trennen wollte. Weil ihr in dem Moment völlig klar wurde, wie unglaublich *richtig* diese Aussage ist. Für sie. Für ihr Leben. Für ihre Beziehung. Die lief eigentlich super, und das schon seit über sieben Jahren, aber als Vera *diesen* Satz las, wurde ihr klar, »dass es *das* ja wohl nicht schon gewesen sein kann«. Und es ist immer *ganz* schlecht, wenn jemandem dieser Gedanke kommt. Vor allem einer Frau. Wenn sie die »gute Beziehung« mit dem »guten Kerl« einfach so weiterlaufen lassen würde, erklärte Vera uns, dann nähme sie einem potentiellen »besseren Kerl« ja jede Chance, sie kennenzulernen und mit ihr eine »bessere Beziehung« zu führen. Sie vergab also ein besseres Leben, wenn sie sich nicht von ihrem »nur guten« Freund trennte.

Ich weiß noch, dass ich das schon damals nur mittel-einleuchtend fand und darauf hinwies, dass Zeitschriften beim Frauenarzt immer schon sehr alt sind und von Frauen geschrieben werden, die teilweise noch kaputter sind als wir, aber ich hatte keine Chance. Denn Nicole unterstützte Vera nicht nur in ihrer Ansicht, sie *drängte* sie geradezu. Und das in einem Moment, in dem jemand Vera meiner Meinung nach einfach nur die dritte Flasche Rotwein hätte wegnehmen sollen, um sie mit den Worten »Geh pennen, und wenn du das in einer Woche immer noch so siehst, hast du meine volle Unterstützung!« ins Bett zu schicken. Nicole argumentierte mit dem Totschlagargument »Das ist doch kein Zufall, dass sie diesen Satz ausgerechnet jetzt in einer Zeitschrift liest!« Wenn zwei von drei Frauen mit »Schicksal«, »Zeichen« und »Bauchgefühl« anfangen, kann die dritte nach Hause gehen. Was ich dann auch gemacht habe, als ich sah, dass Nicole ihre alten Tarot-Karten aus dem Regal holte. Frauen sind esoterisch veranlagt. Sie glauben Frauenzeitschriften und Spielkarten mehr als so unzuverlässigen Quellen wie Verstand oder Vernunft.

Vera trennte sich noch in derselben Nacht von ihrem Freund, und Nicole, die zu dem Zeitpunkt gerade Single war, hatte vier Monate lang jemanden, mit dem sie sich über das beschissene Single-Dasein aufregen konnte. Dann wurde Vera klar, dass der »bessere Kerl« eventuell ja auch gar nicht auftauchen könnte, traf sich, ohne Nicole etwas davon zu sagen, mit ihrem Ex und war kurz darauf wieder mit ihm zusammen. Die beiden heiraten nächsten Sommer, nach insgesamt 11 Jahren und einer kurzen Unterbrechung. Ich bin Trauzeugin, und Nicole ist nicht eingeladen.

Mit dieser Erfahrung und Erkenntnis sollte man eigentlich meinen, dass ich *nicht* eines Tages vom Abendessen hochgucke, meinen Rainer auf der anderen Seite der Lasagne sehe und mich frage: »Das soll es jetzt also gewesen sein …?!«

Man sollte annehmen, dass ich nach über vier Jahren in einer überwiegend glücklichen Beziehung gelernt habe, dass niemand dauerverliebt über die Zeit hinweggleitet. Ich sollte wissen, dass es überhaupt nicht schlimm ist, wenn es Wochen oder Monate gibt, in denen man *nicht* ins Schlafzimmer kommt und beim Anblick des Partners denkt: »Boah, geil, meiner!«

Jetzt, wo sich alles zwischen Rainer und mir so schön eingespielt hat und wir uns an den richtigen Stellen ergänzen und vervollständigen, ausgerechnet jetzt kann ich nicht an einem Punkt sein, an dem ich alles in Frage stelle. Unsere Beziehung, unsere Zukunft, unser ganzes Leben – nur weil Nicole mich heute Nachmittag beim Kaffee gefragt hat, wie es so läuft mit Rainer und mir. Und ich geantwortet habe, dass alles erfrischend unaufgeregt und normal läuft, woraufhin Nicole meinte: »Klingt nicht gut, ich geb' euch noch ein halbes Jahr.«

So ein Satz von Nicole ist also absolut kein Grund, jetzt sinnfrei in Panik zu geraten und mich zu fragen, ob ich was verpasse oder *jemanden*, der nicht Rainer ist, denn Nicole ist gerade wieder frisch Single und hat einfach nur keinen Bock, abends alleine besoffen zu werden.

Rainer puhlt sich Basilikum aus den Zähnen, draußen pladdert der Regen gegen die Scheibe, und Günther Jauch

stellt gerade einem Durchschnittsstudenten mit Sauerkraut-
frisur die 4000-Euro-Frage. Das macht der Günther auch
schon das elfte Jahr in Folge, fällt mir dabei auf. Der Günther fragt sich sicher nicht, »ob es das jetzt schon gewesen
sein soll«. Und wenn er doch mal Zweifel kriegt, würde ihm
jemand von RTL mit Sicherheit sagen: »Was so lange so gut
funktioniert, beendet man nicht!«

Rainer betrachtet mit einem gewissen Stolz das grüne Fit-
zelchen unter seinem Zeigefingernagel und sieht mich dann
an. »Haben wir noch Pudding?«

Ich hole ihm Pudding und nehme mir vor, sollten wir jemals heiraten, dann lade ich jemanden von RTL ein. Und
Nicole bleibt zu Hause.

Du hast ja in deiner »Zwischenbilanz« fast so eine Art Liste gemacht. Pro und contra, für und gegen ein Leben mit mir oder wie?

Mich wundert ehrlich gesagt mehr, dass du keine gemacht hast. Du bist doch die Expertin, wenn es um Listen geht …

Oh, ich hatte zu dem Zeitpunkt eine Liste. Eine viel längere als du.

Das war ja auch nur ein Auszug von meiner … warte mal, wo ist denn diese ominöse Liste, die du damals gemacht hast?

Wo ist denn dann bitte deine gesamte Liste? Vor allem der ganze Kram, der dich an mir stört? Das würde mich jetzt wirklich mal interessieren. Hol die doch mal her, die ganze Liste.

Die hol ich nur, wenn du deine holst.

Okay. Moment …

Die Sache mit den Listen

Was mich an ihr stört:

- Sie leckt die Würzmischung von den Chips, bevor sie sie isst. Einzeln.
- Dominosteine dagegen isst sie nicht schichtweise, wie es sich gehört, sondern am Stück.
- Sie freut sich über lustige Tierkindervideos auf Youtube mehr als über alles, was ich ihr jemals gesagt, geschrieben oder geschenkt habe. ...
- Im Restaurant muss sie von meinem Teller probieren. Immer. Ich kann gebratenen Darm von ekligem Tier bestellt haben – sie muss probieren. Sie wird finden, dass meins besser schmeckt als ihrs.
- Sie isst zu langsam. (Ich muss im Restaurant auch eine Vorspeise nehmen, weil ich sonst verhungert bin, bevor sie mit ihrer »Suppe« fertig ist. Ich weiß nicht, was das sein soll, »Vorspeise«. Ich habe Hunger. Beim Fußball will ich ja auch das Spiel sehen und nicht das Aufwärmprogramm.)
- Sie sagt ständig: »Halt mal eben!«, und schon stehe ich wie die letzte Transe mit ihrer Handtasche in der Gegend.
- Sie stellt den Fernseher leiser, wenn Werbung oder der Vorspann läuft, sie stellt ihn zehn Sekunden später wieder lauter.
- Ich werde im Restaurant den Tisch ausgesucht haben, an dem sie im Durchzug sitzt. Auch in einem fenster- und türlosen Laden.
- Das was sie braucht, hat sie nicht in der Handtasche.

226

Zum Beispiel Geld, Handy, Kreditkarte. Dafür drei Labellos, mit Haaren, Flusen und Krümeln, Quittungen, die noch auf D-Mark ausgestellt sind, lose Kau- und Haargummis.

– Sie bestellt nie ein Gericht so, wie es auf der Karte steht. »Ich hätte gern das Schnitzel, aber kann ich statt Kroketten lieber Salat haben und statt der Gurken lieber Möhren und statt dem Schnitzel lieber Pizza?«

– Handtaschen.

– Sie weiß nicht, wo sie den Wagen geparkt hat, ob sie die Tür abgeschlossen hat, ob sie das Fenster aufgelassen hat, ob sie die Tickets, den Pass, das Geld eingesteckt hat.

– Sie läuft überall gegen. Sie liefe gegen den einzigen Baum in der Wüste.

– Sie kommentiert Filme, die sie doof findet. Sie sagt »Stallone ist aber alt geworden«, sie sagt »unrealistisch«, wenn Autoverfolgungsjagden gezeigt werden, sie gibt Tipps ab, wer von den Gangstern gleich tot ist.

– Sie nimmt zwei Koffer und drei Taschen mit auf Reisen, aber alles, was sie eingepackt hat, ist vor Ort zu warm, zu kalt, zu chic, nicht chic genug, dem zu ähnlich, was sie gestern anhatte.

– Ihre Tonlage, wenn sie betrunken ist.

– Sie hat Freundinnen, mit denen sie alles besprechen kann. Sie bespricht mit denen auch, wenn es nichts zu besprechen gibt. Sie scheint mehr zu erleben als ich, dabei leben wir zusammen.

– Ich weiß nie, wann sie wirklich sauer ist oder nur ihre Tage hat.

– Ihre Haare. Sind immer zu lang, zu kurz, zu blond, zu fettig, zu splissig, nicht blond genug, unmöglich / voll schlimm / so, dass sie nicht unter Leute gehen kann.

– Sie sieht besser aus als ich.

Was ich an ihr mag:

– Sie spielt mir im Bett nichts vor.
– Sie hat noch nie versucht, mich zu verändern. Auch nicht meinen Geschmack bei Klamotten, Musik oder Filmen.
– An guten Tagen kann sie meinen kompletten Namen rülpsen.
– Wenn ich krank bin, kümmert sie sich um mich.
– Wenn ich verkatert bin, kümmert sie sich um mich.
– Wenn ich neue technische Geräte nicht verstehe oder meine Steuererklärung oder ein handwerkliches Problem im Haushalt, kümmert sie sich um mich.
– Sie lacht über meine Geschichten, auch wenn ich sie vielleicht schon mal erzählt habe.
– Sie will nicht reden. Jedenfalls nicht über »Gefühle«, »Beziehung« und ähnliches Zeug, über das Frauen eigentlich immer reden wollen.
– Die Stelle am Nacken zwischen Hals und Haaransatz.
– Wenn es sein muss, kann sie in fünf Minuten angezogen und geschminkt sein.
– Ihre Freundinnen. Die sind alle ganz in Ordnung, sehen aber alle nicht so gut aus wie sie.
– Dass sie nie ein Fass aufmacht wegen Kleinigkeiten. Wie ich die Spülmaschine einräume oder dass ich fast leere Milchtüten wieder in den Kühlschrank stelle.
– Ihre Augen.
– Sie kann problemlos zugeben, dass ich besser koche als sie. Dafür parkt sie besser ein als ich, macht daraus aber kein riesen Ding.
– Ihr Gesicht morgens kurz vor dem Aufwachen.
– Sie hat meinetwegen angefangen, sich für Fußball zu interessieren. Sie hat nach wie vor echt keine Ahnung, aber sie gibt nicht auf.

- Sie akzeptiert, dass ich nicht tanze. Kein Salsa, kein Foxtrott und auch nicht zu »I will survive«.
- Sie guckt Vampirquatsch, Zauberzinnober und Hugh Grant, wenn ich nicht da bin.
- Sie hält in der Öffentlichkeit immer zu mir.
- Sie hat Geduld. Mit mir, mit dem Zug, der nicht kommt, dem Kellner, der nicht kommt, dem Bier das nicht kommt, mit der Werbung, die kommt. Mich macht das alles wahnsinnig.
- Sie könnte locker jemand anderen haben. Hat sie aber nicht …

Was mich an ihm stört:

- Er hat keine Ahnung von Heimwerken, ist aber zu stolz, das vor anderen Männern zuzugeben, und macht selbst dann noch vorm Baumarktfilialleiter den dicken Willi, wenn der schon lange einfach nur noch helfen will.
- Die Tatsache, dass »küssen« seit drei Jahren für ihn ein anderes Wort für »Vorspiel« ist und zwangsläufig zu Sex führt.
- Dass Sex für ihn gleichbedeutend ist mit »Alles ist in Ordnung«.
- Dass er nie, nie, nie von sich aus ein Gespräch über uns, unsere Beziehung, seine Gefühle oder unsere Zukunft anfängt.
- Er kann nicht tanzen.
- Dass er leere Milchtüten wieder in den Kühlschrank stellt und sich dann bei mir darüber aufregt, dass ich keine neue gekauft habe.
- Dass er immer so schnell isst, als würde ein General ihn jede Sekunde zum alles entscheidenden Fronteinsatz rufen, und mir dadurch das Gefühl gibt, ich esse zu langsam (und bin schuld, wenn wir den Krieg verlieren).
- Dass er bei sich selbst nie von »Fehlern« spricht, sondern immer von »liebenswerten Eigenschaften«.
- Dass er im Restaurant immer und zielsicher genau den Tisch aussucht, an dem *ich* im Zug sitze.
- Das genervt geschnaufte Geräusch, das er macht, wenn

mir etwas runterfällt, ich irgendwo gegenlaufe oder mir sonst wie wehtue.

- Dass er jedes Mal fragt, ob er etwas für mich tun kann, statt es einfach mal zu tun.
- Dass er keine einzige meiner Freundinnen mag.
- Dass er Orgasmen überzeugender vortäuschen kann als ich.
- Dass er mir lieber zustimmt, als zu streiten. Auch wenn es mehr als offensichtlich ist, dass er anderer Meinung ist.
- Dass er von mir erwartet, dass ich auswendig weiß, wann sein Verein spielt, auf welchem Tabellenplatz er gerade steht oder wer aktueller Trainer ist, sich aber hartnäckig weigert, die blauen *fettarmen* Yakult mitzubringen. Die BLAUEN, Rainer, nicht die ROTEN!!!!
- Wenn er aus der 1,5-Liter-Wasserflasche trinkt, macht er einen Höllenkrach, weil er die Luft mit einatmet und das PET danach laut knarrend in seine Urverfassung zurückfällt. *Nachts.*
- Dass er in unserer gesamten Beziehung noch nie um mich gekämpft hat. Und es nie tun wird.
- Wenn er dran ist mit Sockenzusammenlegen, lässt er alle Socken auf links und denkt nicht daran, sie vorher umzustülpen.
- Er kann besser kochen als ich.

Was ich an ihm mag:

- Er kann besser kochen als ich.
- Er riecht gut. Also meistens.
- Seine Hände.
- Dass er mich zum Lachen bringt, wenn es mir schlecht geht.

- Dass er noch nie unseren Jahrestag oder meinen Geburtstag vergessen hat.
- Er lacht seine eigenen Witze nicht an und kann sogar damit umgehen, wenn ich mal einen Spruch auf seine Kosten mache.
- Er macht mir keine Vorwürfe, auch wenn ich ungerecht bin, Hormone habe oder meine gesammelte Wut auf die Welt an ihm auslasse.
- Er akzeptiert, dass ich besser einparken kann als er. Und handwerken. Und planen. Und aussehen.
- Er ist nie sauer, wenn ich stundenlang mit meinen Freundinnen telefoniere.
- Er sortiert ungefragt Socken.
- Er weiß, welcher Wein zu welchem Essen passt.
- Er ist für mich da, wenn ich ihn brauche.
- Er guckt sich auch zum dritten Mal in Folge klaglos alle *Friends*-Staffeln mit mir an.
- Wenn er merkt, dass ich Stress habe, lässt er mich in Ruhe und sorgt dafür, dass mich meine Mutter telefonisch nicht erreicht.
- Er nimmt mich in den Arm, wenn ich grundlos anfange zu heulen. Er nennt mich nie »hysterisch« und verdreht dabei nie genervt die Augen.
- Er gibt sich Mühe. Bei allem.
- Er ist gut im Bett.
- Er passt zu mir.

Hier ist ja eine Hotelrechnung in der Kiste ... von Weihnachten ... wir waren doch an Weihnachten gar nicht im Hotel!

Wir nicht, aber Mutter ...

Lustig, wie du »Mutter« sagst ...

Wie denn? Wie Norman Bates in Psycho? *So ist sie ja auch, nur verkleidet als Mutter Beimer.*

Ach komm, so schlimm ist sie doch gar nicht.

Das hast du über meine Grippe auch gesagt, und auch die hätte mich fast umgebracht.

Sie hat zwei Söhne und einen Mann. Wenn man sein Leben mit drei Männern verbringt, bleiben gewisse psychische Schäden nicht aus.

Wenn es nach psychischen Schäden geht, müsste Mutter aber nach deiner Theorie noch mindestens sieben Söhne und zwölf weitere Männer haben.

Du darfst nicht vergessen, es war Weihnachten. Beim Fest der Liebe drehen alle Menschen durch, das ist ganz normal ...

Die Sache mit seiner Familie

Für meine Mutter bin ich wie Bart Simpson. Ich bleibe zehn Jahre alt, solange es mich gibt. Meinen Vater dagegen muss meine Mutter ab und an daran erinnern, dass er Kinder hat, was in meinen Augen die bessere Lösung ist, zumindest seit ich nicht mehr zehn bin.

Die meisten Mütter haben eine Zusatzausbildung zum Klageweib. Meine zum Beispiel beklagt, dass die Welt und das Wetter schlecht geworden sind und sich alle Forscher weltweit nur um Lappalien wie AIDS und Vogelgrippe kümmern, während keiner was gegen ihre schlimmen Füße entwickelt, die sie seit Jahren liebend gern loswerden würde, aber tapfer an den Beinen behält, weil sie sonst ja nicht hinter mir herräumen könnte, was sie aber muss, da ich ja alles ständig liegenlasse, auch wenn ich seit Jahren nicht mehr zu Hause wohne. Gerade *weil* ich seit Jahren nicht mehr zu Hause wohne. Jetzt lasse ich woanders alles liegen, und sie hat noch mehr Arbeit, weil sie zum Aufräumen das Haus verlassen muss. So erzählt sie es zumindest ihren Freundinnen.

In Wahrheit unterhalten meine Mutter und ich eigentlich nur noch diplomatische Beziehungen. Das heißt, ich rufe sie zum Muttertag an oder zu ihrem Geburtstag, und sie telefoniert mir den Rest des Jahres hinterher, um zu fragen, ob ich noch lebe, warum ich mich nicht melde und ob ich wieder alles herumliegen lasse. Die meiste Zeit telefoniert Ramona mit ihr, und meine Mutter gibt ihr Tipps, wie sie mit mir umgehen muss. Auf diese Art hat Ramona erfahren, dass ich als Kind eine Vorhautverengung hatte und eine Barbiepuppe und außerdem einmal meinen Bruder nackt an unsere Zimmerpalme gefesselt hatte.

Pünktlich zum Herbstanfang erweitert meine Mutter ihren Fragenkatalog traditionell um die Frage »Wie machen wir's denn Weihnachten?« Sie will sichergehen, dass sie sich damit einen Vorsprung vor den »anderen Leuten« verschafft, wie sie Ramonas Eltern nennt (und alle Eltern aller meiner Freundinnen zuvor). Es hat lange gedauert, bis sie sich damit abgefunden hat, dass meine Idealvorstellung von Weihnachten nicht darin besteht, am Heiligen Abend morgens um acht bei ihr aufzuschlagen und drei Tage später, nach insgesamt 79 Mahlzeiten und zwanzig Kilo schwerer, wieder nach Hause zu fahren (natürlich begleitet von festlichen Vorwürfen, dass sie in der Küche schuften musste, damit der feine Herr Sohn zu Weihnachten die Füße hochlegen kann). Nachdem auch mein Bruder sich durch seinen Umzug nach Schweden ihrem Einzugsbereich entzogen hat, will sie nur noch die Elternhackordnung sicherstellen, in der sie mit weitem Abstand mein wichtigstes Besuchsziel ist und erst danach und viel kürzer die »anderen Leute« besucht werden. Weihnachten ist für Mütter so was wie das DFB-Pokalendspiel der Gefühle. Das ganze Jahr über können auch viertklassige Kandidaten mitmachen, aber am Ende gewinnt die Beste. Mutti.

Dieses Jahr war alles anders, weil meine Mutter am Telefon davon sprach, zu Weihnachten *uns* zu besuchen. Ich war irritiert, sie schob es auf meinen Vater, der aber erst beim zweiten Nachfragen überhaupt wusste, mit welchem Rainer seine Frau da gerade telefonierte. Dank ausgefuchster Verhörtechnik bekam ich heraus, dass meine Mutter behauptet hatte, sie und ihr Mann führen dieses Weihnachten in Urlaub, um einer spontanen Einladung von seit Jahren verhassten Nachbarn zu entgehen. Jetzt standen meine Eltern vor der Wahl, entweder Weihnachten wirklich wegzufahren oder die kompletten Tage im Dunkeln zu Hause zu sitzen, damit die Nachbarn nicht mitbekamen, dass sie doch zu Hause waren. Ein Blick auf die Preisliste eines Reiseveranstalters reichte meiner Mutter, um zu klären, dass die Option »wirklich wegfahren« nicht in Frage kam. Deswegen kam sie auf die Idee, uns zu besuchen.

Ich war nicht schnell genug glaubwürdig genug begeistert, um eine weitere Klagewelle abzuwehren. Neun Monate habe sie mich in sich herumgetragen, hieß es, und ich wolle sie nicht mal vier Tage lang beherbergen. Ich handelte sie schließlich auf zwei Tage herunter. In einem Hotel. Das ich für sie buchen sollte. »Was ganz Einfaches reicht für mich«, sagt sie, was übersetzt hieß, »ich bin gespannt, was ich meinem Sohn wert bin.« Natürlich war zu Weihnachten alles ausgebucht. Ich bekam nur noch eine Suite für 400 Euro. So viel wollte ich eigentlich nicht mal für Ramonas Weihnachtsgeschenk ausgeben, aber es gab nur die Suite oder nie endende Vorwürfe.

Meine Eltern reisten an Heiligabend um acht Uhr morgens an, und Mutter war erstaunt, empört und beleidigt, dass ihre Suite noch nicht bezugsfertig war. Sie war kurz davor, das Zimmer selbst sauberzumachen, ließ sich aber von meinem Vater davon abbringen. Das erfuhr ich, weil sie um zehn nach acht bei mir anrief und vorbeikommen wollte. Sie rief zuerst drei Mal auf dem Festnetz an, dann zwei Mal auf dem Handy, hinterließ Vorwürfe auf Anrufbeantworter und Mailbox und klang völlig aufgelöst, als ich mich schließlich genervt meldete. Sie habe sich schon Sorgen gemacht, sagte sie, wo wir denn um Gottes Willen gewesen wären. Nach acht Uhr noch im Bett zu liegen ist für meine Mutter nur akzeptabel, wenn man tot ist oder wenigstens unheilbar krank. Ich fragte, ob ich ihr das Wort »ausschlafen« buchstabieren solle, und teilte ihr mit, dass sie bei uns nicht vor Mittags aufzukreuzen brauche. Meine Mutter sprach von den schlimmsten Weihnachten ihres gesamten Lebens, und ich erwähnte Josef und Maria, wegen denen es überhaupt Weihnachten gebe und die just zu dieser Zeit auch von Pontius zu Pilatus gelaufen wären, um eine Bleibe zu finden. Jetzt machten mir Mutter und Ramona synchron Vorwürfe wegen Herzlosigkeit.

Meine Eltern standen um kurz vor elf vor der Tür. Mutter lamentierte über die Preise, die zwei Tassen Kaffee in der Stadt gekostet hatten. Für das Geld bekomme sie zu Hause eine komplette Kaffeemaschine, hieß es. Mein Vater setzte sich ins Wohnzimmer und schaltete den Fernseher an, während meine Mutter begann, die Gewürze in unserem Küchenschrank umzusortieren. Ich sagte: »Elf Uhr ist für mich nicht Mittag«, und meine Mutter sah mich an, als würde sie darüber nachdenken, mich zu enterben, wenn sie Geld hätte. Da war es Viertel nach elf, und es lagen noch zwei komplette Weihnachtstage vor uns.

Zwischen Mutter und Sohn ist es ja oft wie zwischen Israel und den Palästinensern. Man kann einem Außenstehenden nicht vermitteln, warum es immer wieder zu Spannungen kommt. Jeder gibt dem anderen die Schuld; und die Ursache von allem liegt so weit in der Vergangenheit, dass sich keiner mehr an die genauen Ereignisse erinnern kann. Das Beste, was sich erreichen lässt, ist, dass man sich gegenseitig toleriert, und auch das geht nie lange gut.

Mein Vater tat so, als sei er Australien. Ein eigener Kontinent, der, weit weg, mit all dem nichts zu tun hat. Ramona dagegen setzte sich einen imaginären Blauhelm auf und versuchte zu vermitteln. Sie ließ sich von meiner Mutter geduldig in die Kunst des Kartoffelsalatmachens einweisen, bedauerte angemessen Mutters Füße und erfand spontan mehrere Geschichten, in denen ich alles herumliegen ließ und sie es ausbaden musste. Mutter war glücklich.

Anschließend ging Ramona mit mir in den Keller, um »Wein zu holen«, und versicherte mir dabei, dass meine Mutter im Vergleich zu ihrer Mutter komplett aus Marzipan und Gold sei. Anschließend küsste sie mich tröstend zwischen Stehleitern, Koffern und alten Schuhen und ließ mich dabei ausgiebig ihre Brüste befummeln. Das beruhigte mich. Ich war glücklich.

Meine Mutter ist in unserer Familie so was wie die *Bunte* auf Füßen. Auf schlimmen Füßen natürlich, aber sie weiß alles über jeden und plaudert es auch gerne aus. Deswegen teilte sie mir mit, dass Giselas Ehe sich dem Ende nähere, weil Günter was mit jemandem aus der Firma hatte, Tante Heidruns Krankheit war nach Mutters Profidiagnose sicher Krebs, zumindest aber müsse sie untenrum komplett ausgeräumt werden, während Kehlmanns ja über ihren Verhältnissen leben, was, laut Mutter, in diesen Zeiten nicht mehr lange gutgehen könne.

Nach bestem Wissen kannte ich keinen dieser Leute, was ich auch mehrfach erwähnte, während sich Ramona tapfer interessierte und sogar Nachfragen stellte. Vater saß derweil im Wohnzimmer und schaute sich die Wiederholung eines Bundesligaspiels vom März an. Mutter erläuterte Ramona anschließend ihre Theorie, dass sich Metastasen von den Füßen aus den Weg durch den Körper bahnen, Ramona nickte wie ein Wackeldackel in der Hutablage, und ich wurde laut. Ramona ging mit mir in den Keller und ließ mich an ihren Brüsten fummeln. Ich beruhigte mich wieder. Dann gab es Mittagessen. Weihnachten findet immer in Zeitlupe statt. Die eigenen Eltern in der eigenen Wohnung zu haben fühlt sich so an wie die Besatzung durch die Amerikaner: Man ist ihnen was schuldig, sie wollen einem nix Böses, aber man ist doch froh, wenn sie wieder weg sind.

Wir schleppten uns zur Bescherung mit Mutters Analyse der Finanzmärkte (»Schlimm!«), Mutters fachlichem Urteil über die neue Freundin meines Bruders (»Schlimm!«) und Mutters Fachfrauen-Ausblick auf das neue Jahr (»Ganz schlimm!«).

Ramona ging mit mir zwischendurch zwei Mal in den Keller. Dann gab es Abendessen. Dann packten wir Geschenke aus. Dann wollte mein Vater die Wiederholung der Bahnrad-EM der Frauen sehen, und Mutter wollte unser Badezimmer putzen. Dann gingen meine Eltern ins Hotel, und ich war mir sicher, dass ich am nächsten Tag ein Blutbad anrichten würde. Ramona redete mit ihren Brüsten beruhigend auf mich ein.

Um drei Uhr nachts klingelte das Telefon, und Mutter teilte mir mit, dass sie und ihr Mann nach Hause gefahren waren. Die Fenster in der 400-Euro-Suite ließen sich wegen der Klimaanlage nicht öffnen, was zunächst meine Mutter nicht schlafen ließ und demzufolge dann auch meinen Vater nicht. Ich hätte wissen müssen, dass sie seit über sechzig Jahren keine Nacht bei geschlossenen Fenstern geschlafen habe, sagte meine Mutter, wenn ich mich auch nur einen Hauch für sie interessieren würde. Ohne sie gäbe es mich gar nicht, sagte sie, ich aber hätte ihr zu Weihnachten!!! ein Zimmer ohne Fenster!!! gebucht.

Ich sagte: »Es ist drei Uhr nachts.«

Dann nahm ihr überraschend mein Vater den Hörer aus der Hand und schickte sie schlafen. Mein Vater und ich sagten beide eine Zeit lang nichts. »Als ich so alt war wie du«, sagte er dann, und ich konnte hören, dass er schon was getrunken hatte, »konnte sie mich mit ihren Brüsten beruhigen. Einfach so, egal wie ich sehr ich mich aufgeregt habe …«

241

Ich ließ den Satz ein Weilchen in der nächtlichen Leitung hängen, sagte dann »Gute Nacht, Papa« und legte auf.

Ramona schlief auf der anderen Seite des Bettes und hatte nichts mitbekommen. Ich sah sie lange an …

Ähm ... Rainer?

Ja?

Ich will jetzt wirklich kein Fass aufmachen und ich bin auch nicht sauer oder beleidigt, wirklich nicht, aber –

Wieso ist hier ein Foto von dem nackten Hin- verdammt, wer ist *diese Frau?*

Was? Zeig! ... Das ist *dein* nackter Hintern!

Was? Zeig! ... Quatsch, auf keinen Fall ist das mein – ... das ist nicht *mein Hintern!*

Ja, doch. Guck hier, wo die Ritze aufhört, ist das Muttermal, das du ...

Wann hab ich dir *denn bitte erlaubt, meinen nackten Hintern zu fotografieren?!*

Das war auf Fuerteventura, da hatten wir doch diese Außendusche und –

... und da hast du, als ich geduscht hab, schnell unsere Kamera genommen, schön nah rangezoomt und ein Foto von meinem nackten Arsch gemacht?!

Also, soo nah hab ich da gar nicht rangezoomt, ich glaub, das war sogar ganz ohne Zoom, wobei –

Rainer!

Herr im Himmel, das ist doch ein schönes Foto! Außerdem ist dein Kopf nicht mit drauf, also weiß kein Mensch, dass du das bist. Nicht mal *du* wusstest gerade, dass du das bist.

RAINER!

Gott, dann tu ich das Foto von der Kiste eben wieder aus der Kiste raus ...

Die Sache mit ihrem Hintern

Der liebe Gott hatte einen Grund, den Hintern da anzubringen, wo man als Frau nicht ständig draufgucken muss. Wir haben so schon genug Komplexe mit uns rumzutragen, da muss das nicht auch noch sein.

Frauen haben zu ihrem Hintern meist dasselbe Verhältnis wie zu ihren Exfreunden. Die einen ein freundschaftliches (selten), die anderen ein »einigermaßen okayes« (oft). Auch ich halte es mit meinem Hintern so wie mit meinen Exfreunden: Ich habe gar keinen Kontakt mehr. Seit inzwischen über zehn Jahren. Wenn mir jemand ein Foto meines eigenen Hinterns zeigen würde, ich würde ihn nicht erkennen. Und natürlich trotzdem vehement abstreiten, dass der zu mir gehört. Was auch wieder eine Parallele zu den meisten meiner Exfreunde ist.

Mit Anfang zwanzig hat eine Freundin von mir mal ein Foto von mir von hinten gemacht. Ich kam frisch aus dem Sommerurlaub, hatte braungebrannte lange Beine, und die endeten in mehr als knappen Jeans-Hot-Pants. Wenn ich das Foto heute sehe, denke ich sofort: »Mein Gott, ich lauf da rum wie eine notgeile Schlampe!« Und, direkt danach: »Scheiße nochmal: ich konnte es mir leisten!«

Zwei Jahre später war ich mit meinem damaligen Freund im Urlaub, und auf der Terrasse vor unserer Strandhütte gab es einen riesigen Ganzkörperspiegel. Als ich aus der Dusche kam und mich eincremen wollte, sah ich zum ersten Mal, was für einen Unterschied zwei Jahre an einem Hintern ausmachen können. Ich dachte zuerst noch, es handele sich um eine optische Täuschung, also dass der Spiegel vielleicht konvex oder konkav ist (oder was auch immer macht, dass etwas breiter, länger und delliger aussieht).

War aber nicht so. Da ich zu dem Zeitpunkt – Gott sei's gepriesen – alleine auf der Terrasse war, machte ich sofort den Hintern-Gesicht-Vergleich. Ich war mir mit mir selber schnell einig, dass mein Gesicht noch genauso aussah wie vor zwei Jahren. Da waren keine Falten, die da nicht hingehörten. Da waren auch keine Dellen, und es war auch vor allem nicht insgesamt um mindestens fünf Zentimeter nach unten gesackt! Und mein Gesicht war Wind und Wetter immerhin die ganze Zeit schutzlos ausgeliefert gewesen, während mein Hintern mehrschichtig eingepackt doch wohl mehr als gut geschützt war! Was war nur passiert?! Was war da hinten los, was hatte sich hinter meinem Rücken abgespielt in den letzten zwei Jahren?!

Das, was mir da aus den verlängerten Oberschenkeln wuchs, sah ja beinahe aus wie ein Schlachtfeld nach dem Hundertjährigen Krieg! Auf dem winzige (aber extrem hartnäckige) Mini-Krieger alle Arten von Waffen ausprobiert hatten! Von mir völlig unbemerkt! In gerade mal zwei Jahren! Mir war klar, wenn die Natur DAS in zwei Jahren aus meinem Hintern machen konnte, würde ich in spätestens fünf Jahren von hinten so aussehen, wie zwei Jürgen Prochnows nebeneinander von vorne. Ohne Augen, Nase und Mund. Das musste ich auf jeden Fall verhindern.

Als ich wieder zu Hause war, trennte ich mich als Erstes von dem damaligen Freund. Der hatte gesehen, wie es hintenrum um mich stand, und keinen Ton gesagt. Natürlich war es aus seiner Sicht eigentlich richtig, dass er dazu nichts gesagt hatte, aber darum ging es jetzt nicht. Ich wollte alle Zeitzeugen dieses Hintern-Desasters loswerden. Im Anschluss an die Trennung zwang ich mich, viermal in der Woche regelmäßig ins Fitnessstudio zu gehen. Ich machte

BOP-Übungen wie eine Wahnsinnige, massierte Anti-Cellu-lite-Cremes, Öle und Lotionen ein und gewöhnte mir an, im Stehen an meiner Semesterarbeit zu schreiben, weil ich dabei die Arschmuskeln im Zehn-Sekunden-Takt anspannen konnte. Das Ergebnis war, dass meine Beine, Arme und Bauchmuskeln absolut sehenswert wurden, mein Hintern von der ganzen Anstrengung am Ende aber offenbar so erschöpft war, dass er weitere drei Zentimeter nach unten rutschte. Es war zum Heulen.

Darum beschloss ich damals, meinen Hintern so zu behandeln wie den Tod. Ich würde ignorieren, dass es ihn gibt. Beziehungsweise verdrängen, solange es geht. Frauen sind im Verdrängen um Längen besser als im Vergessen. Und das hat bis heute prima funktioniert. Es ist reiner Selbstschutz, und er funktioniert auch im Alltag. Wir besitzen in der ganzen Wohnung keinen Spiegel, der tiefer geht als mein Bauchnabel. Dafür habe ich gesorgt, und Rainer ist es nie aufgefallen. Auch sonst komme ich mit meiner Selbsttäuschung gut zurecht. Wenn irgendjemand eine gutgebaute Frau von hinten sieht und sagt »Geiler Hintern!«, dann nicke ich zwar, und alle halten mich für wer weiß wie cool, aber innerlich denke ich inzwischen schon »Geiler was?«

Ich möchte nicht wissen, wie mein Hintern inzwischen aussieht. Ich weiß, es wäre nicht gut für mich, wenn ich das wüsste. Ich habe, seit ich Mitte zwanzig war, schon für viele verschiedene Körperteile Komplimente von Männern bekommen. Mein Hintern war nie dabei.

Was man nur lange genug ignoriert, das hat es nie gegeben. Im Grunde halte ich es also mit meinem Hintern so, wie meine Großeltern mit dem Dritten Reich. Das kann man anprangern. Man kann mich aber auch einfach mit dem ganzen Thema in Ruhe lassen. Und bisher war ich davon ausgegangen, dass Rainer das verstanden hat …

Hier ist ein Rezept für einen Auflauf mit Mangold drin.
So wie du das sagst, klingt es wie ein Vorwurf.
Was ist Mangold, Ramona?
Das gleiche wie Spinat, nur in chic.
Also Unkraut.
Nein, Gemüse!
Wir hatten doch noch nie Unkrautauflauf, warum hast du ein Rezept dafür in unsere Kiste gelegt?
Du hast es vielleicht nicht mitbekommen, aber ich hatte mal eine Phase, wo ich versucht habe, etwas mehr auf unsere Ernährung zu achten.
Echt? Warum?
Ich weiß, für dich sind Vitamine und Vampire Sachen, die sich irgendwelche Geschäftemacher ausgedacht haben, um Frauen zu verarschen.
Ich hab's dir doch schon erklärt: In freier Wildbahn lebt eine Katze von Mäusen, bei dir lebte sie von Dosen, und sie wurde trotzdem steinalt und war die ganze Zeit über sehr glücklich. So sind Männer auch.
Ja, und mit meiner Katze konnte man ähnlich gut diskutieren. Aber alles hat ja zwei Seiten, auch dieses Rezept, und hinten drauf ist ein schöner Artikel über die Vorzüge des Landlebens...
Ach du Scheiße!
Ich sehe, du erinnerst dich...
Und wie! Da waren dir die ganzen Vitamine zu Kopf gestiegen, und du wolltest unbedingt aufs Land!
So wie du es sagst, klingt es schon wieder wie ein Vorwurf.
Ja!

Die Sache mit der Landlust

Frauen sind leichtgläubiger als Apostel. Wenn unsereins eine nackte Frau in einem einschlägigen Heft betrachtet, weiß er, dass die abgebildete Dame in Wirklichkeit nicht so aussieht. Zumindest nicht morgens nach dem Aufstehen, oder wenn sie Grippe hat. Ramona hingegen sah das Landleben in einem dieser Heftchen, die das Landleben verherrlichen, glaubte alles, was sie sah, und wollte partout aufs Land. »Jetzt guck doch nur!«, hieß es, »die Ruhe, die Felder, das Fachwerk und alles!« Ramona bildete Sätze, die mit »Sollen wir nicht ...« anfingen und mit »... uns ein Wochenendhäuschen auf dem Land kaufen, Schatz?!« aufhörten. »Schatz« ist höchste Alarmstufe. Wenn Frauen »Schatz« sagen, ist es so, als wenn meine Mutter »Junger Mann« sagt. Danach kommt nie etwas Erfreuliches

Ich versuchte es erst mit Argumenten, was bei Frauen natürlich Quatsch ist. Ich brachte das Beispiel mit dem Playmate, ohne Erfolg. Ich erklärte, dass es einen Grund hat, warum die Bauern bei *Bauer sucht Frau* entweder keine Bauern sind oder so aussehen, als wäre die Mutter ein Schaf und der Vater ein Schlaganfall gewesen. Aber da hieß es von Ramona, ich sei ein typisch zynischer Stadtmensch, dem ein Aufenthalt auf dem ehrlichen, einfachen Land guttun wird. Wir sind ja schon ein bisschen in der Welt herumgekommen, aber für Ramona schienen zwei Wochen Bali ein schlechteres Abenteuer als ein Wochenende in Bad Bumsdorf.

Ich wollte als Kind mal einen Hund haben. Mein Vater gab mir einen Stein und eine Leine und erklärte, ich solle mit dem Stein an der Leine einen Monat lang jeden Tag drei Mal durch den Park laufen. Wenn ich dann noch Lust hätte, führen wir sofort ins Tierheim. Es blieb für mich bei einer hundlosen Kindheit. Frauen und Kindern kann man Wünsche nur austreiben, indem man ihnen die Konsequenzen plastisch vor Augen führt. Deswegen fuhr ich mit Ramona für ein verlängertes Wochenende auf einen Bauernhof in der Nähe.

Der Bauernhof verhielt sich dann auch zur Idylle exakt so wie mein Stein zum Hund. Die Menschen sprachen einen von Grammatik befreiten Dialekt, die Gegend roch nach Gülle, und die Betten sahen aus, als wäre Stefan Mross darin gezeugt worden. Ramona war begeistert.

Im Gasthof gab es irgendeine lokale Spezialität, die aus gutem Grund keine weitere Verbreitung gefunden hatte. Vermutlich irgendwas mit Pansen. Ramona war begeistert. Wir verliefen uns bei Spaziergängen, traten in Kuhfladen, und ich erklärte meiner Freundin, dass die Bauern die von ihr ins Herz geschlossenen Tiere später alle umbringen, um daraus den Pansenfraß zu machen. Ramona blieb begeistert, und wir hatten Sex in dem Bett von Stefan Mross' Eltern.

Der Hauptunterschied von Stadt und Land ist, dass auf dem Land absolut nichts los ist. Deswegen erfindet der Landmensch ständig irgendwelche Rituale, die alle das Ziel haben, sich zu besaufen. Jemand hat Geburtstag, ist gestorben, hat geheiratet, einen neuen Traktor, oder es ist Donnerstag. Egal. Es gibt Alkohol, und das nicht zu knapp.

Auch Gäste werden schnell in diese Rituale eingebunden. In der Stadt kenne ich selbst meine Nachbarn nur vom Namen am Briefkasten. In der Dorfschänke wusste ich nach drei Runden, dass der Frisör depressiv ist (was die anwesenden Frisuren erklärte), der Bäcker schwul und der Bürgermeister sehr gut versaute Witze erzählt.

Nach fünf Runden hatte ich Freunde. Mehr als in der Stadt. Richie versprach, mir bei der feuchten Wand im Keller zu helfen, Gonzo kommt günstig an jede Form von Elektronik, und der Lenni bringt mir den Wagen übern TÜV. Dazu lief spitzen Musik aus den 80ern. Es war ein herrlicher Abend.

Währenddessen saß Ramona eher allein an der Theke. Die Landfrauen hatten alle Kinder und mussten früh nach Hause. Außerdem gab es kein W-LAN und kein Handynetz. Um sie aufzumuntern, schlug ich ihr Sex im Stall vor, übergab mich allerdings praktisch gleichzeitig. Der Pansen vertrug sich wohl nicht mit dem Alkohol. Noch während ich ihr meinen Mageninhalt vor die Füße kippte, gestand ich ihr, dass sie mit ihrer Landliebe recht hatte und ich mich umgehend nach einem Wochenendhäuschen in der Nähe umgucken würde. Ich sei sogar praktisch schon Mitglied der örtlichen Freiwilligen Feuerwehr. Aber Ramona reagierte patzig und wollte nach Hause. Ein kotzender Kerl mit seinen Kumpeln sei nicht ihre Vorstellung von Idylle. Wenn Frauen wüssten, was sie wollen, wären sie ja Männer.

Ich hole gerade meine Pubertät nach und rebelliere gegen meine Mutter. Damals, als ich im passenden Alter dafür gewesen wäre, hab ich es nicht gemacht, teils aus Angst vor Taschengeld- oder Fernsehentzug, teils aus Unwissenheit. Zum Beispiel beim Thema Essen. Ich gehöre zur ersten Mikrowellengeneration. Meine Mutter hatte die Vorzüge von Fertiggerichten entdeckt und exzessiv ausgelebt, deswegen war es für mich wiederum später eine echte Entdeckung, dass man Püree aus Kartoffeln macht und nicht aus Tüten, dass es neben Pfeffer, Salz und Maggi noch andere Gewürze gibt und dass Rosenkohl, Kohlrabi und Wirsing von Natur aus unterschiedlich schmecken und nicht hauptsächlich nach Sahne und Schmelzkäse. Meine Teenager-Essstörung war nur eine Reaktion auf Mutters Kochstörung, weiß ich heute.

Ich habe sie jetzt nachträglich mit dieser Erkenntnis konfrontiert, und ihre verblüffende Antwort war, sie sei vor der Ehe quasi selbst eine Kohlrabi gewesen, die dann aber durch ihren Mann, den Job und die nervigen Kinder nach und nach in die Mikrowelle gedrängt wurde. Männer sind nicht nur verantwortlich für Kriege, Not und Elend, sondern auch für Fertiggerichte. So die Quintessenz meiner Mutter. Ihr Mann sei schuld, dass sie zeit ihres Lebens keinen Garten hatte, dass sie im Urlaub immer ans Meer musste und dass die Liste ihrer Rezepte noch kürzer ist als die Liste von talentierten Schauspielern bei der *Lindenstraße*.

Und ich, sagte meine Mutter dann noch, sei ihre Tochter, die es keinen Deut besser mache. Mein Rainer bestimme doch auch immer, wie wir unsere Freizeit verbrächten, mein

Rainer nehme doch eine Pizza mit in ein Sternerestaurant, aus Angst nicht satt zu werden, kurz, mein Rainer sei praktisch Papa 2.0, und ich sei sie, in jünger und mit weniger Oberweite.

Vielleicht meinte sie es liebevoll, ich fasste es nicht so auf. Ich beschloss die Rebellion. Ich wollte meiner Mutter zeigen, dass Rainer und ich im Vergleich zu Papa und ihr so sind wie ein Smartphone im Vergleich zu Rauchzeichen.

An dem Abend brachte Rainer strahlend alle Zutaten für Hotdogs mit, denn es gab Fußball im Fernsehen. Er stellte mir seine Einkäufe in die Küche, machte sich ein Bier auf und den Fernseher an. Er war nicht Papa 2.0, er war einfach nur Papa.

Ich hielt mit einer Illustrierten dagegen, die das Landleben feiert. Ich drehte voll auf. Ich sprach von einem Wochenendhäuschen auf dem Land. Rainer war völlig von den Socken. Ich sagte ihm natürlich nicht, dass es mir hauptsächlich darum ging, es meiner Mutter zu zeigen, sondern behauptete, ich wolle zurück zur Natur, weg vom wärmegedämmten Neubau in der Stadt, hin zu alten Bauernhöfen, wo frischer Wind durch die Ritzen pfeift und man einen gemütlichen Holzofen anzündet.

Rainer meinte, ökologisch sei das sehr schlecht, und er hat natürlich recht. Natur ist nicht gut für die Umwelt, aber das wird sich erst in zwanzig, dreißig Jahren auswirken, und ich hatte Angst, dass ich bis dahin Fertiggerichte gut fände. Das Leben auf dem Land ist wie ein Placebo. Man muss dran glauben, dass es einem hilft. Ich griff in meine Trickkiste: Ich erzählte in seinem Beisein meinen Freundinnen von unserem Landhäuschen und behauptete, es sei Rainers Idee gewesen, als die Mädels begeistert reagierten. Gelobt werden Männer immer gern, egal ob sie es verdient haben oder nicht.

Irgendwann kam Rainer aus der Nummer nicht mehr heraus, und wir fuhren aufs Land. Ich machte triumphierend jede Menge Bilder, die ich meiner Mutter schickte. Rainer und ich mit Kühen. Rainer und ich mit Kuhfladen. Rainer und ich und irgendwas Schwobbeliges auf dem Teller, was roch wie Socken und angeblich eine lokale Spezialität war. Ich tat begeistert und knipste auch das. Alles, um meiner Mutter zu zeigen, dass ich weiter war als sie. Dass ich problemlos einen Garten bekäme, und einen Mann hatte, der sich problemlos von mir die Freizeit gestalten ließ. In Wirklichkeit zog Rainer einen ausgewachsenen riesen Flunsch. Um ihn zu beruhigen, hatten wir Sex in einem Bett, dessen Bettwäsche schon so hässlich war, dass sie vermutlich normalerweise zur Verhütung benutzt wurde.

Abends saß ich an der Theke im örtlichen Wirtshaus mit anderen Frauen meines Alters, die alle so waren wie meine Mutter. Sie hatten Kinder, halbe Stellen und kümmerten sich um den Haushalt, während ihre Männer ein, zwei Tische weiter über Autos sprachen und wie man sie über den TÜV bringt. Und Rainer mittendrin. Ich wollte schnell wieder in die Stadt, ich wollte sofort die *Emma* abonnieren, ich wollte mich nachträglich von Angela Merkel adoptieren lassen. Vermutlich hat die Natur, in der ich jetzt herumsaß, es schlau eingerichtet, dass man normalerweise in meinem Alter nicht mehr anfängt, gegen seine Eltern zu rebellieren.

Sex Bingo?

Hat mir Nicole geschenkt ... das ist so'n Partyding ...

»Wenn alle Stellungen durch sind, seid ihr bingo!« Das ist ja schon grammatikalisch fragwürdig und biologisch einfach nicht hinzukriegen.

Na ja ...

Was zur Hölle ist denn »Schubkarre«?

Ich glaube, das Ganze gibt's auch für Anfänger, dann steht da immer nur »Missionarsstellung«.

Sag mir nicht, du hast schon mal »Schubkarre« gemacht?

Ist es denn durchgestrichen?

Ich dachte, das hier ist unsere Kiste?! Und jetzt finde ich hier den Beweis, dass du schon Schubkarre gemacht hast?

Dafür, dass du gerade noch nicht wusstest, was Schubkarre ist, regst du dich jetzt ganz schön drüber auf.

Ich hab schon mal eine Schubkarre gesehen, und deswegen weiß ich, dass *wir* noch nie Schubkarre gemacht haben.

Falls es dich beruhigt, es geht um die nächste Seite.

»Dirty Talk Bingo«.

Richtig.

Da ist gar nichts durchgestrichen.

Na, guck ...

Du jammerst doch ständig, dass dir alles wehtut! Beim Joggen jammerst du schon, wenn du dir gerade die Schuhe angezogen hast, und jetzt willst du auf einmal Schubkarre!

Wie gesagt, es geht eigentlich um das andere.

Komm du mir heute Abend ins Bett, dann gibt's Schubkarre! Ohne Räder, das versprech ich dir aber! Und danach will ich nichts mehr hören!

Siehst du, das ist genau der Unterschied zwischen uns ...

Die Sache mit dem
Dirty Talk

Schweigen ist Gold, Reden oft Blech, lautet eine männliche Grundregel bei Beziehungen. Der Frauensatz: »Du, wir müssen mal reden« wirkt bei den meisten Männern wie eine Art Anti-Viagra, es sei denn, es geht nicht um die Beziehung, sondern ums Vögeln. Reden im Bett finden Männer meist eine prima Sache. Beim Sex wirken Worte oft besser als Strapse, und ein paar gute Verbalsauereien ersetzen schon mal das Vorspiel. Theoretisch. Praktisch ist es aber für jeden Mann wie für Robert de Niro: Stimmt sein Text, ist er der coole Typ aus *Heat*, andernfalls aber die peinliche Nummer aus *Meet the Fockers 3*. Das gilt insbesondere, wenn das Paar sich schon länger kennt.

Es ist nicht leicht, erst »Komm, du geiles Stück!« zu schreien, um kurz drauf miteinander den Elternabend zu planen. Eins von beidem wird schnell albern, und in den meisten Fällen ist es nicht der Elternabend.

Ich habe Ramona im Eifer des Gefechts mal Schlampe genannt. Die Reaktion war, als ob man bei einem ordentlichen Porno aus Versehen auf die Pause-Taste drückt: Die Frau hört auf, sich zu bewegen, und es entsteht eine peinliche Stille im Raum.

Wie ein Politiker habe ich erst mal versucht zu leugnen (»Ich hab Nachttischlampe, gesagt, aber das ›Nachti‹ war sehr, sehr leise …«). Auf die berechtigte Nachfrage, warum ich meine Freundin Nachttischlampe nenne, hatte ich keine Antwort. Ich hab dann alles mit der Versicherung verschlimmert, dass ich Schlampe bei *ihr* uneingeschränkt positiv gemeint hätte, wohingegen die Schlampe aus unserer Rechtsabteilung einfach nur billig ist, und billig jetzt nicht im Sinne eines attraktiv günstigen Angebots, sondern eben … und so weiter. Wir hatten anschließend drei Wochen keinen Sex.

Nach so einer Erfahrung bringt man zukünftig immer schön die Goldwaage mit ins Bett und macht sich das Leben ordentlich schwer. Und das geht so: Ist es okay, die Frau »Sau« zu nennen, und was heißt es, wenn sie den Mann »Schwein« nennt? Was ist mit anderen Tieren? Ist »Stute« in Ordnung? Auch dann, wenn du sie außerhalb des Betts meist Häschen oder Mäuschen nennst? Ist es kontraproduktiv, auf »Fick mich!« mit »Was meinst du, was ich hier mache?!« zu antworten? Ist »O Gott« eher positiv, heißt also »Mach genau das weiter, was du da grad machst«, oder heißt »O Gott« im Bett dasselbe wie im normalen Leben, also mehr wie in: »O Gott, mach, dass das endlich aufhört!«?

Was ist mit Dialekt? Schließen sich Fränkisch und Erotisch nicht automatisch aus? Kann man der Frau klarmachen, dass »Ei, des hat die Muddi gern!« extremst ungeil und albern klingt? Ist es aber genau so albern, dass Ramona sich zwei, drei dänische Sätze draufschaffen soll, weil ich mal einen Film gesehen habe, in dem eine Dänin eine, ja, tragende Rolle spielte? Wo sind überhaupt die Grenzen? Bei einem langweiligen Pärchenabend im Restaurant habe ich Ramona ins Ohr geflüstert: »Vergiss das Tiramisu, ich weiß einen besseren Nachtisch …« Was bei ihr ankam, war: »Du bist dick genug, du brauchst jetzt nicht noch Mascarpone mit Eiern!« Und ein Tippfehler bei einer versauten SMS kann genauso viel kaputtmachen wie Lispeln beim Telefonsex.

Im Fußballstadion ist alles leicht. Da schreit man beim generischen Abschlag einfach »Arschloch, Wichser, Hurensohn!«, meint es aber natürlich nicht wirklich so, zumindest, seit Olli Kahn nicht mehr spielt. Es ist einfach herrlich befreiend. Im Stadion käme niemand darauf, dass der Keeper das vielleicht falsch auffassen könnte und beleidigt ist. Auch Fans mit Abitur haben noch nie darüber nachgedacht, stattdessen lieber »Ich halte dich für charakterlich nicht einwandfrei!« zu brüllen. Mit Frauen ist aber alles, wieder mal, viel, viel komplizierter ...

Dass Männer nicht gerne reden, ist eine allgemein anerkannte Tatsache. Zumindest nicht innerhalb einer Beziehung und mit der eigenen Freundin. Fand ich noch nie toll, hab mich aber damit abgefunden.

Auch Rainer spricht nicht viel, und wenn, dann achtet er darauf, dass er eindeutige Sätze formuliert, die auf keinen Fall zu Missverständnissen führen können (schlimm), zu Streit (schlimmer) oder Sexentzug (Hölle!). Rainer hat ein T-Shirt mit dem Aufdruck: »Wenn man nichts zu sagen hat: Einfach mal die Fresse halten!« Da bin ich grundsätzlich vollkommen seiner Meinung, auch wenn ich es eher traurig finde, dass Rainer nie was zu sagen hat. Davon abgesehen habe mich aber noch nie beschwert, wenn er dieses T-Shirt im Bett anhatte. Im Bett finde ich Stille angebracht. Da muss es ruhig sein, weil man sonst den Ton vom Fernseher so schlecht verstehen kann. Umso überraschender kam es darum für mich, als Rainer beim Sex auf einmal »Schlampe« zu mir sagte.

Ich war mir erst nicht sicher, ob ich ihn richtig verstanden hatte, manchmal nuschelt er, besonders wenn er abgelenkt ist. Auf meine vorsichtige Nachfrage fing Rainer dann aber plötzlich aus dem Nichts richtig viel an zu reden, am Stück, Dinge wie »Ich meinte »Nachti-Schlampe« und »… ganz beschissene Akustik hier in dem Zimmer!«

Diese ungewohnte Masse an aneinandergereihten Wörtern, die beinahe schon ganze Sätze bildeten, zeigte klar, dass er mich tatsächlich »Schlampe« genannt hatte. Meine spontane Verwirrung war noch nicht mal das Wort »Schlampe«

an sich. (Rainer hatte mich zu Beginn unserer Beziehung zweimal »Kleines« und einmal »Baby« genannt, was ich deutlich schlimmer fand). Auch nicht, dass Rainer nach drei Jahren völlig okayem Kuschelsex mit gelegentlichen Wildheitsanfällen plötzlich beschlossen hatte, Dirty Talk auszuprobieren. Was mich irritierte, war die Tatsache, dass er *ein* Wort sagte und danach sofort abstritt, es überhaupt gesagt zu haben. Was ist das denn für ein unmännliches Verhalten?

Wenn ich mich nicht ganz vertue, ist Dirty Talk ein verbales Mittel zur sexuellen Stimulation und hat den Sinn, den Partner durch wiederholtes Benutzen von schmutzigen Worten in Erregung zu versetzen. Das schien Rainer schon mal falsch verstanden zu haben, wenn er davon ausging, dass ich abgehe wie Schmitz' Katze, weil er einmal (und das auch noch vorwurfsvoll) »Schlampe« zu mir sagt.

Das versuchte ich ihm zu erklären, auch dass ich grundsätzlich kein Problem damit habe, wenn er unser Sexleben mit Dirty Talk ankurbeln will, nur – Sex kann man auch alleine haben, Talk nicht. Und wenn seine (Gesprächs-)Partnerin in seinen Augen eine »Schlampe« ist, dann sollte er doch bitteschön warten, ob die »Schlampe« nicht auch noch was zum Dirty Talk beizusteuern hat, bevor er sich in Entschuldigungen verheddert.

Ich war ein bisschen sauer, was mich gleichzeitig ein bisschen geil machte. Wenn Rainer mich jetzt einfach mit einem »Halt die Klappe, Schlampe!« zurück ins Bett geworfen hätte, wäre die Situation noch zu retten gewesen. *Das* ist Dirty Talk. Es muss *passen*, versuchte ich Rainer dann auch zu erklären.

Wenn aus einem harmlosen Kuss erst wildes Knutschen wird und der große blonde Kerl mir dann leidenschaftlich und voller Kraft die Sachen vom Leib reißt, mich mit Händen, Lippen und Zunge gleichzeitig um den Restverstand

bringt und mir dabei ins Ohr sagt: »Ich werd dich jetzt ficken, bis du ohnmächtig wirst!«, dann ist das, unter Umständen, okay. Wenn man aber mitten im Buchhaltersex ist,
dann irritiert ein einzelnes »Schlampe« eher. Erklärte ich
Rainer.

»Der blonde Kerl, war das Janosch?«

O Gott, hatte ich »blond« gesagt? »Hm?«

»Der blonde Kerl, der dir leidenschaftlich und voller Kraft
die Sachen vom Leib gerissen hat – war das dein Ex? Hast du
mir gerade erzählt, wie Dirty Talk mit deinem Ex ging?«

Ups. Ja, hatte ich. »Quatsch, das war wahrscheinlich ein
Auszug aus einem Pornoroman von früher …«

»Und mit mir hast du also Buchhaltersex.«

»Hm …?«

»Janosch hat dich bis zur Ohnmacht gefickt, und mit mir
hast du Buchhaltersex. Kann man das so festhalten?«

Wir hatten an diesem Abend keinen Sex mehr und danach auch noch eine ganze Weile nicht. Dirty Talk führt
nicht unbedingt zu besserem Sex, sondern häufig zu gar
keinem. Aber das steht natürlich nie in diesen Männer-
magazinen.

Ein Monopoly-Hotel! Wieso ist das denn da drin? Hast du etwa mal gegen mich gewonnen?

Nach dem Spiel haben wir uns getrennt, weißt du das nicht mehr?

Ich bin als Kind beim Versteckenspielen mal vergessen worden. Die anderen Kinder waren alle schon zu Hause, da hab ich mich immer noch versteckt.

Ich bin für mehrere Tage ausgezogen, Rainer ...

Mir hat auch mal einer beim Tipp-Kick einen Ball ins Auge geschossen, und ich glaube, mein Cousin hat mal den Jesus aus der Weihnachtskrippe verschluckt ...

Ist dir peinlich, die ganze Nummer, stimmt's?

Siggi hat seinem Bruder beim Billard den Queue derartig in den Schritt gestoßen, dass er lange dachte, er hätte jetzt 'ne Schwester ... Spielen ist in jeder Form immer hochgradig gefährlich.

Ist dir übrigens zu Recht peinlich!

Ich spiele halt nicht so gern, spielen ist was für Kinder, Rentner oder Waldorf-Eltern.

Du hast dich damals nämlich ziemlich peinlich benommen.

Monopoly zum Beispiel ist höchstens was für türkische Jugendliche, die denken, dass die »Du kommst aus dem Gefängnis frei«-Karte echt ist.

Wenn dir was peinlich ist, reitest du dich immer weiter in die Scheiße.

Herrgott, was willst du jetzt hören? Ich kann nicht gut verlieren, okay? Und schon gar nicht dich!

Das war jetzt gar nicht peinlich ... das war regelrecht süß!

Die Sache mit der Trennung

Paare trennen sich statistisch gesehen gerne dann, wenn sie frisch zusammenleben und merken, dass der Alltag nicht funktioniert. Statistiken sind scheiße. Vor allem wenn sie stimmen. Nachdem Rainer und ich zusammenzogen, war erst mal alles prima.

Wir hatten viel Sex. Dann gingen wir beide wieder unserem gewohnten Rhythmus nach. Mein Rhythmus war morgens: Aufstehen, duschen, anziehen, Kaffee und Zigaretten und auf dem Weg zur Arbeit ein belegtes Brötchen vom Bäcker. Wie Rainers Rhythmus *vor* mir war, weiß ich nicht, aber sein neuer Rhythmus ging so: Aufstehen, duschen (während ich unser gemeinsames Frühstück vorbereitete), schon mal mit dem Frühstück anfangen (während ich gestresst unter der Dusche stand) und zur Arbeit fahren (während ich mir gehetzt ein Brötchen schmierte und den Saustall aufräumte, den Rainer hinterlassen hatte). Das fand ich ein Stück weit suboptimal verteilt, dachte aber, dass man so was angesichts einer ansonsten prima laufenden Beziehung durch ein Gespräch schnell klären kann (und hörte meine Mutter im Kopf da schon leise lachen).

Ich erzählte Rainer also von meinem eigentlichen Rhythmus, der weder Frühstück machen, noch Frühstück wegräumen beinhaltet hatte. Rainer war entsetzt. »Wie, du hast nie gefrühstückt?! Frühstück ist die wichtigste Mahlzeit des Tages! Das ist medizinisch nachgewiesen.« Ich hatte kurz das Gefühl, nicht bei Rainer, sondern wieder bei meiner Mutter eingezogen zu sein. Auch die kann bei Bedarf jederzeit ein abgeschlossenes Medizin- oder Jurastudium vortäuschen und dabei gleichzeitig Vorwürfe überhören. Rainer schlug wortreich einen Kompromiss vor, der, wie ich zu spät merkte, letztlich so aussah: Ich machte weiterhin Frühstück und räumte es weiterhin weg, war dafür aber dankbar, dass Rainer mir durch den entscheidenden Hinweis auf die Bedeutung des Frühstücks weitere Jahre meines Lebens geschenkt hatte.

Kurz: Nach drei Tagen lief es wieder wie vorher. Mit dem Unterschied, dass wir jetzt eine halbe Stunde früher aufstanden, damit ich nicht mehr gestresst war. Eigentlich stand nur ich eine halbe Stunde früher auf. Aber was ist schon eine halbe Stunde angesichts einer ansonsten prima laufenden Beziehung (an der Stelle hörte ich meine Mutter im Kopf schon lauter lachen).

Nach ein paar Wochen waren wir dann vollkommen im Alltag angekommen, und zwar in Rainers. Bevor ich bei ihm eingezogen war, hatte er mir süße SMS geschrieben, wenn er abends länger arbeiten musste oder sich noch mit seinen Kumpels treffen wollte. Bei Letzterem hatte er sogar immer *gefragt*, ob es okay für mich wäre. Was es natürlich immer war. Ich bin eine *gute* Freundin.

Ein weiterer wichtiger Punkt in meinem persönlichen Rhythmus ist: Wochenenden sind heilig! Beziehungsweise für den Partner reserviert. Ich bin mir ziemlich sicher, dass ich Rainer das auch mehrfach mitgeteilt hatte. An einem Samstag stand trotzdem auf einmal die komplette Thekenmannschaft von »Ajax Atemnot« in unserem Wohnzimmer. Mit Trikots, lautstarker Vorfreude auf den Bundesligaspieltag und zwei Kisten Bier.

Ich fläzte mich gerade in Rainers Jogginghose auf der Couch und konnte nicht wegrennen, weil ich meine Füße dick mit einer Entspannungslotion eingecremt hatte, die noch weitere zehn Minuten einwirken musste. Die Tatsache, dass sechs mir völlig unbekannte Kerle mich zum Brüllen komisch fanden, inklusive meines eigenen Freundes, war für mich ein Zeichen, dass hier irgendwas weit schiefer lief als befürchtet. Und weder verteidigte Rainer mich noch erklärte er mir, dass er schlicht und einfach vergessen hatte, mich über den Besuch seiner Jungs zu informieren. Er lachte nur. Und als er mein stinksaures Gesicht sah, gab er mir einen Kuss auf den Kopf (vor seinen Jungs) und fragte, ob wir noch Chips im Haus hätten (vor seinen Jungs). Ich schluckte Galle und zeigte auf den Chipsvorrat. Ich bin eine *gute* Freundin. Man faltet seinen Partner nicht vor anderen Leuten zusammen. Auch wenn diese Leute einen merkwürdig bis missbilligend ansehen. Eine Frau ist für die Kumpels wie der Schiedsrichter beim Fußball: gehört irgendwie dazu, hat aber keine Ahnung, macht alles falsch und im Zweifel sogar kaputt.

Als die Bekloppten sechs Stunden später endlich gehen wollten, hatte ich dringend vor, meinen mühsam zurückgehaltenen Wutanfall rauszulassen. Stattdessen hörte ich: »Wir gehen noch ins ›Abseits‹, wird bestimmt spät, brauchst nicht warten.«

Und weg war mein Freund. Irgendwie wollte meine Devise »Was ist das schon, angesichts einer ansonsten prima laufenden Beziehung …« dieses Mal nicht so richtig funktionieren. Auch meine inzwischen lautstark und gehässig in meinem Kopf lachende Mutter sah das offenbar ähnlich.

Nach noch nicht mal zwei Monaten hatte Rainer sich in einen Mann verwandelt, den ich nicht kannte. Wenn er sich jetzt schon benimmt wie eine offene Hose auf Malle, wie würde er dann in einem Jahr sein? Oder in drei? Im direkten Vergleich mit Männern kommt »das Ding aus dem Sumpf« beim Zusammenleben besser weg. Vor allem wenn es ums Reden geht. Oder ums Benehmen.

Als ich einer flüchtigen Bekannten im Supermarkt von Rainers Verhalten seit meinem Einzug erzählte, erwiderte sie mit einem kleinen traurigen Lächeln: »Wenigstens schlägt er dich nicht.«

Zu Hause kochte ich Rainers Lieblingsgericht und schlug Monopoly statt Fernsehen vor. Ich wollte unbedingt irgendwas machen, das mir das gute Gefühl vom Anfang wieder zurückbrachte. Nach zwei Stunden »gutes Gefühl vom Anfang« warf Rainer mir sein Hotel von der Schlossallee ins Gesicht. Mein Auge blutete nicht, aber es wurde dick und tränte. Am nächsten Morgen packte ich einen Koffer und zog zu Nicole.

»Bei 'ner Beziehung mit *so* einer Frau bist du als Mann wie der Torwart beim Elfmeter. Keiner macht dir Vorwürfe, wenn's nicht klappt«, philosophiert mein Freund Möhre in sein Bier. Möhre ist Torwart bei unserer Thekenmannschaft Ajax Atemnot '01. Es ist Möhres Versuch, mich zu trösten, denn Ramona hat mich verlassen, und ich mache mir Vorwürfe.

Wir hatten Monopoly gespielt, und sie war der Meinung, auf dem »Frei Parken«-Feld passiere gar nichts, während ich weiß, dass man dort die gesamte Kohle bekommt, die die Spieler an Steuern, Strafen usw. zahlen müssen. Das Spielregelheftchen war weg, im Internet gab es widersprüchliche Aussagen, und ich hab ihr schließlich ihr Hotel von der Schlossallee ins Auge geworfen, unabsichtlich natürlich. Einen Tag später hat sie einen Koffer gepackt und ihren Status bei facebook auf »Single« gesetzt.

Es lief insgesamt nicht mehr so rund mit uns in letzter Zeit. Sie hatte angefangen, übers Frühstück zu meckern, und mich ständig in irgendwelche Beziehungsgespräche verstrickt. Zusammenleben auf engstem Raum ist nicht einfach. Man setzt nicht so ohne weiteres eine Seehündin in den Affenkäfig.

Ich hätte aber nicht gedacht, dass sie mir so fehlen würde. Ich hing durch wie eine Hängematte. Es war, als hätte man ein echtes Bier durch ein alkoholfreies ersetzt: Äußerlich war ich wie immer, aber das Wichtigste fehlte. Und ich fand, es war alles hauptsächlich meine Schuld.

Und jetzt faselt Möhre von Elfmeterschießen. »Was soll

das heißen«, frage ich, »mit *so* einer Frau?« Möhre verheddert sich alkoholbedingt in einer Erklärung. Thilo meint, in seinen Augen sei Ramona eine Art iPhone, wo es auch hauptsächlich ums Image geht, ums Aussehen, ums Haben. »Telefonieren kannste mit anderen sogar besser«, lallt er und beteuert, er meine telefonieren jetzt nicht im Sinne von vögeln, sondern mehr allgemein.

»Nix gegen die Ramona«, schließt Siggi an, auch nicht mehr nüchtern, aber ihn habe die Ramona immer an die Yoko Ono erinnert, die damals den John Lennon erschossen hat. Nicht vom Aussehen, aber von der Mentalität, sagt Siggi, und ergänzt noch, dass die Beatles danach nie mehr dieselben waren und dass Ajax Atemnot praktisch die Beatles der Thekenmannschaften sind und ich seit Ramona eben auch kaum noch zum Training gekommen sei.

Der Rest der Mannschaft legt kräftig nach. Die Ramona war ein Drachen, ein Teufel, heißt es. Mich träfe überhaupt keine Schuld, sagen alle. Ich sei verführt worden. Ich hätte gar nicht gewusst, worauf ich mich einlasse. Ich war Deutschland, sie war Hitler.

Nachdem das klar ist, herrscht an unserer Theke eine Stimmung wie Ende Mai '45. Alle sind immer schon dagegen gewesen, jetzt wo Adolf weg ist bzw. eben Ramona. Nervig sei sie gewesen, rechthaberisch, anstrengend, besserwisserisch. Ich komme mir vor wie Guido Knopp. Lauter Zeitzeugen erzählen mir, wie es früher angeblich war. Sie erinnern an gemeinsame Abende mit Ramona, nach denen alle schon wussten, wie es mal enden würde. Alle außer mir. »Und warum habt ihr nichts gesagt?« Nicht auszudenken, wie viele Beziehungen, Trennungen und Diktaturen vermieden werden könnten, wenn die Leute einfach mal rechtzeitig die Schnauze aufmachen würden.

Ich bin stinksauer auf die Jungs, sage aber nichts. Wozu

auch? Es bringt ja eh nichts. Und dann schreibt Ramona eine SMS. Dass ich ihr fehle und dass wir was hatten, was man nicht einfach so wegschmeißt wie ein Hotel auf der Schlossallee.

Ich bin gerührt. Vielleicht auch nur besoffen. So eine SMS hat Hitler nicht geschickt, aber Vergleiche hinken ja immer. Ich guck demnächst die ganzen Dokus, in denen die Leute erklären, wie die DDR nach dem Dritten Reich möglich war. Irgendwas muss ich meinen Jungs ja sagen, wenn Ramona wieder bei mir einzieht …

Es gab auch wichtige Momente, von denen wir keine Requisiten behalten haben.

Na klar, aber wenn du willst, leg ich eine Tüte heiße Luft in die Kiste, für den Abend, wo ich so gefroren habe und du mit dem Fön am Bett gestanden hast und ich zum ersten Mal dachte, dass du vielleicht doch anders bist als die anderen Kerle ...

Hmm, ja, zum Beispiel ...

Oder das Schokoschweinchen, was du mir geschenkt hast zum Elfmonatigen. Einjähriges feiern kann ja jeder, hast du gesagt, und das war süßer als das Schweinchen, das war nämlich zartbitter, und das mag ich nicht, was du nach elf Monaten durchaus hättest wissen können. Das Schwein war sogar in der Kiste, hat aber komisch gemuffelt und sah auch nicht mehr gut aus, deswegen hab ich's wieder rausgelegt.

Hmm ... ja, genau ...

Okay, wenn du mir so explizit zustimmst, willst du mir eigentlich widersprechen.

Hmm ... ja, genau ...

Also, was meintest du für Momente?

Na ja, Momente, wo nicht alles so gut war.

Dafür bräuchten wir ja keine Kiste, sondern einen Container! ... Hallo, das war ein Witz!

Es gibt auch Momente, wo Frauen keinen Humor haben sollten.

Lass mich raten: Es geht um Sex!

Die Sache mit dem Design-Toaster

Unser Toaster ist schlauer als ein durchschnittlicher Realschüler. Er kann selbständig Toast von Brötchen unterscheiden, er hat ein Display in wahlweise fünf Sprachen und ein ausgefuchstes Design. Ramona hat ihn gekauft, und ich kann ihn nicht leiden. Das scheiß Ding ist jeden Tag so stylish wie ich höchstens zwei Mal im Jahr zu besonderen Anlässen.

Früher war ein Toaster eine Art Teneriffa für Brot: hässlich, billig, langweilig, macht aber braun. Bestenfalls die Verpackung des Toasters war halbwegs verkaufsfördernd gestaltet. Wenn man den Kasten erst mal hatte, stand er rum, wurde benutzt, wenn man ihn brauchte, und fiel ansonsten nicht weiter auf. Praktisch wie ein Mann. Früher.

Auch ein Mann machte sich damals zurecht, solange er sich noch verkaufen musste. Hatte man ihn erst mal in der Wohnung, hörte er schnell damit auf und trug stattdessen Jogginghosen. So war es über Generationen: Anfangs machte man Komplimente, nach einer gewissen Zeit ließ man die Verpackung weg, und sagte: »Ey, noch zehn Minuten bis Fußball kommt, lass uns vögeln!«

Das ist heute aber unmöglich, weil alles um uns herum durchgestylt ist. Von A wie Abfalleimer bis Z wie Zitruspresse gibt es nichts, was nicht durch die Hände irgendwelcher Designer gegangen wäre. Außer mir. Ich sehe nach wie vor aus wie eine Version meines Vaters aus den 60er Jahren des letzten Jahrhunderts. Kein Update in Sicht, kein Relaunch möglich. Im Gegenteil. Ich werde zunehmend benutzerunfreundlich, zumindest wenn man Ramona glauben darf. Aber der Druck ist jeden Tag spürbar.

Der Hund unserer Nachbarn ist eine spezielle Züchtung, die angeblich weniger haart und stinkt, während ich jeden Tag eine halbe Perücke in meinem Kamm finde und nach einem längeren Tag im Büro keine Werbung für mein Deo mehr bin. Der Hund unserer Nachbarn ist also weiter als ich. Unsere Satinbettwäsche hat morgens nach dem Aufstehen weniger Falten als ich. Ich bin ein Fremdkörper in meiner eigenen Wohnung. Unsere sämtlichen Einrichtungsgegenstände zeigen mit manikürten Fingern auf mich und sagen: »Du passt hier nicht hin!« Unser Toaster gibt mir das Gefühl, ich wäre der Glöckner von Notre Dame, der Heidi Klum zwei Scheiben Brot in den Ausschnitt stecken will. Mein Toaster deprimiert mich. Und von Ramona hab ich da noch nicht gesprochen. Die ist Mitglied in einem Fitnessstudio, aber eher so, wie die meisten Mitglied in der Kirche sind. Man geht ein Mal im Jahr hin. Ein iPad ist glatter und flacher als Ramonas Bauch, machen wir uns nichts vor. Außerdem spiegelt und reflektiert heutzutage alles.

Als Ramona und ich neulich noch zehn Minuten Zeit hatten, bis Fußball anfing, und ich halbnackt über ihr bzw. der Arbeitsfläche in der Küche hing, konnte ich im Ceranfeld unseres Herds die Reflexion meines Hinterns im Toaster sehen. Der Toaster sagte: »Ich seh' spitze aus und du nicht. Ich kann jederzeit heiß werden und du nicht-« In fünf Sprachen. Nicht wirklich natürlich, aber in Designsprache.

Ich kam mir plötzlich vor wie bei einem Casting: Toaster, Ceranfeld und Zitruspresse wirkten, als würde einem Brad Pitt, Karl Lagerfeld und David Beckham beim Sex zugucken. Kein Mann kann dann noch. Das müsste Ramona eigentlich einsehen. Es ist im Prinzip sogar ihre Schuld. Sie hat den Toaster ja angeschleppt. Design macht impotent. Kein Wunder, dass Steve Jobs immer behauptet hat, er sei unfruchtbar.

Wir fahren demnächst mal für ein Wochenende nach Polen. Nach allem was man so hört, sieht's da jetzt so aus wie bei uns vor zwanzig Jahren. Also noch weitgehend undesigned. Das ist dann eine völlig neue Art von Sextourismus. Und danach werfe ich heimlich den Toaster in den Müll.

»Es gibt sie noch, die guten Dinge« ist der Werbespruch von Manufactum. Ich hab da vor zehn Jahren eine Haarbürste aus ganz toll ökologischem Holz gekauft, und die benutze ich immer noch. Und zwar nicht, weil ich geizig bin oder besonders pfleglich damit umgehe, sondern *weil ich es kann*. Die Bürste sieht nach zehn Jahren immer noch prima aus, war nie kaputt, und das Holz ist im Laufe der Jahre nur ein kleines bisschen dunkler geworden, was ihr sehr gut steht. Ich bin begeistert von meiner Bürste. Ich weiß, dass sie auch in den nächsten zehn Jahren zu mir gehören wird. Diese Bürste war eine Anschaffung fürs Leben. Wenn Manufactum Männer im Angebot hätte, wär' ich die Erste in der Schlange.

Wenn man Rainer mit meiner Bürste vergleichen würde, würde die Bürste gewinnen. Nicht nur, weil die Bürste mir weit regelmäßiger übers Haupthaar streicht. Der Grundgedanke bei so einer Anschaffung ist ja, dass sie eine ganze Weile halten soll. Da hat die Bürste Rainer schon mal locker fünf Jahre voraus. Dann wäre es schön, wenn die Dinge zumindest halbwegs so bleiben, wie sie waren, als man sie angeschafft hat. Sie müssen nicht besser werden, das erwarte ich nicht, weder von Bürste noch von Rainer. Aber die ursprüngliche Daseinsberechtigung sollte schon erfüllt werden.

Wenn meine Bürste plötzlich alle Borsten verlieren würde, würde ich ja auch nicht sagen: Hey, scheißegal, benutz ich das Teil halt als Pfannenwender! Ich würde sie wegschmeißen. Jetzt schmeißt man seinen Freund natürlich nicht weg, nur weil er älter, dicker und verlebter geworden ist. Männer verlassen Frauen aus diesen Gründen.

Männer können jahrzehntelang mit ihrer eingebauten Suchen / Ersetzen-Funktion durchs Leben gehen. Alle drei bis fünf Jahre eine neue Frau, immer bis zu dem Punkt, wo sie auf einmal anstrengend / fordernd / zukunftsorientiert wird. Und ab da dann eben austauschen.

Dass Rainer und ich uns gerade an einem kritischen Punkt befinden, wurde mir klar, als ich beim Anblick meiner Bürste im Badezimmer an Wegschmeißen oder Behalten dachte. Nicht, dass Rainer mich akut austauschen will, aber ich merke, dass alles in unserem Leben gerade auf diese spezielle Grenze zuläuft. Als ob man eine sehr lange, sehr lustige Kneipentour hinter sich hat und jetzt plötzlich vorm Puff steht. Reingehen und die Nummer durchziehen oder »bis hierhin und keinen Schritt weiter«?

Der Besuch im Puff und die Entscheidung zu heiraten ist für Männer erst mal ein aufregender, aber mindestens ebenso gruseliger Gedanke. Wenn man in den Puff geht, dann besoffen oder weil die Stimmung gerade passt. Genauso kann man seinen Kumpels auch den Entschluss, seine aktuelle Freundin zu heiraten, erklären. Das verstehen die. Denk ich mir.

Im Grunde hab ich aber keine Ahnung, weil ich eben eine Frau bin. Und es ist mir eigentlich auch egal, was irgendwelche Kumpels zu irgendeinem Typen sagen. Was mir wichtig ist, sind Rainer und ich. Und was jetzt kommt. Nach fast fünf Jahren kann man nicht mehr behaupten: »Wir gucken erst mal, wie's so läuft …«

Es läuft gut. Es ist ein anständiges, ordentliches Leben. Wenn ich zwischen Rainer und meiner Bürste von Manufactum wählen müsste, wäre die Bürste morgen weg. Klar, sie sieht nach wie vor gut aus und hat zehn Jahre lang einen ordentlichen Job gemacht, aber ich fühle nichts für die Bürste. Außer Dankbarkeit, vielleicht.

Für Rainer fühle ich eine ganze Menge. Nicht so wie am Anfang, natürlich. Ich kriege kein Herzklopfen, wenn ich ihn auf der Treppe höre, ich rasier mir nicht eine halbe Stunde vor jedem Treffen mit ihm die Beine und geh schon lange nicht mehr geschminkt ins Bett. Aber wenn ich mir vorstelle, dass er morgens nicht da ist, wenn ich wach werde, und zwar nicht nur für ein paar Tage sondern *nie* mehr, dann geht es mir schlecht. Das ist der Trick, wenn man in einer langjährigen Beziehung rausfinden will, ob das Ganze noch Sinn macht. Nicht fragen: »Wie geht's mir, wenn er da ist?«, sondern: »Wie geht's mir, wenn er *nicht* mehr da ist?«

Wir hatten vor kurzem Sex in der Küche, und aus irgendeinem Grund wollte Rainer danach unseren neuen Design-Toaster wegschmeißen. Auf meine Frage, wieso er nach Sex mit mir auf einmal unseren Toaster hassen würde, kam von ihm: »Du stehst doch sowieso nur auf durchdesigntem Kram, und ich bin Polen.«

Damit ging er ins Wohnzimmer und guckte Fußball, während ich mir noch völlig ratlos die Hose wieder hochzog und den Timer am hochmodernen Cerankochfeld ausmachte, den mein Hintern beim Wackeln versehentlich ausgelöst hatte.

Hier ist der scheiß Kassenzettel! Ich fass es nicht! Ich hab den damals gesucht wie blöd!

Hättest du lieber mal vorher ein passendes Geschenk gesucht ... wobei – blöd ist ja schon mal das richtige Stichwort.

Geht das jetzt schon wieder los!

Wenn Kolumbus so intensiv nach dem Seeweg gesucht hätte wie du nach einem Geschenk für mich, dann wär er gleich in Italien geblieben.

Spanien.

Hm?

Kolumbus war in Spanien.

Bäbäbäbä.

Der Zettel ist bares Geld wert, du Nase! Damit hättest du mein Geschenk umtauschen können und dir selbst was Schönes kaufen können. Zehn Pfund Lippenstift oder was du sonst so gut findest ...

Lippenstift? Du glaubst, ich benutze Lippenstift?

Das war ein Beispiel!

Hast du mich in den letzten Jahren überhaupt mal angeguckt?

Du schmierst dir doch immer Zeug auf die Lippen! Das hab ich selbst schon gesehen.

Wenn Kolumbus so viel von Seefahrt verstanden hätte wie du von Frauen, wär er nach zehn Metern abgesoffen. In SPANIEN!

Was hast du denn heute mit Kolumbus?

Einer der großen Entdecker der Menschheit. Steht hier in dem Buch, das du mir mal geschenkt hast ...

Fandest du das etwa auch doof?

Rate mal!

Die Sache mit dem Schenken

Es gibt nur zwei Arten, auf ein Geschenk zu reagieren: echte Freude und vorgetäuschte Freude. Keine adäquate Art ist: »Hast du den Kassenzettel noch?« Das war aber Ramonas Antwort auf mein Geschenk zu ihrem Geburtstag, und ich finde, die geht nicht. Die ist unhöflich. Man buht ja auch nicht bei den Paralympics. Die Leute, die da mitmachen, haben alle ein Handicap, geben sich aber Mühe. Genau wie ich an Ramonas Geburtstag.

Mein Handicap ist, dass ich ein Mann bin, und Männer können nun mal nichts schenken. Das ist ein Naturgesetz. Frauen frieren schnell, Männer können nichts schenken. Deswegen wurden ja Gutscheine erfunden. Die Heiligen Drei Könige schenkten Jesus Weihrauch, Myrrhe und Gold, das heißt, drei erwachsenen Männern fällt kollektiv kein besseres Geschenk für ein Kleinkind ein als was zu rauchen und Geld. Und Jesus war ja arm. Ramona dagegen hat praktisch schon alles. Und ich bin allein und weder heilig noch König.

Ich habe ihr in diesem Jahr also einen Fotoapparat gekauft. Keinen Ritschtratschklick, sondern immerhin die Kamera auf Platz 7 des Vergleichstests »Digitalkameras unter 300 Euro«. Zugegeben, eine Kamera ist ein sogenanntes Bumerang-Geschenk, also eins, bei dem man hofft, dass es, kurz nachdem man's weggegeben hat, direkt zu einem zurückkommt. Ich hätte die Kamera gut gebrauchen können, und ich finde, Geschenke zählen in erster Linie als Beweis, dass man den Geburtstag nicht vergessen hat.

Ramona dagegen fand, ich hätte genauso gut eine Schleife

um eine Vogelspinne machen können. Das Ding passe in keine ihrer Handtaschen, außerdem habe ihr Handy bereits eine Kamera mit acht Megapixel, und das wären schon sieben zu viel, da wir ja eh nie, nie, nie irgendwo hingingen, wo's was gäbe, was sich zu knipsen lohnte. Ihr mit einer Kamera zu kommen, sagte Ramona, sei so, wie einem Beinamputierten Pantoffeln zu schenken. Mein Einwand, der Vergleich hinke aber schlimmer als der Beinamputierte, und die Kamera sei mit praktisch 500 Euro deutlich teurer als Hausschlappen, ging im Getöse der sonstigen Vorwürfe unter.

Was ich eigentlich für ein Bild von ihr hätte, wenn ich ernsthaft der Meinung sei, ein Fotoapparat wäre ein passendes Geschenk für sie, fragte sie. Offenbar das falsche Bild, sagte ich, aber mit der neuen Kamera könne ich ja ein besseres von ihr machen. Auch das kam nicht an. Gegen Ironie sind Frauen offenbar genetisch imprägniert.

Ich solle spontan fünf Interessen von ihr aufzählen, sagte Ramona, und zwar ohne vorher in ihrem facebook-Profil nachzusehen. Ich wollte sie auf drei runterhandeln, aber da stellte sie bereits mal wieder die Beziehung in Frage, und mir platzte der Kragen. Ob sie ernsthaft der Meinung sei, dass ich mich letztes Jahr wirklich über den Schlafanzug gefreut hätte, und was denn bitte ein Schlafanzug über ihr Bild von mir aussagen würde, und wie sich denn ein mickriger Schlafanzug zu einer fast 700 Euro teuren Kamera verhielte?

Der Schlafanzug sei ja nur das Zusatzgeschenk zu unserem Tanzkurs gewesen, hieß es. Quasi wie ein Schnupfen, den man noch on top zur Malaria dazubekommt, fragte ich, und da knallte die Tür. Aber ich fand mich im Recht. Wer ernsthaft erwartet, immer Dinge zu bekommen, die ihm wirklich gefallen, soll sich mal angucken, was einem zum Beispiel bei Amazon angeboten wird, sobald man ein Teil gekauft hat. »Ihnen könnte auch Folgendes gefallen: ...«

Am Arsch! Eben nicht! Bei mir stimmt das so gut wie nie, und diese Internetheinis arbeiten ja mit komplizierten Algorithmen, während ich in Mathe schon immer schlecht war. Wie soll ich also besser sein als die Heiligen Drei Könige und Amazon zusammen? Was denkt sich so eine Frau eigentlich? Zu Weihnachten, das steht fest, kriegt Ramona dieses Jahr Geld. Aber ganz sicher deutlich unter 300 Euro.

Wenn jemand ein Geschenk überreicht, sollte die Reaktion beim Beschenkten »Freude« sein. Oder Aufregung. Gespannte Erwartung. Überraschung. Auf jeden Fall nicht Panik. Wenn Rainer mir etwas schenkt, passiert aber automatisch genau das. Weil mein Unterbewusstsein in drei Jahren Beziehung gelernt hat, dass ein Geschenk von Rainer an mich unsere Beziehung stärker in ihren Grundfesten erschüttern kann, als es ein »Du, ich hab auf der letzten Weihnachtsfeier Scheiße gebaut …« je könnte.

Zu meinem letzten Geburtstag hat Rainer mir eine Kamera geschenkt. Ich hatte mir keine Kamera gewünscht, das ist schon mal Punkt eins. Punkt zwei: Rainer *hatte* sich eine Kamera gewünscht. Mehrfach. Darum hatte ich auch schon hunderte von Testergebnissen und Bewertungen gelesen, damit ich ihm zu *seinem* Geburtstag die beste Kamera schenken konnte, die es auf dem Markt gab. Und die beste Kamera war nicht die, die er mir schenkte. Nicht mal annähernd. Das Geschenk war also quasi eine doppelte Ohrfeige: Es war eigentlich für ihn selbst und dann noch nicht mal anständig recherchiert. Ich war echt sauer.

Vor allem, weil ich in diesem Jahr bereits Monate vor meinem Geburtstag damit angefangen hatte, ihn subtil wissen zu lassen, was ich mir wünschte. Zum Beispiel dadurch, dass ich spontan damit anfing, nach dem Baden seinen Bademantel zu tragen. Man kann doch wohl davon ausgehen, dass er dadurch merkt, dass ich keinen eigenen habe und das ein prima Geschenk für mich ist. Für Rainer schien das aber eher ein Zeichen dafür zu sein, dass ich nach dem Baden immer enorme Lust auf Sex habe, weil ich mir gar nicht erst die Mühe machte, mich noch mal in Jogginghose und T-Shirt zu werfen. Es gab also guten Sex statt eines guten Geschenks. Ich bin nicht grundsätzlich undankbar. In einer langjährigen Beziehung muss man nehmen, was man kriegt und »danke« sagen. Das ist so ähnlich wie bei einer Armenspeisung.

Man darf einen Mann nie zu einem Schaufenster ziehen, um da auf einen Ring / Mantel / Paar Schuhe zu zeigen und begeistert »Oh, schau, wie schön!« zu rufen. Das führt nämlich unweigerlich zu einem lieblos dahingerotzten Gutschein über »einen Ring / Mantel / Paar Schuhe«. Ich hab eine Freundin, die kriegt von ihrem Kerl seit Jahren Gutscheine. Sogar sein Heiratsantrag war ein Gutschein, den er ihr bei einem romantischen Essen (immerhin) zugeschoben hat. Ein Gutschein »über ein Leben mit ihm, in guten wie in schlechten Zeiten«. Dafür aber ganz sicher ohne ein einziges persönliches Geschenk. Die Freundin fand die ganzen Gutscheine am Anfang genauso lieb- und gedankenlos wie ich, heute lacht sie mich aus. Zu Recht. Sie kriegt mit ihren Gutscheinen wenigstens, was sie will, während ich beim Anblick eines geschenktragenden Rainers regelmäßig Panik bekomme.

Wieso ist es für Männer so schwer, ein Geschenk für uns zu finden, über das wir uns wirklich freuen? Etwas das uns zeigt: Sie haben uns zugehört, sie wissen, was wir wollen, sie möchten uns eine Freude machen. Umgekehrt kriegen wir das doch auch hin! Ich habe Rainer zum Beispiel zu Weihnachten einen Schlafanzug und einen Tanzkurs geschenkt. Den Schlafanzug, weil er keinen hat, und den Tanzkurs, weil er nicht tanzen kann. Als ich Rainer das vorhielt, war seine Antwort, dass er mir dann beim nächsten Mal Taktgefühl und einen Kochkurs schenken würde.

Manchmal bin ich sehr, sehr müde …

Warum genau hast du das leere Fläschchen Erkältungsbad in die Kiste gelegt?

Als Erinnerung daran, wie du dreimal jährlich fast an schlimmem Schnupfen eingehst?

Du hast schon wieder diesen ironischen Unterton ...

Ich kann nichts dagegen machen, der kommt einfach automatisch.

Du findest mich also wehleidig?

Nee, gar nicht ... Ah, Mist, da war schon wieder der Unterton.

Die Vogelgrippe fing auch als ganz normale Erkältung an, das nur nebenbei.

Völlig klar – und ich glaube, Cholera beginnt oft mit dem komischen Ziehen im Bein, das du letztes Jahr hattest ...

Jetzt ist es kein Unterton mehr, sondern der Hauptton.

Entschuldigung, ich wollte mich nicht über dich lustig machen.

Gut. Das will ich nämlich. Ich will mich über dich lustig machen. Deswegen hab ich auch das Fläschchen da reingelegt. Mir ist nämlich etwas klargeworden, als ich zuletzt die Grippe hatte und –

Du hattest noch nie Grippe. Du hast immer bloß Schnupfen. Das ist ein Unterschied. Der ist so groß wie zwischen einer Schießerei und Schubsen. Bei dem einen kann es echt ernst werden, das andere ist nur lästig.

Wie auch immer, jedenfalls hab ich bei meiner letzten Grippe sehr viel über Frauen gelernt ...

Die Sache mit dem Frauenabend

Die Bibel wurde von Männern geschrieben, daher die ganze Action, die Toten und die Sandalen. Wären Frauen zuständig gewesen, wär sie mehr wie die *Gala*, und Jesus hätte aus Wasser nicht Wein gemacht, sondern Weinschorle bzw. Prosecco. Er hätte auch nicht Fisch und Brot erwundert, sondern was mit Gemüse. Das sind Klischeegags zum Reinkommen, denken Sie, denn Frauen sind natürlich ganz anders, vor allem meine. Dachte ich auch, bis ich eine schlimme Grippe hatte.

Wegen der Grippe musste ich nämlich im Bett liegen, als Ramona neulich ihren »Frauenabend« hatte. In regelmäßigen Abständen trifft sich meine Freundin mit ihren Freundinnen zum »Kochen«, »Kniffeln« oder »DVD-Gucken«. Unser Schlafzimmer, musste ich feststellen, liegt in absoluter Hörweite zu Küche und Wohnzimmer. Ich war also zum ersten Mal akustisch live beim Frauenabend dabei. Ramona unplugged mit ihren Freundinnen zu erleben war wie frühe Fotos von den eigenen Eltern zu finden. Man erkennt sie wieder und denkt gleichzeitig: »Ach du Scheiße!« Und zwar umso mehr, je länger der Abend dauert.

Frauen, auch meine, sagen wirklich Sachen wie »Hast du die Hose neu?« – »Hm, von Zara, 49 Euro.« – »Da kannst du aber auch schön die roten Stiefel zu anziehen, die du neulich gekauft hast.« – »Du, da komm ich gar nicht mehr rein. Ich hab an den Unterschenkeln so zugenommen, das gibt's gar nicht …« – »Komm doch mit zum Pilates, ich meld mich sofort an, wenn du mitkommst.« Usw. usw. usw.

Nachts wird im Fernsehen ja oft angeboten, dass man für

einen Euro Frauen belauschen kann. Bei dieser Runde hätte ich nach zwei Minuten mein Geld zurückverlangt. Plus Schmerzensgeld.

Bei *Spiel mir das Lied vom Tod* fällt das erste Wort nach zehn Minuten. Und auch danach wird nicht viel geredet. Bei *2001 – Odyssee im Weltraum* wird die ersten zwanzig Minuten gar nicht geredet, dann sagt jemand: »Wir sind da, Sir.« Das sind Filme von Männern, mit Männern, für Männer.

Nach einer halben Stunde Frauenabend dagegen platzte mir der Kopf wie in einem Film von David Cronenberg. Hätte es pro Wort einen Cent gegeben, wäre die Wohnung plus Balkon und Keller nach einer Stunde randvoll gewesen. Stattdessen waren die Frauen voll und guckten *Lost*, weil »Sandra das noch gar nicht kennt«. Auf Sandras Frage »Worum geht's denn bei *Lost*?« war Ramonas Antwort: »Um Matthew Fox, der ist soo sexy!«, worauf eine andere Freundin widersprach »Nee, gar nicht! Der Sawyer ist geil, aber erst ab Staffel drei, finde ich …« Worauf man dann anfing, Staffel drei zu gucken. Mir platzte da bereits der zweite Kopf.

Sex vor der Ehe ist Ansichtssache. Vor der Heirat sollte man aber zwingend mal die Auserwählte einen Abend lang mit den Freundinnen belauscht haben. Da, und nur da, erlebt man sie in freier Wildbahn. Wer das nicht tut, dem prophezeie ich ein böses Erwachen.

Ich hatte ja keine Ahnung, worüber Ramona lachen kann. Witze, die flacher waren als Kate Moss, ließen sie grölen. Ein Mann mit blöden Tattoos und Drei-Tage-Bärtchen brachte sie zum Sabbern. Ich hörte, dass sie meine Mutter nicht mag, dass sie es albern findet, wenn ich Gitarre spiele, und dass ich angeblich wehleidig bin. (»Er hat bloß 'ne Erkältung, aber für ihn ist es natürlich eine schlimme Grippe!«)

Ich hab mir vorgenommen, sollte ich jemals wieder fit werden, treffe ich mich mit den Jungs zu einem gepflegten

Herrenabend. Möhre hat noch ein schönes Fläschchen Single Malt Whisky und angeblich neues Zeug für unser Pornokaraoke ersteigert.

Für Männer gibt es nichts Gruseligeres als einen »Frauenabend«. Generationen von weiblichen Vorfahren haben dafür gesorgt, dass das so ist. Indem alle paar Jahre, wohldosiert und »rein zufällig«, arrangiert wird, dass *ein* Mann mal so einen »Frauenabend« mitbekommt. Und geschockt ist von dem, was da passiert. Und das all seinen Kumpels weitererzählt. Die davon dann ebenfalls geschockt sind und sich schwören, niemals bei so etwas dabei sein zu wollen. Womit das Ziel erreicht wäre.

Als Rainer letztens »krank« war, hatte ich so einen Frauenabend, und wir alle haben unser Bestes gegeben, um ihm genau das Bild zu vermitteln, das er erwartete: Alkohol, harmloses Gequatsche über Klamotten und »süße Typen«, alberne Witzchen (auch über ihn und seine Mutter, sonst wäre er misstrauisch geworden) und DVD-Gucken. Dass alles genauso lief, wie es laufen sollte, war sofort klar, als ich spät in der Nacht ins Bett ging und Rainers »O-Gott-du-bist-genau-wie-alle-anderen!«-Blick sah. Wie gesagt: Ziel erreicht. Solange Männer glauben, ihre Freundin ist auch nur eine von viel zu vielen, fühlen sie sich sicher in ihrer Welt.

Zwei Wochen später war wieder Frauenabend. Diesmal bei Nicole und diesmal ohne einen »an einer Erkältung dahinsiechenden Mann« im Nebenzimmer. Diesmal richtig.

Ein »richtiger« Frauenabend unterscheidet sich von einem »gefaketen« auf den ersten Blick nicht sonderlich. Bei beiden gibt es Alkohol, und bei beiden wird durchaus über Klamotten oder »süße Typen« geredet. Es wird aber auch über das geredet, was uns *wirklich* beschäftigt.

Jeder Mann, der froh ist, dass seine Freundin nicht eine von denen ist, die ständig »Beziehungsgespräche« führen wollen, kann sicher sein, dass sie das stellvertretend mit ihren Freundinnen tut. Ich kenne Männer, die vermuten, dass es bei solchen Frauengesprächen um »Wie lang ist sein Penis?« und »Wie gut / schlecht ist er im Bett?« geht. Das ist Kindergarten gegenüber der Realität. Darum kann es zwar auch mal gehen, aber selbst die amüsanteste Diskussion über den Vorteil eines »Blutpenis« gegenüber einem »Fleischpenis« dauert nicht länger als maximal drei Minuten. Danach geht's ans Eingemachte. Wenn Rainer wüsste, was Tina für eine Einstellung zu seiner latent vorhandenen Persönlichkeitsstörung hat oder was Miri über Möhres ausgeprägten Mutterkomplex denkt, wären sicher einige Beziehungsgespräche fällig.

Beim letzten Frauenabend haben wir Juttas Auszug geplant. Ihr Freund war ihr schon seit über einem Jahr immer mal wieder untreu, und es hatte im Anschluss mehrere Beziehungsgespräche gegeben, in denen er ihr versichert hat, dass er nur sie liebe und alle anderen Frauen Geschichte sind. Es stellte sich heraus, dass die anderen Frauen tatsächlich Geschichten sind, allerdings solche, die munter weiterlaufen. Das herauszufinden hat uns nicht mal zwei Wochen und einen Anruf bei einem befreundeten IT-Typen gekostet. Und jetzt hatte Jutta auch den letzten Rest Hoffnung verloren, dass ihr Freund sich jemals ganz für sie entscheiden würde, und musste die Konsequenzen ziehen. Wobei wir ihr natürlich halfen.

Es ist schon erstaunlich, dass der komplette weibliche Freundeskreis von Jutta ungefähr drei Monate vorher wusste, wann Jutta mit welchem Umzugsunternehmen wohin zieht. Und Rainer zwei Tage danach völlig geplättet aus seiner Stammkneipe kommt und mir die Top-News mitteilt, dass

Jutta sich »völlig aus dem Nichts und ohne Begründung«
von Jochen getrennt hat und der arme Jochen jetzt hackenudeldicht im »Abseits« sitzt und keine Ahnung hat, wieso.
Oder wo Jutta ist.

So viel also zum Thema »Frauen können nichts für sich
behalten.« Für eine einzelne Frau mag das stimmen, für
mehrere, die sich gegen ein ausgewachsenes männliches
Arschloch zusammengeschlossen haben, stimmt das definitiv nicht.

Natürlich stimmte ich Rainer zu, dass das mit der Trennung auch für mich völlig überraschend kommt und Jutta
nie etwas davon gesagt hat, dass es nicht so gut läuft bei ihnen (das hatte sie auch nicht, sie hatte die Gesprächsrunde
damals direkt mit einem »So, Jochen betrügt mich, und das
schon seit Monaten!« eröffnet).

Als Rainer kopfschüttelnd ins Bad ging, musste ich daran
denken, dass Juttas neuer Fernseher, ihr neues Geschirr und
ihr neuer Schreibtischstuhl in den letzten sechs Wochen in
unserem Keller zwischengelagert waren. Rainer hatte es
nicht bemerkt. Was verzeihlich ist, immerhin hatte Jochen
auch nicht gemerkt, dass Jutta in den letzten drei Monaten
nach und nach all ihre Bücher und CDs aus den gemeinsamen Regalen herausgesucht und in Veras Keller gebunkert
hatte.

Was Beziehungsgespräche angeht, sind Männer immer
auf dem falschen Dampfer. Natürlich ist das anstrengend,
die eigenen Gefühle in Worte fassen zu müssen. Aber solange eine Frau noch ein Beziehungsgespräch führen will,
gibt es immerhin auch noch eine Beziehung, an der ihr etwas liegt. Wenn eine Frau *nicht* mehr reden will, selbst wenn
der eigene Freund sie dazu auffordert, dann wird es eng.
Denn dass sie nicht mit *ihm* reden will, heißt ganz sicher
nicht, dass sie es nicht auf einem Frauenabend tut. Und

wenn die eigene Beziehung zum ernsthaften Thema auf einem Frauenabend wird, dann hat man als Mann im Normalfall noch ungefähr vier Monate, bis man hackenudeldicht neben Jochen am Tresen sitzt und doof guckt. Das ist nicht schön. Aber die Wahrheit.

»Dein Leben wird eine neue Richtung einschlagen.«

Ja, ich weiß, das ist aus einem Glückskeks, aber ich hatte das Gefühl, dass der Keks irgendwie über mein Leben Bescheid wusste.

Ich hab das Gefühl, dass da ein paar unterbezahlte Chinesen aus den hundert beliebtesten Wörtern immer neue Weisheiten zusammenpuzzeln. Im Prinzip so wie Xavier Naidoo.

Damals passte es jedenfalls.

Ich hab dir mal geschrieben: »Ein Tag ohne dich ist wie ein Glückskeks ohne Zettel« – weißt du noch?

Wenn's ernst wird, wirst du immer lustig, ist dir das schon mal aufgefallen?

Ich wusste nicht, dass es ernst wird. Bislang ging's ja nur um einen Glückskekszettel.

Nee, es ging darum, dass der Zettel ziemlich gut zusammengefasst hat, was ich damals dachte.

Das ist ein typisches Frauenproblem. Frauen sind angeblich so rational, treffen aber wichtige Entscheidungen auf der Basis des Horoskops in einem Modeheftchen.

Sagt der Mann, der zu wichtigen Terminen nicht ohne seine Glücksunterhose geht.

Das ist nicht irrational, sondern nur Tradition. Das ist was anderes. Außerdem, wer weiß, wie sich unsere Beziehung entwickelt hätte, hätte ich die nicht bei unserem ersten Date getragen …

Ich bin sehr froh, dass du sie nicht bei unserem ersten Sex getragen hast, sonst hätte der womöglich gar nicht stattgefunden.

Es sei denn, der Rabe einer Zigeunerin auf dem Jahrmarkt hätte dir dazu geraten.

Die Sache mit den Fragen, die Frauen nicht stellen

Es gibt Fragen, auf die auch die klügsten Männer keine schnelle Antwort haben: »Was ist der Sinn des Lebens?«, »Gibt es Gott?«, »Wollen wir nicht heiraten?«

Gut, die letzte Frage fällt vielleicht ein bisschen raus, aber ich gehöre ja auch nicht zu den klügsten Männern. Ich hatte jedenfalls keine schnelle Antwort, sondern hab gesagt: »Ramona« – und so nenne ich Ramona nur, wenn es brenzlig wird – »Ramona, guck mal, in der arabischen Welt riskieren gerade Zigtausende junger Männer ihr Leben für die Freiheit, und da soll ich sie jetzt freiwillig aufgeben?«

Das war lustig gemeint. Schließlich verkünden sämtliche Spitzenfrauen im *Playboy* seit Jahrzehnten, dass es ihnen bei ihrem Traummann hauptsächlich um Humor geht. Wenn Frauen die Wahl haben zwischen einem Waschbrettbauch und einer Witzmaschine, wählen angeblich alle den Lustigen. Entweder hab ich also die absolute Ausnahme bei den Frauen gefunden, oder im *Playboy* wird viel gelogen. Ramona jedenfalls wollte von mir und meinem Humor nichts wissen.

Dabei finde ich, wenn Humor bei einem Thema angebracht ist, dann doch beim Thema Ehe. In Großstädten scheitern weit über die Hälfte aller Ehen. Man hat also praktisch eine 40:60-Chance, was beim Russisch Roulette eine Quote ist, wo nur noch komplett lebensmüde Kandidaten abdrücken. Die Ehe ist praktisch für Menschen das, was die Waschmaschine für Socken ist: Man geht als Paar rein und kommt getrennt wieder raus. Das ist noch nicht mal ein Gag, sondern reine Statistik. Aber Frauen haben ja mit Logik

304

nichts am Hut. Die wollen immer weiter heiraten! Jesus hat die Finger davon gelassen, Joschka Fischer hat's mehrfach nicht hingekriegt, selbst Jennifer Lopez will sich scheiden lassen. Scheißegal. »Wollen *wir* nicht heiraten?« Denn *wir* sind natürlich viel schlauer, besser und gewitzter als Jennifer, Joschka und Jesus! Na klar! Wenn jedes zweite Flugzeug abstürzte, würde keine Frau mehr fliegen wollen. Bei Ehen ist dieselbe Quote komplett schnurz. Das hab ich natürlich alles nur gedacht. Gesagt hab ich erst mal gar nichts.

Ramona war trotzdem enttäuscht. Nein, sie war nicht enttäuscht, sie war ENTTÄUSCHT! Diese Art von Enttäuschung, die ältere Witwen dazu bringt, sich am Ende ihres Lebens keinen neuen Mann zu suchen, sondern einen Hund. Ich versuchte ihr zu erklären, dass es, bei aller Emanzipation, Fragen gibt, die Frauen nicht stellen sollten. »Findest du mich zu dick?«, »Bleibt der so klein?«, »Aber bei Unentschieden gibt's Verlängerung?« und eben »Wollen wir nicht heiraten?«. Es hat schon seinen Grund, dass diese Frage, wenn, dann vom Mann gestellt werden sollte. Er muss sich vorbereiten bzw. vorbereitet werden, das heißt, er muss von der Frau zigfach subtil in die Richtung gedrängt werden und trotzdem das Gefühl haben, es sei seine Idee. *Subtil* ist das Zauberwort. Wer einmal erlebt hat, wie lange ein Mann braucht, bis er sich für seinen ersten Neuwagen entschieden hat, kann ungefähr hochrechnen, was das fürs Thema Heiraten heißt.

Diese Art von Sensibilität kann man doch von einer Frau erwarten, die sonst immer raushängen lässt, wie irre feinfühlig sie ist, oder nicht?! Wenn die Frau den Antrag macht, kann der Mann sich ja schon vorstellen, wie es weitergeht: »Schatz, wir ziehen übrigens morgen um!«, »Du, ich hab mir mal ein Kind gemacht, ich hoffe, du hast nichts dagegen!« und »Ich glaube, das mit uns hat keinen Sinn mehr!«

Aber um das zu hören, muss ich nicht erst heiraten. Warum Ramona das nicht versteht, gehört auch zu den Fragen, die nur die klügsten Männer beantworten können – wenn überhaupt.

Mit Rainer über wichtige Fragen zu sprechen ist wie Fremdgehen auf der Weihnachtsfeier. Entweder man macht es sofort oder gar nicht. Langes Nachdenken führt zu Letzterem. Was natürlich gut ist, von daher ist das ein blödes Beispiel. Wie auch immer, ich habe Rainer ganz spontan gefragt, ob wir nicht heiraten wollen.

Das war, wie ich jetzt weiß, noch dümmer und verhängnisvoller als meine Annahme, dass man unter 18 keine Steuern zahlen muss.

»Wollen wir nicht heiraten?« ist eigentlich keine Frage, die man dem Freund nebenbei im Keller stellt, während man »unnützes Zeug« von »unnützem Zeug, das man vielleicht noch gebrauchen kann« trennt. Weiß ich. Aber genau *diese* Tätigkeit hatte mich ja zu genau *dieser* Frage gebracht. Außerdem war mit mir in den letzten Jahren etwas passiert, was diese Frage rechtfertigte: Ich war älter geworden.

Ich fühlte mich seit fast fünf Jahren wohl in der Beziehung mit Rainer, wir hatten einen Alltag, der funktionierte, und wenn ich die Wahl hätte zwischen »einer Nacht mit dem geilsten Mann der Welt« und »jede Nacht mit Rainer« würde ich das Zweite nehmen. Sofort und ohne lange nachzudenken.

In dem Moment, als wir nebeneinander rumwuselten, Rainer in seinen ältesten Jeans der Welt, die ich ihm für die Öffentlichkeit verboten hatte, und ich in seiner Zweitältesten, die mir mittlerweile passte, fiel mir auf einmal auf, dass ich glücklich war. Aus dem Nichts. Rainer war der erste Mann in meinem Leben, mit dem ich mir »für immer« wirklich vorstellen konnte. Vielleicht lag es an der Nackenmassage, die er mir am Vorabend ungefragt verpasst hatte, weil ich einen Scheißtag im Büro gehabt hatte, vielleicht daran, dass er vorher freiwillig eingekauft und gekocht hatte, vielleicht daran, dass er mir kommentarlos die Fernbedienung überlassen hatte und ja, vielleicht war auch irgendwas im Frühstück schlecht gewesen, aber das mit Rainer und mir, das war … richtig. Ich wusste das so sicher, wie ich wusste, dass die Neuauflage von *Beverly Hills 90210* von Anfang an zum Scheitern verurteilt war und Hüftspeck am schwersten wieder wegzukriegen ist. Wenn man als Frau plötzlich weiß: »Der ist es!«, dann geht die Verunsicherung erst richtig los.

Meine Mutter fiel mir ein. Auf mein beharrliches »Heiraten ist was für hässliche Männer und Frauen ohne Berufsausbildung!« hatte sie immer nur wissend gelächelt und gesagt »Warte ab, bis deine biologische Uhr tickt. Dann willst du auch heiraten.«

Die einzige Uhr, die im Keller gerade tickte, war der riesige Wecker von Rainers Onkel Bernhard. Und im gleichen Moment, in dem mir klar wurde, dass ich Rainer heiraten wollte, wurde mir klar, dass wir kilometerweit davon entfernt waren.

Fünf Jahre Beziehung, ohne ein einziges Mal von »Zukunft« zu sprechen, sind statistisch näher an einer Trennung als an einer Ehe.

Nur um ganz sicher zu gehen, dass meine Mutter nicht doch recht hatte, klapperte ich mein Gewissen daraufhin ab, ob ich irgendwo in mir drin schwanger werden wollte, aber dem war nicht so. Ich wollte kein Kind. Ich wollte Rainer.

Wie sich direkt im Anschluss an meine Frage herausstellte, hatte ich bereits beides, und zwar in einer Person. Rainer sagte erst mal nichts und dann irgendwas davon, warum ich ihn zwingen wolle, »seine Freiheit aufzugeben«.

Ich hatte keine Freudentränen erwartet. Ich hatte auch nicht erwartet, dass Rainer sofort und in seinen alten Jeans mit mir zum Standesamt rennen würde. Ich kannte meinen Freund. Wenn ich ihn im Supermarkt frage, ob es Pizza oder Hotdogs zum Fußball geben soll, ist das eine Grundsatzentscheidung, über die er mindestens zehn Minuten nachdenken muss. Schließlich geht es da um die Frage zwischen plattem Fast Food und länglichem Fast Food. Da kann man schon mal zehn Minuten in sich gehen.

Nein, ich hatte nicht damit gerechnet, dass mein Freund »Au ja!« schreit. Aber zehn Minuten Nachdenken wären schön gewesen. Das Gefühl, bei ihm zumindest auf einer Stufe mit Pizza und Hotdogs zu stehen. War nicht so. Und auch wenn mir die Idee mit dem Heiraten erst vor wenigen Minuten gekommen war, und zwar auf der Grundlage der Erkenntnis, dass ich mit Rainer glücklich war – nach Rainers Reaktion war mein erster Gedanke: Das war's. Von hier an folgt der letzte Akt.

Die Sache mit dem vorletzten Akt

Ich habe etliche Vorteile und Stärken. Organisieren gehört nicht dazu. Bei meinem letzten Umzug zum Beispiel habe ich alles bis in kleinste Detail so durcheinandergebracht, dass die Möbelpacker nach zehn Minuten nur noch mit meiner Mutter sprachen, und mich nach weiteren zehn Minuten eindringlich aufforderten, nicht länger mitzuhelfen.

Falls man sichergehen wollte, dass Deutschland nie wieder einen Weltkrieg anzettelt, sollte man mich mit dessen Planung beauftragen. Das ist soweit auch allgemein bekannt. Was macht Möhre? Mein bester Kumpel Möhre sagt, er will heiraten. Er sagt, er will einen richtig fetten Junggesellenabschied. Zu mir. Und zwar in einem Ton, in dem einer, der dringend eine Spenderniere braucht, sagt: »Du hast doch meine Blutgruppe! Und zwei gesunde Nieren!« Also als unmissverständliche Aufforderung. Und er schiebt noch hinterher »… die anderen Jungs finden ja eh nicht, dass ich die Miri heiraten sollte.«

Ich weiß, dass das der Moment ist, ihm zu sagen, dass ich seinen Entschluss, die Miri zu heiraten, für noch falscher halte als seinen Entschluss von vor zehn Jahren, sich eine Schildkröte auf den Arm zu tätowieren. Miri wird noch schwieriger, schmerzhafter und teurer wieder loszuwerden sein als die Kröte. Aber unangenehme Wahrheiten auszusprechen gehört auch nicht zu meinen Stärken. Deswegen sage ich »Ach, Quatsch!« und »Hauptsache, du bist von der Straße weg …« und was man halt so an Belanglosigkeiten sagt, wenn einer die weitreichendste Entscheidung seines Lebens trifft.

Anschließend sitze ich zu Hause und überlege, wie ich diesen Junggesellenabschied organisiere. Zu Beerdigungen gehören Butterkuchen, Kaffee und Schnittchen, zu Junggesellenabschieden gehören Stripper, Bier und lustige Verkleidungen. Ich überlege kurz, ob es nicht witzig wäre, das mal zu tauschen, habe aber das Gefühl, Butterkuchen und Schnittchen könnten auch das jähe Ende der Freundschaft zwischen Möhre und mir sein. Mit dem Bierbike in den Stripclub wäre die Lösung, die am wenigsten Mühe macht, gleichzeitig könnte das auch so wirken, als hätte ich die Lösung gewählt, die am wenigsten Mühe macht.

Am Ende hab ich eine Idee: Ich plane eine Zeitreise. In die Vergangenheit. Die allermeisten Jungs rund um Möhre und mich kennen sich seit Kindertagen. Ich miete einen Kleinbus, und die Jungs, Möhre und ich fahren an die Orte, wo wir als Kinder und Jugendliche waren, ich denke mir ein paar Aufgaben aus, die mit unserer gemeinsamen Zeit zu tun haben, und dabei wird Bier getrunken. So ist der Plan. Ich bin sehr mit mir zufrieden und denke, am Ende kann ich vielleicht doch besser organisieren, als ich immer gedacht habe.

Am Tag des Junggesellenabschieds stellt sich das als Irrtum heraus. Der Kleinbus ist zu klein für alle, die ich eingeladen habe. Wir machen ein Trinkspiel, um zu ermitteln, wer mit dem eigenen Wagen nachkommen muss. Es trifft Siggi. Siggi wird auch Thilo abholen, dem ich angeblich ein falsches Datum gemailt habe. Dafür ist Momir dabei, der der Mann von Miris bester Freundin ist und ab jetzt dazugehören soll. Hat Miri beschlossen. Momir ist Serbe, spricht aber sehr gut Deutsch. Er sagt zum Beispiel fast akzentfrei, dass er Junggesellenabschiede scheiße findet. Als wir losfahren, hat schon keiner mehr Lust.

Der erste von mir geplante Stopp auf unserer Reise in die

Vergangenheit ist unsere alte Grundschule. Es geht darum, wie in alten Tagen schnell über den Zaun des Schulhofs zu kommen. Das klappt nicht mehr bei allen gut. Die Loser müssen zur Strafe Bier trinken. Die anderen trinken einfach nur so, bis Momir etwas über Zäune, Srebrenica und den Balkankrieg erzählt und damit die Stimmung wieder gegen null fährt, anschließend rufen besorgte Grundschulmütter wegen der auf dem Schulhof lauernden Perversen die Polizei, und wir alle flüchten wieder über den Zaun, dieses Mal aber schneller ...

Nach der dritten Station stellt sich die Frage, wer überhaupt noch nüchtern genug ist, den Kleinbus zu fahren und warum, sowie die Fragen, wo Siggi und Thilo bleiben, wann genau wir Momir verloren haben und wer dieses Chaos organisiert hat. An Station vier sind Siggi und Thilo da, dafür ist aber der Kleinbus weg, zumindest hat keiner mehr eine Idee, ob und wo wir geparkt haben. Station vier ist das Elternhaus von Doris Gertzke, Möhres erster Freundin. Beziehungsweise der kleine Park vor dem Haus, von dem aus man damals in Doris' Zimmer gucken konnte.

Hier, wo das ganze Elend mit den Frauen angefangen hat, frage ich Möhre, ob er Miri wirklich für eine gute Idee hält. Dauerhaft. »Wenn's gut läuft, hast du noch vierzig Jahre«, sage ich schon etwas undeutlich, »das ist scheiße lang. Ich mein das jetzt nicht kritisch gegen die Miri«, lalle ich, »aber willst du dir echt die Miri so lange ans Bein binden?«

Möhre wirkt plötzlich fahrlässig nüchtern. Er sei schon in Fünf-Sterne-Hotels gewesen, sagt er, mit Pool und Strand und allem Schnedderedeng, »und das ist geil, keine Frage«, sagt Möhre, und ich kann nicht folgen. »Letztes Jahr«, salbadert er weiter, »war ich auf Schloss Neuschwanstein!« – Mike übergibt sich in den Briefkasten, der mal den Eltern von Doris Gertzke gehört hat – »... und natürlich ist Schloss

Neuschwanstein 'n anderes Kaliber als meine Drei-Zimmer-Butze, aber …« – Möhre hebt (bedeutungs-)voll den Finger – »die Butze ist Zuhause. Und auf Dauer wollen wir alle nach Hause«, sagt Möhre. »Die Miri, die ist nicht Neuschwanstein, die ist auch nicht Fünf Sterne, das ist schon klar, aber sie ist Zuhause. Die Miri ist mein Zuhause, und das ist schön. Außer der Miri hab ich nur euch, und von euch ist nix zu erwarten.« Möhre deutet auf Siggi, der gerade mit Edding einen Schwanz auf die Stirn von Mike malt, während Thilo leise etwas von den Scorpions singt.

Das hier sind auch meine besten Freunde, ein Haufen alt gewordener Sechzehnjähriger. Die Jungs sind kein Zuhause für jeden Tag, sondern ein Partykeller für höchstens einmal die Woche. In diesem Moment begreife ich, dass Möhre der weiseste Mann des Universums ist. Möhre hat verstanden, um was es geht. Und meine Miri heißt Ramona. Ich möchte schlagartig auch nach Hause. Im übertragenen Sinne und im ganz wörtlichen. Aber das ist nicht einfach, denn telefonisch erfahren wir, dass Momir den Kleinbus geschrottet hat, und zwar schon vor zwei Stunden.

Wir sind also gezwungen weiterzutrinken, bis uns jemand abholt. Das tun wir. Die Jungs beteuern, dass dies der schönste und am besten organisierte Junggesellenabschied ever ist und ich fortan alle weiteren Junggesellenabschiede in die Hand nehmen soll. Aber zu dem Zeitpunkt habe ich im Kopf schon angefangen, meinen Heiratsantrag zu planen …

Wenn eine Beziehung den Bach runtergeht, merkt es meistens erst mal nur einer. Ich. Für Rainer war das Kapitel »Wollen wir nicht heiraten?« abgehakt, sobald der Keller entrümpelt und er sicher war, dass ich keine weiteren Nachfragen mehr stellen würde. So ist das bei Männern: Wenn Probleme nicht mehr angesprochen werden, sind sie gelöst. Er hat keine Ahnung, dass ich bereits mit Nicole, Vera und Miri darüber gesprochen habe, dass unsere Beziehung auf einem *so* absteigenden Ast sitzt, dass er schon beinahe den Boden berührt. Wenn ich abends auf der Couch liege und unser Bücherregal anschaue, sehe ich gut die Hälfte davon bereits in Umzugskartons. Wenn Rainer unser Bücherregal anschaut, sieht er unser Bücherregal.

So ist der Stand unserer Beziehung, als ich vom Frauenarzt zurückkomme und einen Termin für die Entfernung eines »Knubbels« in meiner linken Brust in der Tasche habe.

»Das ist sehr wahrscheinlich nur eine Zyste«, hatte mein Arzt mich zu beruhigen versucht. »Wir entfernen das ambulant, lassen es untersuchen, und dann war's das bestimmt schon. Kein Grund zur Panik.« Auf dem Heimweg rufe ich einen befreundeten Anwalt an, um ihm mein Testament zu diktieren. Wenn ein Arzt »sehr wahrscheinlich« und »bestimmt« sagt, heißt das im Subtext: »Kann gut sein, dass es was Ernstes ist.« Wenn er dazu auch noch sagt »Kein Grund zur Panik«, kann man schon mal die CDs brennen, mit denen man die Hinterbliebenen auf seiner Beerdigung zum Heulen bringen will.

Als ich Rainer von der bevorstehenden OP und dem Knubbel in meiner linken Brust erzähle und anmerke, wie komisch es ist, dass wir den nicht selber entdeckt haben, ist seine erste Reaktion: »Ich dachte, der Knubbel *wär* deine linke Brust!«

Im Angesicht des Todes kann ich nicht darüber lachen. Das merkt Rainer immerhin und versucht mich mit exakt denselben Worten zu beruhigen wie mein Frauenarzt: »Ist bestimmt gar nichts, die machen das weg, und dann ist gut.«

Woher will er das denn wissen? Rainer weiß vom weiblichen Körper genauso viel wie alle anderen Männer: Manche Stellen sind geil! Das war's.

Mir ist schlecht, ich habe Angst vor der OP, einen Knubbel in der Brust, und mein Freund macht Witze. Vor dem Hintergrund, dass ich unsere ganze Beziehung bereits seit einiger Zeit in Frage stelle, ist das nicht gerade ein weiterer Pluspunkt für ihn. Als ich ihn bitte, mir den Laptop rüberzuschieben, damit ich die Wahrscheinlichkeit eines »Todes durch Knubbel in der Brust« anhand von Statistiken im Internet ausrechnen kann, zögert er auch noch. Er ist gerade dabei, bei Google-Street-View die Strecke für Möhres Junggesellenabschied zu planen. Einen Blick später habe ich den Laptop vor mir und überlege ernsthaft, wie ich Trennung, Umzug, OP und Sterben zeitlich irgendwie unter einen Hut kriegen kann.

Nach einer Stunde im Internet ist klar: kann ich nicht. Das mit der Trennung muss ich auf später verschieben. Ich erkläre Rainer also in halbwegs normalem Tonfall, dass ich am Freitagmorgen operiert werde und es nett fände, wenn er mich hinfahren könnte. An der Stelle hätte er beinahe noch einen Pluspunkt gesammelt, denn er sagt sofort: »Ja klar, auf jeden Fall!« Der Pluspunkt wird aber wieder aberkannt, weil ihm einfällt, dass am Donnerstag davor der Junggesellenab-

schied von Möhre stattfindet. Da kann er da ja dann nicht so
richtig viel trinken, wenn er mich am Freitagmorgen –

Wieder einen Blick später ist aber auch das kein Thema
mehr, und Rainer streichelt mich beim Fernsehgucken beruhigend auf der Couch. Wobei er peinlich genau darauf achtet, auf keinen Fall auch nur in die Nähe meiner verknubbel-
ten Brust zu kommen. Ich merke es natürlich. Und im
Gegensatz zum Knubbel selbst tut das weh.

Am Tag vor der OP geht Rainer morgens zur Arbeit, in-
formiert mich, dass ich nicht auf ihn warten soll, weil er
ja abends den Junggesellenabschied von Möhre … – aber er
wird mich morgen »auf jeden Fall« ins Krankenhaus fahren.
»Mach dir keine Sorgen, Schatz, da wird schon nichts sein.«
Damit geht er, unter jedem Arm einen Sixpack »für Not-
fälle«.

Ich rufe sicherheitshalber Miri an, die zukünftige Frau
von Möhre, und frage sie, ob sie mich »im unwahrschein-
lichen Fall, dass die Jungs in irgendeinem Puff hängenblei-
ben«, am Freitagmorgen zum Krankenhaus fahren kann,
und sie sagt sofort zu. Und erkundigt sich, ob ich am Abend
nicht zu ihr kommen will, »weil ich mir doch bestimmt
einen riesen Kopf mache und vor Panik die Wände hoch-
gehe, wenn ich da so ganz alleine bin«.

Bei dem Angebot kommen mir die Tränen. Ich frage mich
ernsthaft, womit Möhre eine Frau wie Miri und ich einen
Mann wie Rainer verdient haben. Natürlich wird dieser
»Plan B« von mir nicht ernsthaft in Erwägung gezogen. Ich
mag Miri und bin ihr dankbar für ihre Anteilnahme, aber
bei einer solchen OP will ich doch lieber den Mann bei mir
haben, der meine linke Brust besser kennt als ich. Rainer
weiß, dass ich Krankenhäuser hasse. Er weiß, dass ich Angst
vor Spritzen habe und dass ich nicht gerne allein bin, wenn
ich krank bin. Egal, wie beschissen es bei uns auch gerade

läuft, ich rechne felsenfest damit, dass Rainer mich tagsüber von der Arbeit aus anruft und fragt, ob alles in Ordnung ist. Oder wenigstens eine SMS schickt. Ganz eigentlich hatte ich damit gerechnet, dass er den kompletten Junggesellenabschied verschiebt und bei mir ist, bis die OP vorbei ist.

Ich muss ihm zugutehalten, dass er genau *das* vorgeschlagen hat und ich heldenhaft geantwortet habe: »Ach, Quatsch, Möhre ist dein bester Kumpel, und wahrscheinlich ist das ja wirklich nur 'ne doofe Zyste. Ist echt nicht nötig.«

Das hatte ich gesagt. Aber doch nicht *gemeint*. Ich erwarte von meinem Freund in so einer Situation nicht, dass er zwischen den Zeilen hört. Ich erwarte von einer Katze ja auch nicht, dass die selbst ihr Klo saubermacht. Falls wir jemals heiraten sollten, wird der Pfarrer Rainer bei »... in guten Tagen« ansehen, und mich bei »... in schlechten Tagen«.

Rainer ruft den ganzen Donnerstag über nicht an. Er schickt auch keine SMS. Gegen neun Uhr am Abend beginne ich, langsam aber sicher durchzudrehen. Weil ich bis zu diesem Moment noch ernsthaft gehofft habe, dass Rainer nur deshalb nicht anruft, weil er den Junggesellenabschied nach einem Bier verlässt und nach Hause kommt. Er ist auch nachts um drei Uhr noch nicht wieder da. Ich schmeiße meinen Stolz über Bord und rufe ihn an. Er geht nicht ran. Vierzehn mal nicht. Gegen sechs Uhr schlafe ich ein. Um halb acht steht Rainer schwankend vorm Bett und sagt, »dasser eignlich jetz no kein Auo fahn daaf ...«

Ich bin so ruhig und klar wie lange nicht mehr. »Kein Problem, ich hab Miri schon gefragt, ob sie mich fahren kann.«

Rainer ist erleichtert und fällt schwer und stinkend ins Bett. Dabei will er mich ernsthaft »zum Anmuckeln« in den Arm nehmen. Ich nehme seinen Arm sachlich weg, rufe Miri an und lasse mich von ihr zum Krankenhaus fahren.

Der Junggesellenabschied, den Rainer organisiert hat, war ein voller Erfolg, teilt sie mir auf der Fahrt mit.

An diesem Abend habe ich eine kleine Narbe an der linken Brust und Rainer einen dicken Kopf. Die Narbe sieht so aus, als hätte ich eine Brustvergrößerung machen lassen, sagt Rainer, und ich weiß, dass er durch den lahmen Spruch gerade versucht herauszufinden, wie sauer ich bin. Ich helfe ihm nicht beim Herausfinden. Als er später im Bett fragt, ob ich sauer bin, sage ich nein und meine es ehrlich.

Ich bin nicht sauer auf ihn. Ich bin fertig mit ihm.

Die Sache mit dem letzten Akt

Der Unterschied von Romantik bei Männern und Frauen ist so wie der Unterschied zwischen Mord und Totschlag: Das eine muss von langer Hand geplant werden, das andere passiert spontan und im Affekt.

Männer müssen Romantik vorbereiten, deswegen gibt es den Valentinstag. Der steht im Kalender, und nach zwanzig, dreißig Jahren weiß der Mann Bescheid, kauft rechtzeitig Blumen, Pralinen oder sonstiges Zeug. Das muss reichen. Es ist wie mit Gott. Auch da ist einmal im Jahr genug. Zu Weihnachten. Auch das steht im Kalender.

Ein Heiratsantrag ist eine ganz andere Geschichte. Der steht nicht im Kalender, und er muss so sein, dass die Frau nicht merkt, dass sie ihr Leben wegschmeißt. Also eben in der Tat praktisch wie bei einem guten Mord.

Wie wir aus zahlreichen Krimis wissen, ist die Voraussetzung für einen guten Mord die Überraschung. Das Opfer darf nichts ahnen. Insofern beschließe ich, mich im Vorfeld so zu benehmen, dass Ramona den nahenden Antrag nicht mal vermuten kann: Ich bin häufig weg. Es gibt plötzlich viele »geschäftliche« Termine außerhalb. Ich gebe mich betont zugeknöpft und einsilbig, um sicherzugehen, dass ich mich nicht verplappere. Ich weigere mich, mit Ramona *Die Hochzeit meines besten Freundes* zu gucken, obwohl ich gar nicht genau weiß, um was es dabei geht. Aber allein der Titel legt den Gedanken nahe, da einen perfekten Antrag zu sehen, und wie Ramona darauf reagiert, könnte mich entmutigen, und das kann ich nicht gebrauchen.

Ich schreibe etliche Entwürfe für »den Antrag«. Einmal

erwischt mich Ramona, und ich klicke hektisch auf meinem Computer wie ein Vierzehnjähriger, den die Eltern beim Surfen auf Pornoseiten erwischen. Vermutlich glaubt Ramona, dass sie mich beim Surfen auf Pornoseiten erwischt hat. Ich kenne meine Schwächen: Ich kann nicht gut organisieren, und ich bin ein Mann. Trotz dieser Handicaps muss es ein guter Antrag werden, denn ich weiß nicht genau, was ich mache, wenn Ramona nein sagt.

Ich verschaffe mir Alibis durch die Jungs, während ich versuche, mich daran zu erinnern, wo genau wir damals Ramonas Katze verscharrt haben. Dort werde ich die erste Station aufbauen. Ich hab mir alles genau überlegt. Der Kai-Pflaume-Faktor darf beim Antrag nicht zu groß sein, aber es darf auch nicht so wirken, wie das Programm einer Kaffeefahrt, wo auch immer ein toller Tag versprochen wird, aber alle wissen, dass es nur darum geht, etwas zu verkaufen. Es muss emotional sein, aber nicht kitschig. Wie eine Elton-John-Ballade, nur in hetero.

Die Nähe zur toten Katze, die Erinnerung daran, wie wir uns kennengelernt haben, wird Ramona sentimental stimmen. Der Ort wird sie quasi schon mal einweichen. Hier habe ich eine Art Picknick vorbereitet. Nicht zu viel, nicht zu aufwendig, gerade so, dass Ramona nicht das Gefühl hat, wir sind bei *Bauer sucht Frau*. Es gibt Sekt, und dann geht es weiter zu einer Neubausiedlung am Rande der Stadt.

»Hier könnte Ihr Haus stehen« könnte da stehen, auf einer Tafel, die ich vorbereitet habe. Ich hab grob die Steuervorteile durchgerechnet, wenn wir heiraten, und die könnten reichen, zusammen mit den historisch günstigen Bauzinsen, um sich hier ein Haus zu kaufen. Mit Garten. Ramona wollte immer schon einen Garten. Seit dem Paradies wollen Frauen immer einen Garten. Im Augenblick ist hier noch Baustelle, aber Frauen haben ja angeblich so viel Phantasie, und ich glaube, dass ein zukünftiger Garten bei ihr besser ankommt als die Auflistung von Steuervorteilen.

Die Baustelle ist mein subtiler Hinweis, dass sie, wenn sie mich heiratet, nicht nur mich kriegt, sondern auch einen Garten. Gleichzeitig gibt es noch mehr Sekt und ein kleines Puppenhaus, quasi als Vorgeschmack auf das richtige, was wir erst noch kaufen und bauen müssen. Im Puppenhaus stehen eine Puppenramona und ein Puppenrainer sowie eine Puppenkatze (ich hab lange hin und her überlegt, ob es auch ein Puppenbaby geben soll, aber ich hab das Gefühl, dass das vielleicht etwas too much ist. Eine Katze erfüllt in dieser Situation emotional denselben Zweck und macht mir weniger Angst). Die Puppenkatze ist unproportional groß und sieht eher aus wie ein Dinosaurier, aber, wie gesagt, Frauen haben Phantasie, und Ramona ist ja nicht doof. Sie wird schon wissen, was gemeint ist.

Hier werde ich sie dann fragen, ob sie sich vorstellen kann, den Garten, das Haus, die Katze und das Leben mit mir zu teilen. Die Amerikaner in den Filmen präsentieren dann den Ring. Ich halte das für einen Fehler. Ich treffe ihren Geschmack schon nicht, wenn ich ihr Unterwäsche aussuche oder eine Pizza, die wir uns teilen wollen. Bei einem Ring, den sie im Idealfall ja jahrelang täglich tragen soll, ist das Risiko zu groß. Ich höre schon, wie sie bei jedem Händeschütteln entschuldigend sagt: »Tut mir leid, den Ring hat mein Mann ausgesucht.« Insofern gibt's auch hier nur einen Spielring. Dann sagt sie ja. Das ist der Plan.

Ich gehe alles mit Möhre durch, ohne zu wissen, warum, denn Möhre hat seine Miri in einem Möbelhaus gefragt, ob sie ihn heiratet. Möhre hat also de facto gar keine Ahnung, ist aber immerhin jetzt unter der Haube. Möhre segnet den Plan ab. Alles was ich vorhabe, sei hochgradig tuntig, sagt Möhre, also genau richtig. Ich bin nicht beruhigt.

Wenn eine Frau geheiratet werden will, schiebt sie ihren Freund subtil und über einen laaangen Zeitraum in die richtige Richtung. Bis er irgendwann glaubt, selber auf die Idee gekommen zu sein, und sie einfach fragt. So ist das seit Generationen. Wenn ein Mann eine Beziehung beenden will, dann wendet er dieselbe Taktik an. Es gibt für einen Mann nur einen einzigen Grund, seiner aktuellen Freundin zu sagen »Es ist aus, ich möchte, dass wir uns trennen« – wenn er bereits eine andere Freundin hat, die direkt nach diesem Satz auf ihn wartet.

Das ist bei Rainer offensichtlich nicht der Fall, denn er hat damit begonnen, sich so beschissen zu verhalten, dass er über kurz oder lang davon ausgehen kann, dass ich mich von ihm trenne. Er muss auf einmal oft länger arbeiten. Er geht mindestens dreimal in der Woche mit seinen Kumpels weg. Er erkundigt sich, ob ich nicht mal wieder einen Frauenabend machen will. Er spricht noch weniger als sonst. Er klickt panisch Seiten am Computer weg, wenn ich überraschend das Zimmer betrete. Also entweder Pornos oder Mails an meine potentielle Nachfolgerin, die schon mal darauf eingeschworen werden muss, dass er bald frei für sie ist.

Eindeutiger und leichter kann er es mir wirklich nicht machen, das bestätigen mir auch alle Freundinnen, denen ich davon erzähle. Bis auf Miri, aber die ist frisch verheiratet und seitdem auf dem kitschigen Irrweg, dass »alles für alle jederzeit gut werden wird.« Ich kann Miri momentan nicht sonderlich gut leiden.

Als Juttas letzte Beziehung an diesem Punkt war, planten

wir gemeinsam ihren Auszug. Ich will aber nicht ausziehen. Ich will nicht, dass Rainer und ich uns trennen, ich will nicht, dass es vorbei ist, ich will, dass alles wieder so wird wie früher. »Das wird es aber nicht, und das weißt du auch selber«, teilt Jutta mir wenig feinfühlig mit. »Der will, dass du dich trennst, und das solltest du auch tun, sonst kannst du deinem Reststolz nämlich direkt hinterherwinken.«

Das Schlimme ist, dass ich das tatsächlich selber weiß. Will ich wirklich warten, bis Rainer meine Nachfolgerin so weit hat, dass sie ihn ohne Wenn und Aber übernimmt? Will ich die Demütigung »Es liegt nicht an dir, aber ich habe eine andere getroffen …« ernsthaft hören? Offensichtlich.

Jetzt, wo es nicht mehr nur ich bin, die unsere Beziehung in Frage stellt, stelle ich mir plötzlich die Frage, ob mein Infragestellen nicht überhaupt der Auslöser für Rainers Verhalten gewesen ist. Frauen gehen ja immer davon aus, dass Männer nicht mitkriegen, wenn sie sich schlimme Sorgen machen. Aber vielleicht stimmte das in Rainers Fall gar nicht. Immerhin hatte unsere Beziehung damit angefangen, dass Rainer mir feinfühlig über den Tod meiner Katze hinweggeholfen hat. Wir hatten das Tier sogar irgendwo gemeinsam verbuddelt, aber wo …?

Ich habe in den letzten Wochen sieben Kilo abgenommen. Ich halte Rainer nachts im Bett so fest, als wäre es das letzte Mal. Wenn Rainer denkt, dass ich es nicht merke, sieht er mich lange an. Manchmal lächelt er dabei, als ob er gedanklich für sich schon bei dem Fazit angekommen ist: »Es war nicht alles schlecht. Wir hatten auch gute Zeiten.«

Inzwischen bekomme ich täglich Mails von den Mädels, in denen sie mir Wohnungsanzeigen weiterleiten (»Guck – mit Balkon und Badewanne!«). Nicole stellt mir bei einem Cocktailabend einen Arbeitskollegen von ihr vor, der gerade frisch geschieden ist, »und die Kinder sind bei seiner Ex!« Es ist gut gemeint von allen, sie machen nichts anderes als das, was ich an ihrer Stelle gemacht hätte.

Dann kommt der Tag, an dem Vera mir den »Zeitplan« unter die Nase reibt. Das letzte Mittel, um eine Freundin davon abzubringen, sich selbst und ihr Leben wegen eines männlichen Totalausfalls zu ruinieren. Der »Zeitplan« geht in meinem Fall so: »Ramona, du bist jetzt 34. Sagen wir, du kriegst das jetzt hin mit eurer Beziehung, und alles wird echt wieder so wie früher, dann hält das statistisch gesehen noch zwei Jahre, bis es trotzdem vorbei ist. Dann bist du 36. Aus Erfahrung wissen wir, dass du mindestens ein Jahr lang Rainer hinterhertrauern wirst. Dann kommen die zwei Jahre, in denen du dich mit anderen Männern triffst und mindestens eine neue Beziehung anfängst, die aber maximal ein Jahr halten wird, weil du sie ständig mit vorher vergleichst und dadurch kaputt machst. Dann bist du 39 oder 40. Wenn du riesiges Glück hast, triffst du dann einen potentiellen Neuen. In dem Alter ist der dann entweder geschieden oder verheiratet. Den Teil mit den Kindern hat er bereits mit einer anderen hinter sich gebracht und kann sich eh keine weiteren leisten, weil er Alimente und / oder Unterhalt zahlt …«

Wie gesagt, dieser »Zeitplan« bringt im Normalfall jede Frau auf den Boden der Tatsachen zurück. Vor fünf Jahren hatte ich ihn für Nicole erstellt, und sie hatte mich bei der Hälfte unterbrochen und schluchzend gefragt: »Wenn ich nur *ein* Kind will, kann ich Jochen dann noch ein Jahr behalten …?«

Es ist wirklich das *allerletzte* Mittel, und man wendet es nur an, wenn man sich wirklich echte Sorgen um die Freundin macht. Mein Zeitplan heißt übersetzt also: Mach gestern Schluss!

Miri sieht meine zunehmende Verzweiflung und will mir beistehen, indem sie sagt, es gehe ja im Grunde nur um zwei

Fragen, die ich mir stellen müsste: »Liebst du Rainer, und willst du dein Leben mit ihm verbringen?« und »Liebt Rainer *dich*, und bist du dir sicher, dass er sein Leben mit dir verbringen will?«

Wenn ich beides mit einem klaren »Ja« beantworten kann, soll ich auf niemanden von den untervögelten Single-Frauen hier mehr hören, sondern mit Rainer reden und ihm genau das sagen.

Ich breche in Tränen aus und bitte Vera um den ausgedruckten »Zeitplan«.

Die Sache mit dem allerletzten Akt

Ganz oben auf der Liste der schönsten drei Worte in deutscher Sprache für eine Frau steht: »Hast du abgenommen?« Dann kommt länger nichts. »Ich liebe dich«, ist zwar gern gehört, klingt aber etwas abgenutzt und oft unglaubwürdig. Männer sagen das häufig nach gutem Sex oder nach gutem Essen, das die Frau gekocht hat, oder wenn sie feststellen, dass die Frau, im Gegensatz zu ihnen, dran gedacht hat, Bier in den Kühlschrank zu stellen. Es hat schon einen Grund, dass »Ich liebe dich« mit »Ich« anfängt.

Ich glaube, was Frauen gerne hören, weil sie es selbst sehr oft sagen, ist »wir müssen reden«. Das fängt mit »wir« an und hört mit »reden« auf, deswegen hören sie es natürlich nie von einem Mann, und deswegen, denke ich, ist mir Aufmerksamkeit und Wohlwollen auf Ramonas Seite sicher, wenn ich den entscheidenden Tag mit »Hast du abgenommen?« beginne, um dann ein »Wir müssen reden« hinterherzuschieben. Ich werde später mit einem »Ich liebe dich« enden, aber ein gezielt eingesetztes, eines, das sie mir glaubt.

Ich sehe mich schon in ein paar Wochen Freunden und Bekannten von meinem genialen Schlachtplan erzählen, ich kann mir Miris Blicke auf Möhre vorstellen (»Wieso bist du nicht auf so was gekommen!«). Ich werde mir mit diesem Antrag ein schönes Liebespolster aufbauen. Eine emotionale Paybackkarte kann man als Mann immer gebrauchen, für die Zeiten, wo man sich weniger super verhält, und die werden ja zwangsläufig kommen. Dann kann ich dezent

darauf hinweisen, wie toll ich alleine!! diesen Antrag eingefädelt habe.

Der Mann im Wetterbericht sagt am Vorabend, dass es
regnen könnte. Aber seit Kachelmann wissen wir, dass
diese Wetterheinis schlimmste Hallodris sind und von Wetter keine Ahnung haben. Draußen scheint entsprechend am
Morgen die Sonne, und ich frage nach dem Frühstück:
»Hast du abgenommen?«

Ramona reagiert allerdings anders als geplant. Sie weint,
und ich bin wieder mal fasziniert vom rätselhaften Wesen
Frau. Frauen weinen ja oft. Wenn sie etwas Kleines sehen.
Tierbabys, Menschenbabys, Diamanten. Frauen weinen,
weil sie glücklich sind oder weil sie ihre Tage haben, manchmal sogar, weil sie traurig sind.

Trauer kann ich ausschließen, Hormone nicht ganz (die
Sache mit dem Zyklus ist mir immer rätselhaft geblieben),
kann aber auch nicht ganz glauben, dass meine Frage allein
sie schon so glücklich gemacht hat, dass sie losheult. So ist
Ramona eigentlich nicht.

Ich bin verwirrt, denke aber, dass es am besten ist, am ur-
sprünglichen Plan festzuhalten. Der Plan ist gut. Jetzt nur
nicht verwirren lassen. Ich sage also: »Du, ich glaube, wir
müssen mal reden«, wie ein windelweicher Grünen-Wähler,
der vor zwanzig Jahren ins Koma gefallen ist und jetzt wieder wach wurde.

Ramona weint noch mehr. Ich bin noch verwirrter. Ich
will aber umso fester am Plan festhalten. Ich sage: »Kannst
du so um eins am Ostpark sein? An der großen Platane? …
Ich muss jetzt los!«

Ich muss natürlich nicht los. Aber wenn ich sie jetzt
tröste, wenn ich jetzt auch nur frage, was los ist, versaue ich
den Plan auf jeden Fall, dann fängt sie an zu reden, und
dann sage ich auch was, und ratzfatz frage ich sie in der Kü-

che zwischen zwei Scheiben Graubrot, ob sie mich heiratet, und die Anekdote kann ich dann frühestens in fünf Jahren erzählen, vorher ist sie nicht lustig.

Als ich gehe, weint Ramona auch schon nicht mehr, dafür hat es draußen wirklich angefangen zu regnen …

»Lieber ein Ende mit Schrecken als ein Schrecken ohne Ende« hat viel Wahres. Aber wie das mit großen Wahrheiten so ist, man hält sich im richtigen Leben nie dran.

Mir ist schon seit Wochen klar, dass der Zustand, in dem Rainer und ich gerade leben, nicht mehr lange anhalten wird. Rainer hat sich verändert. Er ist distanziert, vorsichtig, nachdenklich. Er ist immer noch Rainer, aber nicht mehr mein Rainer.

Auf seiner Seite ist es ein klares Luftanhalten, ein Warten, bis ich die Stimmung nicht mehr länger aushalte, ihm die Entscheidung abnehme und »Ich glaube, wir müssen reden« sage. Dann kann er endlich den üblichen männlichen Part übernehmen und seufzend nicken. Dann sage ich: »Irgendwas stimmt doch nicht bei uns, seit Wochen schon, was ist los?« Worauf er sagt, dass er das auch gemerkt hat, oder wahlweise erneut seufzend nickt. Dann sage ich ganz viel, versuche Gründe und Lösungen zu finden, von ihm kommt aber wieder nur Seufzen und Zustimmung.

Und weil von ihm auch danach außer Seufzen und Nicken nichts kommt, stelle ich dann irgendwann die Frage, die keine Frau stellen will, an der aber zu diesem Zeitpunkt kein Weg mehr vorbei führt: »Willst du, dass wir uns trennen?«

Und da wird Rainer dann gar nichts sagen. Er wird auch nicht seufzen oder nicken, denn das wäre ja eine bewusste Entscheidung, und er könnte hinterher nicht mehr sagen »Ramona hat mich verlassen!« Stattdessen wird er mir, nachdem ich diese Frage zehnmal neu und immer wieder anders formuliert habe, traurig in die Augen sehen und sagen: »Wenn du glaubst, dass das so das Beste ist …« Und das war's dann. Die Frau, beziehungsweise ich, ist nach diesem Satz so geschockt, dass sie aufgibt. Und packt.

Ich bin also darauf vorbereitet, dass es jederzeit so weit sein kann, dass ich die Stimmung bei uns nicht mehr aushalte, den Satz »Ich glaube, wir müssen reden« sage und damit unaufhaltsam das Ende unserer Beziehung in Gang setze.

Nur die Tatsache, dass ich momentan echt viel Stress im Büro habe und eine Trennung plus Auszug gerade überhaupt nicht mit meinen ganzen Überstunden zu vereinbaren ist, hat mich bis jetzt davon abgehalten. Aber ich leide natürlich wie Hulle unter der unausgesprochenen Anspannung. Ich bin viel zu dünn geworden. Rainer ist es nicht aufgefallen, was einiges über unser Sexleben in der letzten Zeit sagt. Wir haben keins.

Beim Frühstück fragt Rainer, ob ich abgenommen habe, und ich breche in Tränen aus. Weil ich weiß, warum er das fragt. Es geht ihm zu langsam mit unserer Trennung. Er fragt mich, ob ich abgenommen habe, damit ich sage »Ja, mir geht es in letzter Zeit nicht so gut … ich glaube, wir müssen reden.«

Ich will ihm den Gefallen nicht tun. Mir egal, was er von mir erwartet, *ich* werde diesen Satz nicht aussprechen.

»Du, ich glaube, wir müssen mal reden«, sagt Rainer, und in mir brechen Welten zusammen. Ein kluger Mensch hat mal gesagt: »Wenn Luftschlösser platzen, sind es immer nur Luftschlösser, die platzen.« Ich stelle mir vor, wie ich diesem klugen Menschen meine Fingernägel über die Hoden ziehe.

Rainer sagt: »Kannst du so um eins am Ostpark sein? An der großen Platane? … Ich muss jetzt los!« und geht.

Mir tut alles weh. Innen und außen. Und in einer halben Stunde muss ich in Konfi 3 eine Präsentation vor der Geschäftsführung halten. Seit vier Monaten bereite ich mich darauf vor. Das Leben ist eins der beschissensten.

Das heißt also, wenn es draußen jetzt nicht aus Eimern schütten würde –

… säßen wir jetzt bei Sekt und Käse und beim Walter.
Werner.
Wie auch immer.
…

…

Du wolltest mir einen Heiratsantrag machen?
Du wolltest dich von mir trennen?
…

…

Aber doch nur, weil du dich so scheiße verhalten hast.
Weil ich was Romantisches geplant hatte! Der Weg auf den Gipfel führt immer durch schwieriges Gelände!
Soll das heißen, je beschissener ein Mann sich verhält, umso romantischer ist das, was er vorhat!? Was ist das denn für 'ne Theorie?! Je mehr ich dir mit dem Hammer ins Gesicht schlage, umso schöner wirst du, sobald der Schmerz nachlässt? Ist das die Männerlogik?
Wieso bin ich immer gleich »alle Männer«?
Kannst du zukünftig einfach die Finger von Romantik lassen?
Das heißt, es gibt eine Zukunft?
…

…

Hast du eigentlich den ganzen Sekt im Ostpark versteckt, oder gibt's hier noch irgendwas?
Alles bei der Platane.
Natürlich.
Ein Bier kannst du haben …
Ja BITTE …

Einige Bier später

Ramona?

Rainer?

Angenommen, unsere Kiste wär 'ne Zeitmaschine, in die du reinpasst, weil du dünner wärst ...

Sag mal –

Mit dünner mein ich kleiner, viel kleiner, und ich auch, so dass wir damit einfach vier Wochen zurückfahren könnten ... und angenommen, ich würde mich dann in den nächsten vier Wochen anders verhalten, als ich mich in den letzten vier Wochen verhalten habe ...

Was ist los?

Jetzt hör mir doch mal zu!

Ist noch Bier da?

Nein, ist alle. Also, wenn wir einfach so tun würden, als wäre zwischen uns alles so wie an dem Tag, als wir den Glückskekszettel aus der Kiste gezo–

Und Schnaps? Wir haben doch bestimmt noch irgendwo Schnaps?

Ich weiß, dass man der Frau, die man liebt, normalerweise verspricht, dass man sein ganzes Leben damit verbringen will, sie glücklich zu machen ... das ist vor dem aktuellen Hintergrund jetzt für dich wahrscheinlich ziemlich schwer zu glauben ...

Im Keller ist noch Jägermeister! Ha! Hab ich letztens erst gesehen, als wir sortiert haben! Den hol ich jetzt!

Jetzt hör mir doch mal zu! Mann! Ich will dich was fragen.

Ich dich auch! Ist dir schlecht? ... Bist du umgefallen?

Ramona, ich will dich was anderes fra–

Bin gleich wieder da!

Einige Jägermeister später

Was ist das?

Für die Kiste!

Ein Brief?

So ähnlich …

»*Was immer du machen willst, im Rest deines Lebens*«, *da kommt aber kein Komma nach ›willst‹ …*

Jesus Christus! Man streicht doch in einem Abschiedsbrief keine Rechtschreibfehler an …!

Das ist kein Rechtschreibfehler, das ist ein Gramma–

Aaaah!

Wieso eigentlich Abschied? Das ist ein Abschiedsbrief?

NEIN! Sack und Asche …

Warte, ich les' noch mal … »*Was immer du machen willst, im Rest deines Lebens, mache ich mit, wo immer du hingehst geh –*

Komma, ich weiß …

Pssst!!

Wo immer du hingehst …

»*geh ich hinterher, oder besser noch neben dir. In all deinen Tagen und Nächten wär ich gern an deiner Seite. Klammer auf, Ding, Klammer zu*

Ring.

Hm?

Ring, nicht Ding.

Du hast aber auch eine Sauklaue.

An der Stelle hätte ich dir dann den provisorischen Ring gegeben.

Gott, wär das schön gewesen!

Jetzt »schön« im Sinne von Scheiße oder schön im Sinne von schön?

Schön …

Und was hättest du da dann gesagt?

Ja.

Ja im Sinne von »Ja, nee, lass mal gut sein« oder ja im Sinne von ja?

Ja.

…

…

Kann ich die Braut dann jetzt küssen?

Ja. Und bevor du fragst: Das war jetzt ein Ja im Sinne von »Ja, nee, lass mal gut sein«, du hast nämlich 'ne ziemliche Fahne.

…

Nee, Quatsch natürlich nicht … komm her!

…

…

Komm, wir tun den Zettel in die Kiste und machen den Deckel zu …

Und zur Hochzeit wünschen wir uns eine neue.

Unbedingt, aber eine große, die muss ja jahrelang halten.

In guten wie in schlechten –

Komm, hier, einen Jäger meistern wir noch: Auf die nächste Kiste!

Auf die nächste Kiste!

Die Autoren danken:

Florian Boitin,
der die Idee zur
PLAYBOY Kolumne hatte;
Volker Jarck und Julia Schade,
für Schnitzel,
Kommas und Vertrauen;
allen Freunden, Bekannten und
zufällig beobachteten Pärchen
für das Rohmaterial an Situationen, Romantik
und sonstigem Beziehungsstress,
ohne das dieses Buch
deutlich dünner geworden wäre.
Unbedingt so weiter machen!

Ralf Husmann
Nicht mein Tag
Roman
Band 17478

»Ralf Husmann – der Pate des deutschen Humors«
Philip Cassier, DIE WELT online

Till Reiners ist einer, der so ist wie alle, und bislang hat er das für etwas Positives gehalten. Da wo Till ist, ist es nicht trendy. Schon sein Name ist nicht hip, und dann wohnt er auch noch am Rande des Ruhrgebiets und trägt einen Seitenscheitel. Er hat eine Frau und ein Kind und ein Leben wie eine Tatort-Folge: ziemlich deutsch, mäßig spannend, mit wenig Sex, und man ahnt nach der Hälfte, wie es ausgehen wird. Bis Nappo auftaucht, ein Kerl mit einer Tätowierung, einer Sporttasche und einer echten Waffe. Plötzlich ist alles anders: Ein Kaninchen stirbt, ein Mann wird zusammengeschlagen, ein unflotter Dreier findet statt, und Bruce Springsteen spielt dazu. Außerdem fehlen der Dresdner Bank mal eben 30.000 Euro. Und Till Reiners ist nicht mehr, was er mal war ...

»In seinem ersten Roman zeigt ›Stromberg‹-Autor
Ralf Husmann einmal mehr, dass er ein tolles Gefühl
für Timing, knochentrockene Dialoge und
ziemlich seltsame Typen hat.«
TV Spielfilm

Fischer Taschenbuch Verlag

fi 17478 / 1

Ralf Husmann
Vorsicht vor Leuten
Roman
Band 18618

Jetzt bin ich so wie deine Jeans
Ich häng an dir und bin recht blau
Auch wenn du's gar nicht mehr verdienst
Bin ich dein Mann, du meine Frau.

Das Leben behandelt Lorenz Brahmkamp nicht gut – vielleicht als Quittung dafür, dass er es mit der Wahrheit nicht so genau nimmt: Seine Frau hat ihn verlassen, also schreibt er ihr Drohgedichte, bei seinen Kollegen ist er unbeliebt und tut alles dafür, dass das so bleibt. Dann trifft er auch noch auf den dubiosen Selfmade-Millionär Alexander Schönleben, und plötzlich nimmt das Leben des renitenten Sachbearbeiters aus Osthofen eine dramatische Wendung …

»Ralf Husmann – der Pate des deutschen Humors.«
Die Welt online

Fischer Taschenbuch Verlag

Die Männerschule
111 Kurse für das schwächelnde Geschlecht
von Gemüse grillen bis Komplimente erfinden

Band 19791

Ob Anfänger, Wiedereinsteiger oder Hochbegabte – mit der »Männerschule« werden Männer zu perfekten Beifahrern und erstklassigen Liebhabern, sie lernen die Sprache der Blumen und der Schwiegermutter, Gemüse grillen und leben ohne Fernbedienung. So viel Spaß hatten Frauen mit den Schwächen ihrer Männer noch nie!

Melden Sie Ihren Mann an. Jetzt.

Das gesamte Programm finden Sie unter
www.fischerverlage.de

Tommy Jaud
Hummeldumm
Das Roman
Band 17476

9 Trottel mit albernen Sonnenhüten. 271 gar nicht mal so wilde Tiere. 3877 Kilometer Schotterpiste im Minibus. Und weit und breit kein Handynetz.

»Beziehungen sind wichtiger als Wohnungen. Erdmännchen halten nicht alles aus. Man sollte als Mann niemals versuchen, sein ›Revier‹ nach Art der Hunde zu markieren. Schlimmer kann es nicht werden. Lachen ist die beste Medizin. Dafür ist ›Hummeldumm‹ perfekt.«
WDR 1Live

Fischer Taschenbuch Verlag

Matthias Lohre
Der Film-Verführer
Warum Frauen Action lieben
und Männer Romantik wollen
256 Seiten. Broschur

Mann trifft Frau zum Blind Date im Kino. Er denkt: Titanic ist der romantische Film, mit dem man jede Frau rumkriegt. Weitgefehlt, denn die Frau findet: »Kate Winslet, die fette Matrone, hätte absaufen sollen statt der schwulen Kartoffel Leonardo DiCaprio!« So kann sich der Mann täuschen!

Egal, ob Fight Club, Keinohrhasen, Pretty Woman oder Terminator: Matthias Lohre erzählt humorvoll und klug, was unsere Lieblingsfilme über Frauen und Männer wirklich verraten.